Mon Pote
Harry Potter

Antoine Guillemain

Mon Pote Harry Potter

*préface de
Serge Tisseron*

l'Archipel

Les romans de la série *Harry Potter* de J. K. Rowling ont paru en France aux éditions Gallimard, dans une traduction de Jean-François Ménard. Les noms de lieux et de personnages cités dans cet ouvrage sont conformes à cette traduction.

Si vous souhaitez recevoir notre catalogue et être tenu au courant de nos publications, envoyez vos nom et adresse, en citant ce livre, aux Éditions de l'Archipel, 34, rue des Bourdonnais, 75001 Paris.
Et, pour le Canada, à
Édipresse Inc., 945, avenue Beaumont, Montréal, Québec, H3N 1W3.

ISBN 2-84187-434-6

Copyright © L'Archipel, 2002.

Sommaire

Préface, *par Serge Tisseron*	9
Avant-propos	19
Harry, mon sorcier bien-aimé	25
Et vous… quels sont vos goûts ? *Sondages*	133
La carte d'identité de Harry Potter	145
La carte d'identité des livres	147
Des histoires à dormir debout !	157
Galerie de portraits	159
La salle des profs de Poudlard	167
Parlez-vous Potter ? *Le lexique des mots sorciers*	179
Décryptage et traduction	205
Abracadabrantesque ! *Les formules magiques*	219
La bibliothèque des sorciers	227
Madame Harry Potter. *J. K. Rowling*	235
Des faits et des chiffres	239
Dis-moi, Harry…	241
Dites-moi, J. K. Rowling…	247
Harry Potter à l'école des Moldus	253
Harry-Quiz	265
La Pottermania. On aura tout vu !	
Les produits dérivés	271
H@rryPotter.com. *Liens Internet*	305
Que nous réserves-tu, Harry ?	309
Conclusion	319

Préface

Consolamentum frustratio !

Mon fils, alors âgé de six ans, me posa un jour cette question : « Papa, est-ce que le clignotant de la voiture se met en marche tout seul quand tu vas tourner ? » Ces quelques mots transformaient soudain mon banal véhicule automobile en moyen de transport pour sorcier de première classe, capable de s'orienter tout seul et même d'en informer les Moldus !

Souvent, le monde de l'enfance paraît ainsi à l'adulte placé sous le signe de la magie. Mais c'est une erreur d'appréciation. La vérité est que les enfants ne disposent pas encore du mode d'emploi de ce qui les entoure, c'est pourquoi ils construisent des hypothèses sur tout, dont ils font part à leurs parents. Le malheur est que ceux-ci ne retiennent en général de ces tentatives que leur point d'aboutissement, qui leur paraît souvent naïf, et pas leur démarche. C'est pour l'enfant le début d'une blessure narcissique qui ne se referme jamais, alors que rien ne l'avait rendue nécessaire.

LA « VRAIE VIE »

Tout ce qui paraît aller de soi aux adultes – tout simplement parce qu'ils y sont habitués – constitue pour les jeunes enfants la matière de questions audacieuses. Ils se comportent en cela un peu comme des savants qui échafauderaient sans répit de nouvelles hypothèses pour tenter d'expliquer tous les mystères qui les entourent, à cette différence près que les enfants n'attendent pas, comme les savants, confirmation de l'expérience – qu'on les empêcherait de toutes manières de réaliser –, mais se contentent des explications des adultes. Malheureusement, il faut bien reconnaître que ceux-ci se montrent rarement à la hauteur. Qui ne se souvient du sketch de Fernand Raynaud dans lequel un père, à chacune des questions que lui pose son fils sur le fonctionnement de diverses machines, réplique invariablement : « C'est étudié pour ! » Avec de telles réponses, l'enfant s'habitue rapidement à ne plus considérer ce qui l'entoure comme merveilleux et commence à porter sur le monde un regard blasé. L'aiguille aimantée qui n'a d'yeux que pour le nord et la goutte de mercure qui rassemble sous elle ses petits cessent de l'émouvoir. Il renonce du même coup à une grande part de sa curiosité. Il devient adulte.

C'est là que J. K. Rowling intervient. Elle s'approche de l'enfant que nous avons été, nous chuchote à l'oreille que nous avions raison de penser que le monde est magique et qu'il y a plus de vérité dans les intuitions d'un enfant que dans toute la science du pays des Moldus.

D'ailleurs, le monde de Harry Potter est moins éloigné du nôtre qu'on pourrait le croire. Je découvre par exemple dans un catalogue de produits vendus en pharmacie que le « Chestnut Bud » – autrement dit le bourgeon de marronnier – est conseillé, à l'état d'essence florale, à tous ceux qui « répètent des erreurs sans tenir compte des expériences antérieures ». Et je lis dans un journal qu'un scientifique américain a imaginé de déplacer rapidement un vaisseau spatial « en contractant l'espace-temps devant lui et en le dilatant en même temps derrière » ! Notre vie quotidienne est pleine de choses surprenantes que nous ne remarquons plus, mais dont l'étrangeté n'a rien à envier à celles qui parsèment les aventures de Harry Potter !

Si ces romans nous paraissent proches de notre monde, c'est pourtant par les situations relationnelles qu'ils mettent en scène. Les amitiés fidèles et inexplicables, les haines féroces – et non moins inexplicables –, les ambitions absurdes et les grands délires intelligents hantent aussi nos écoles, nos familles et nos ministères. À partir de là, chacun, selon l'état d'esprit dans lequel il aborde *Harry Potter*, peut y rencontrer la « vraie vie »… ou au contraire la fuir.

L'un des lecteurs interrogés par Antoine Guillemain répond par exemple : « J'aime le trio Harry-Ron-Hermione, et le groupe de Gryffondor, qui peut-être me rappellent mes années d'université à Londres[*]. » Un autre affirme que *Harry Potter* lui permet de « s'évader complètement de la réalité ». Et un autre encore déclare : « On a l'impression d'être dans le même monde que le héros. » Ces trois interlocuteurs se positionnent chacun d'une manière différente. Le premier a le sentiment d'avoir vécu, par le passé, un peu comme Harry ; le second estime au contraire qu'il s'agit d'un monde radicalement différent ; quant au troisième, il se retrouve, le temps de sa lecture, dans les couloirs du château de Poudlard ! En fait, chacune de ces attitudes est possible. Dans nos relations aux fictions, tout dépend du lecteur, et bien entendu du moment. Selon les circonstances, *Harry Potter* peut être lu comme une fiction sans rapport avec la réalité quotidienne ou au contraire comme un miroir à peine déformant de celle-ci. Tout est affaire d'usage !

---

[*] Voir p. 36.

LES « RECETTES » DE J. K. ROWLING

Antoine Guillemain rappelle les diverses interprétations mises en avant pour tenter d'expliquer le succès de *Harry Potter*. Bien qu'il ne choisisse pas de les regrouper de cette façon, on peut les ranger sous trois rubriques : le scénario, le style narratif et les correspondances avec notre monde.

Commençons par le scénario. De prime abord, il est semblable à celui qui commande la plupart des récits pour enfants... et pas mal de ceux qui sont destinés aux familles : le héros ne connaît pas ses géniteurs, qui sont des personnages illustres ; il est élevé par des parents adoptifs qui le maltraitent – c'était déjà la situation du jeune Rémi dans *Sans famille*, le célèbre roman d'Hector Malot ; il doit réussir une série d'épreuves qui le font passer progressivement de l'enfance à l'âge adulte ; enfin, il est aidé dans cette entreprise par quelques amis fidèles. Parallèlement à ces caractéristiques communes à tous les âges, certaines sont plus précisément accordées avec les préoccupations des préadolescents et des adolescents : ce sont notamment les métamorphoses du corps qui évoquent les bouleversements pubertaires qu'ils affrontent ou se préparent à affronter[*].

Le style narratif de J. K. Rowling serait le second ingrédient de son succès. En privilégiant la mise en scène du mouvement, il incite les lecteurs à « voir » véritablement les actions accomplies. Certains enfants illustrent d'ailleurs parfaitement cette impression quand ils résument leur plaisir par la formule : « Harry, il fait des trucs ! » Cette jubilation de l'action les renvoie bien

---

[*] Sur l'importance de ces métaphores des transformations du corps à l'adolescence, on peut consulter mon ouvrage *Psychanalyse de la bande dessinée*, Paris, PUF, 1987 (rééd. Flammarion, 2000).

PRÉFACE

entendu à l'excitation qui accompagne leur pratique du zapping, du skateboard ou de la motocyclette*.

Enfin, le dernier ingrédient de la « recette Rowling » consisterait dans les nombreuses ressemblances que le monde de Harry Potter présente avec le nôtre. Elles portent par exemple sur l'exploitation du personnel de maison – voire l'esclavage –, les systèmes éducatifs et scolaires, le culte des stars ou encore les thèmes de la propagande nazie*. Elles créent chez les lecteurs un sentiment complexe, de familiarité et d'étrangeté mêlées, comparable sans doute à celui que pouvaient éprouver au XVIIIe siècle les lecteurs des *Lettres persanes* de Montesquieu. L'ensemble de ces correspondances situe-t-il pour autant ce monde du côté de celui des contes de fées ? Rien n'est moins sûr !

Tout d'abord, à côté des repères symboliques qui évoquent notre propre monde, il en est d'autres qui renvoient directement aux légendes du roi Arthur et au mythe du Graal, tels qu'ils ont été retranscrits en Occident. Par exemple, dans *Harry Potter*, les baguettes magiques peuvent blesser ou soigner selon les circonstances, ce qui ne se rencontre jamais dans les contes de fées, mais caractérise au contraire le double pouvoir des armes employées dans le Graal.

De la même façon, chez Rowling, le baiser a le pouvoir de tuer lorsqu'il est donné par un « Détraqueur », tout comme celui de Kundry qui se révèle être l'arme de la blessure dans le deuxième acte de *Parsifal**. Autre

---

* Que l'on pourrait pour cela appeler « kiné-visuel ».
* Sur ces correspondances, on peut consulter l'ouvrage d'Isabelle Smajda, *Harry Potter, les raisons d'un succès*, Paris, PUF, 2001.
* Cette propriété du baiser renvoie bien sûr à celui de Judas qui permet aux soldats romains de reconnaître le Christ, de l'arrêter puis de le mettre à mort.

coïncidence, le père de Harry Potter, qui a été tué par Voldemort, lui apparaît sous la forme d'un cerf. Or cet animal partageait avec le Christ, au XIIe siècle, le pouvoir de transporter les âmes des morts de la terre vers le ciel – on le retrouve d'ailleurs attelé au traîneau dont se sert le Père Noël pour descendre du ciel sur la terre...

Plus troublant encore, le destin de Harry Potter évoque celui de Jésus : promis à la mort, il en a miraculeusement réchappé, et la cicatrice qu'il porte sur le front le désigne comme « l'élu », de la même manière que les blessures montrées par le fils de Dieu après sa résurrection le font reconnaître comme « le ressuscité ».

Enfin, la potion que fabrique Voldemort à la fin de *La Coupe de Feu* – dans un chaudron qui évoque celui des anciennes légendes celtes – est destinée à lui assurer une véritable résurrection. Bref, les jeunes d'aujourd'hui reconnaissent sans doute moins dans *Harry Potter* les caractéristiques des contes de fées – qu'ils ne lisent d'ailleurs plus guère – que celles des anciennes légendes du Graal avec lesquelles ils se sont familiarisés par l'intermédiaire des jeux de rôle.

Une dernière caractéristique place résolument *Harry Potter* dans un autre monde que celui des récits initiatiques traditionnels. Dans ceux-ci, le postulant doit découvrir ce qui est attendu de lui et l'accomplir. C'est le cas dans le film d'animation *Shrek*, qui reste fidèle à la logique des contes de fées tout en la parodiant férocement : l'ogre, qui n'a pourtant rien d'un prince charmant, reçoit l'ordre de délivrer une jeune et jolie princesse, et accomplit le parcours habituel des prétendants dans les contes. Au contraire, Harry Potter *ne sait jamais* ce qu'il doit faire. Son initiation à lui ne consiste pas à réussir des épreuves qui lui seraient clairement indiquées, mais à trouver son propre chemin en découvrant en même temps le monde qu'il doit affronter et les règles qui le régissent. Une tâche d'autant plus difficile que les personnages qu'il croise sont toujours énigmatiques et qu'il lui est en général impossible de savoir si leurs comportements sont bénéfiques ou maléfiques – ce qui, remarquons-le, renoue avec une caractéristique des légendes du Graal que les jeux de rôle ont remises au goût du jour.

Or cette démarche faite de tâtonnements et d'approximations est exactement celle que nous appliquons dans notre vie quotidienne sans même nous en rendre compte. Aussitôt que nous changeons de milieu social, de pays ou simplement de technologie, les règles qui nous étaient familières ne sont souvent plus valables et nous devons en découvrir de nouvelles.

Il est vrai que, pendant longtemps, la plupart des gens n'avaient pas à faire de telles expériences. Ils naissaient et mouraient dans le même milieu social et géographique, environnés par les mêmes objets en nombre limité. Aussi, cette forme de capacité adaptative ne leur était-elle nécessaire qu'une seule fois, au début de leur vie. Mais aujourd'hui, le monde change si vite qu'elle est devenue indispensable à tout âge. L'école, malheureusement, ne la valorise pas : les problèmes continuent à y être posés à partir d'alternatives dont les termes sont clairs, et résolus par l'application de règles précises que l'enfant est censé parfaitement maîtriser*. Les jeux vidéo, en revanche, obligent constamment à mettre en pratique cette nouvelle forme d'esprit.

Bien entendu, *Harry Potter* n'est pas un jeu vidéo – du moins dans la version romanesque de Rowling –, mais il place son jeune lecteur exactement dans la

---

* C'est la méthode appelée « hypothético-déductive », par opposition à la méthode par « essais-erreurs », qui procède de tâtonnements (voir à ce sujet mon ouvrage *L'Intimité surexposée*, Paris, Ramsay, 2001 ; réed. Hachette Poche, 2002).

même situation. Alors que le monde des contes de fées est immuable et qu'il faut apprendre à en connaître les règles une fois pour toutes, celui des jeux vidéo et de *Harry Potter* change sans cesse, de telle façon que les connaissances anciennes ne permettent pas forcément de résoudre les difficultés nouvelles. Bref, alors que les contes de fées encouragent plutôt la reproduction, les aventures imaginées par Rowling exalteraient plutôt l'innovation et la transgression !

Dans ce parcours, le lecteur n'est pas seul. Certes, il n'est pas accompagné et aidé par un personnage qui répondrait directement à ses questions comme c'est par exemple le cas pour le joueur de Pokémon avec le professeur Chen. Mais son guide à lui est plus fiable encore, puisqu'il s'agit de J. K. Rowling elle-même.

« LA MAGIE S'ÉCHAPPE DE CES LIVRES CHAQUE FOIS QUE JE LES OUVRE »

L'impression produite par le premier tome de *Harry Potter* est souvent étrange. Il semble à beaucoup de lecteurs « farfelu », rempli de « noms bizarres » et de « choses insensées ». Heureusement, J. K. Rowling est là ! Elle prend ses lecteurs par la main et les amène progressivement à se familiariser avec l'inconnu. Comme le dit un jeune lecteur : « Elle trouve un nom à chaque personne et à chaque chose. » N'est-ce pas justement ce dont rêve tout enfant, que ses parents nomment ce qui l'entoure et lui expliquent par quel sortilège un tube minuscule est capable de faire tenir ensemble les morceaux d'un jouet cassé, ou comment le feu se laisse si gentiment apprivoiser le jour de son anniversaire sous la forme de petites flammes complaisantes ?

La magie de Rowling n'est pas de nous faire renouer avec une toute-puissance à laquelle nous aurions renoncé, mais avec la croyance merveilleuse que nos parents étaient de grands sorciers – comme ceux de Harry Potter! – qui finiraient par nous apprendre un jour ce qu'ils savaient! N'est-ce pas un peu ce que nous attendons de Rowling à chacune de ses nouvelles publications?

Souvent, hélas, ce moment ne se termine pas avec la découverte que les parents ne sont pas les magiciens dont l'enfant rêvait (et qu'ils ne sont, somme toute, que des Moldus), mais avec la révélation qu'on l'a pris trop longtemps pour un imbécile! Car certains adultes, ravis d'avoir affaire à quelqu'un qui leur attribue des pouvoirs extraordinaires, jouent avec ce qu'ils prennent pour de la naïveté, sans s'apercevoir que c'est une confiance merveilleuse qu'ils devraient au contraire cultiver avec soin.

Quand j'étais enfant, un grand-père facétieux m'avait fait croire que les voitures fonctionnaient « aux transistors », sans doute moins pour le plaisir de me tromper que pour celui de me faire partager une rêverie qui était la sienne : ma grand-mère se disait toujours indisposée par l'odeur de l'essence, et si ce progrès avait été accompli, une source importante de conflits dans son couple s'en serait trouvée aplanie! Un jour où elle se plaignait une nouvelle fois de cette odeur, je lui annonçai fièrement que c'était impossible, du fait de ces « transistors » dont je ne connaissais d'ailleurs que le nom. Toute la famille a longtemps ri de moi, et je reste le seul à savoir combien j'en ai été humilié!

Lorsque l'enfant découvre que sa curiosité a été abusée, il en veut bien entendu à l'adulte de s'être amusé à ses dépens. Il se console en imaginant des mondes magiques dont l'adulte, à son tour, n'aurait pas la clé. Il invente ses propres mots – voire un langage complet – dont il déclare les adultes exclus. L'habitude s'en maintient parfois longtemps, comme en témoigne la pratique du verlan chez les adolescents. J'imagine que c'est dans cette nostalgie que s'enracine une bonne partie de l'immense succès de *Harry Potter*, aussi bien chez les jeunes que chez les plus âgés. Car la blessure ouverte chez l'enfant par le mépris avec lequel les adultes ont accueilli ses premières explications du monde ne se referme jamais.

« *Consolamentum frustratio !* » Ce sort – les habitués de *Harry Potter* ne s'y seront pas laissé prendre – n'existe pas sous la plume de J. K. Rowling. Pourtant, c'est bel et bien celui qu'elle leur jette en les rendant heureux le temps d'une lecture ! La frustration dont elle les console n'est pas, on l'a compris, celle de notre monde quotidien, que ses ouvrages non seulement ne nous font pas oublier, mais nous rappellent même sans cesse, par un jeu de correspondances plus ou moins claires. C'est la frustration d'avoir dû, pour chacun d'entre nous, renoncer en même temps, au sortir de l'enfance, à l'enchantement du monde et à la confiance que nous placions dans nos parents. J. K. Rowling nous invite à reprendre courage : non, les adultes ne sont pas tous des Moldus, et certains d'entre eux sont même des « sorciers » très capables – comme elle-même ! – de prendre au sérieux les émerveillements de l'enfance, ses questions et ses initiatives.

Serge T<small>ISSERON</small>

Avant-propos

Je n'ai jamais été un grand lecteur. Tout du moins, pas de romans. C'étaient plutôt les bandes dessinées qui m'aidaient à m'endormir, et non Flaubert ou Zola ! Cependant, j'ai toujours été attiré par les histoires de sorciers. Tout petit, je préparais des potions magiques dans mon garage avec du sel, du poivre et des feuilles d'arbres, puis je versais ma mixture dans l'évier de la cuisine pour la donner à manger aux sorcières qui, selon moi, vivaient dans les égouts.

Lorsque ma grand-mère m'a offert *Harry Potter à l'école des sorciers*, encore inconnu du grand public à l'époque, il est resté de longs mois sur ma table de nuit avant que je me décide enfin à l'ouvrir, sans doute parce que je n'avais rien d'autre à lire. Mais il m'a fallu beaucoup moins de temps pour en achever la lecture ! C'était la première fois que je lisais un roman dans la journée sans m'y trouver contraint par mes études. La première fois, aussi, que je m'impatientais de connaître la suite d'un livre.

Une fois lu le troisième tome, incapable d'attendre sagement la parution du quatrième, je décidai de créer sur Internet un site consacré à l'apprenti sorcier. Il y en avait alors peu sur la Toile, et il remporta un succès appréciable auprès des fans de *Harry Potter*. C'est ainsi que, un an plus tard, l'idée me vint d'écrire un livre. Cela ne fut pas facile, car mon travail scolaire m'accaparait. Mais, à force de volonté, je parvins à mener mon projet jusqu'à son terme.

Qui a dit que *Harry Potter* était destiné à la jeunesse ? Les adultes me paraissent plus aptes que les enfants à en saisir toute la complexité. Les jeunes, pour la plupart, lisent une simple – bien que captivante – histoire de sorciers... Mais, parce que j'aime *Harry Potter*, je voudrais montrer que son lectorat n'est pas uniquement compris entre douze et dix-huit ans !

Il est vrai que *Harry Potter* traite avant tout de sorcellerie, de combat contre les forces du Mal et d'amitié. Il est de surcroît magnifiquement écrit, parfaitement construit et déborde d'imagination. Rares sont ceux qui n'apprécient pas les aventures du jeune orphelin derrière lequel se cache un célèbre sorcier.

Bien plus, *Harry Potter* est le reflet de notre monde. C'est aussi un roman psychologique. Sans leurs pouvoirs magiques, les sorciers mis en scène seraient semblables aux « Moldus », individus dépourvus de dons en sorcellerie. À l'heure où leurs parents fatigués rentrent d'une journée de travail au ministère de la Magie, les jeunes sorciers font leurs devoirs, tout comme les jeunes Moldus – mais les leurs sont des devoirs de magie : « Décrivez les diverses façons d'adapter les sortilèges de métamorphose aux transferts inter-espèces[✥] » ou encore : « Commentez et discutez la crémation des sorcières au XIVe siècle[*]. »

Les fans le disent eux-mêmes : *Harry Potter*, c'est un monde magique qui semble pourtant bien réel. « On s'y croirait. » Un monde où « l'exercice de la magie ne [*consiste*] pas seulement à brandir une baguette magique

---

[✥] *Harry Potter et le Prisonnier d'Azkaban*, éditions Gallimard Jeunesse.
[*] *Ibid.*

AVANT-PROPOS

en marmonnant quelques paroles un peu bizarres* ».
Des conduites et des sentiments humains – ou plutôt moldus – tels que la rancune, l'amitié, la tyrannie et la méchanceté, le respect et la tolérance, la vérité et le mensonge, ont cours chez les sorciers. Le pauvre Harry Potter, qui a passé onze années dans un placard sous l'escalier, maltraité et haï des Dursley – pourtant riches et vivant en apparence à l'abri des difficultés –, n'envie-t-il pas son ami Ron, chéri par des parents pourtant dénués du dernier sou ? Ron, lui-même, n'envie-t-il pas la fortune léguée à Harry par ses parents ? Ron et Harry ne sont-ils pas un peu jaloux l'un de l'autre ? Ainsi, il ne suffirait pas d'être riche pour être heureux ? Sur bien d'autres thèmes encore, *Harry Potter* donne matière à réflexion.

Beaucoup de lecteurs, et nombre de psychologues, se sont penchés sur le phénomène *Harry Potter*. Presque tous ont tenté de montrer et d'expliquer comment et pourquoi le petit sorcier séduit toutes les tranches d'âge. Le lecteur, disent-ils, s'identifierait d'autant mieux au héros que celui-ci n'est ni beau, ni grand ni fort, comme dans la plupart des romans. Les adolescents en recherche d'identité trouveraient un réconfort dans ce personnage qui souhaite également découvrir ses origines. Leurs transformations pubertaires trouveraient un équivalent symbolique dans les métamorphoses de *Harry Potter*... Même la journaliste à scandales Rita Skeeter, reporter à *Sorcière-Hebdo*, écrit : « [*Harry Potter*] est sans nul doute un garçon différent des autres – mais qui pourtant ressent comme les autres les tourments de l'adolescence* […]. »

---

* *Harry Potter à l'école des sorciers*, éditions Gallimard Jeunesse.
* *Harry Potter et la Coupe de Feu*, éditions Gallimard Jeunesse.

Impossible, toutefois, de faire le tour de la question. Enfants, adolescents, adultes, personnes âgées : *Harry Potter* ensorcelle petits et grands et leur offre l'évasion. De sept à soixante-dix-sept ans, ils discutent entre eux de Harry, de ses amis et de « Vous-Savez-Qui » avec le même engouement. Ils parlent entre eux un langage qu'ils sont seuls capables de comprendre, un vocabulaire sorcier né de l'imagination de J. K. Rowling. *Harry Potter* est devenu un sésame, qui rapproche ses lecteurs. En Grande-Bretagne, un homme qui lisait *Harry Potter à l'école des sorciers* dans le métro a été abordé par une femme en ces termes : « Ah, vous lisez *Harry Potter* ? » Ils venaient de se découvrir une passion commune.

Le but de ce livre n'est pas d'éclaircir le phénomène *Harry Potter* à coups d'arguments psychologiques ou scientifiques. Il est de transmettre aux non-lecteurs de *Harry Potter* ma passion pour le sorcier le plus merveilleux de la littérature ! C'est pourquoi j'ai souhaité y donner la parole aux fans comme aux lecteurs attendris. Tous expliquent, avec simplicité et spontanéité, pourquoi ils apprécient *Harry Potter* et J. K. Rowling, évoquent ses personnages, le Quidditch, les sortilèges qu'ils aimeraient jeter, leur façon d'anticiper la suite de l'histoire ou encore les friandises « sorcières » qu'ils rêveraient de déguster... Finalement, ils expriment parfois ce que les psychologues cherchent à dire, mais sans employer les termes barbares d'« introspection » ou de « complexe d'Œdipe ».

Chacun perçoit différemment les aventures de Harry Potter : les uns apprécient tel ou tel personnage, les autres le détestent ; d'autres encore ne voient pas bien pourquoi ils aiment ces livres : « C'est tout simplement magique, ça ne s'explique pas... »

Cet ouvrage contient de nombreux témoignages de lecteurs (p. 25). Peut-être vous y reconnaîtrez-vous.

AVANT-PROPOS

Si vous n'avez pas encore lu *Harry Potter*, vous serez sûrement étonné de voir avec quelle aisance ses lecteurs en parlent.

Ces interviews sont suivies de rubriques évoquant l'univers de *Harry Potter*, avec de nombreuses informations et clins d'œil à l'apprenti sorcier : une présentation des différents romans (p. 147), un lexique des mots « sorciers » (p. 179), une analyse des traductions anglais/français (p. 205), des quiz (p. 265), une biographie succincte de J. K. Rowling (p. 235), une présentation critique des produits dérivés (p. 271)...

Les informations, noms « sorciers », formules magiques, etc., cités dans cet ouvrage ne sont établis que sur la base des quatre premiers tomes de *Harry Potter**. Sauf exception, je n'ai pas souhaité prendre en compte les renseignements contenus dans les divers produits dérivés de *Harry Potter* ou dans des livres annexes écrits par J. K. Rowling, tels *Le Quidditch à travers les âges* et *Les Animaux fantastiques**.

Et maintenant, je vous invite à découvrir ou à redécouvrir votre pote Harry Potter !

---

* Lorsque j'ai réalisé ce livre, *Harry Potter et la Coupe de Feu* était le dernier tome paru, et le film adapté du premier volume de la saga venait de sortir au cinéma. (N.d.A.)

* Kennilworthy WHISP, *Le Quidditch à travers les âges*, et Newt SCAMANDER, *Les Animaux fantastiques*, éditions Gallimard Jeunesse.

Harry
mon sorcier bien-aimé

Quarante-trois lecteurs racontent ! Qu'ils aient 10, 25 ou 61 ans, tous ont aimé les aventures de *Harry Potter*, et tous répondent avec le même plaisir et la même simplicité à différentes questions qui leur ont été posées. Découvrez leurs impressions personnelles*...

Dans des encadrés, d'autres fans tentent, en quelques phrases, de vous dire pourquoi ils adorent *Harry Potter*, un peu comme si on les interrogeait dans la rue pour un micro-trottoir...

Au fait, et vous... pourquoi aimez-vous *Harry Potter* ?

Adélaïde, 12 ans
« Je ne comprenais rien au début de l'histoire »

C'est mon père qui avait entendu parler de *Harry Potter*. Il m'a offert les quatre tomes. Je les ai lus et... adorés ! Pourtant, ils ne m'ont pas tout de suite emballée. Le premier chapitre me paraissait vraiment farfelu, avec des noms étranges et des choses insensées. J'avais

---

* Aucun film *Harry Potter* n'était encore sorti au cinéma lorsque les interviewés ont répondu...

l'impression qu'il manquait des pages à mon livre ou qu'une partie de l'histoire m'avait échappé ! Aussi je ne comprenais rien au début de l'histoire... jusqu'à ce que Harry fasse ses courses sur le Chemin de Traverse avec Hagrid.

Je pense que l'on s'attache facilement à Harry Potter parce qu'il fait pitié au lecteur dans les premiers chapitres. Ensuite, on apprend à le connaître et l'on se rend compte qu'il est malin, intelligent et drôle.

Si j'avais un seul détail à changer, je voudrais que les parents de Harry ne soient pas morts.

La clé du succès, c'est sans aucun doute le style de J. K. Rowling, qui enchante tout le monde. Ses histoires sont tellement bien décrites que l'on s'y croirait. Ce n'est pas donné à tous les écrivains d'avoir une aussi vaste imagination ! Elle peut inventer des personnages très attachants ou alors horribles, méchants et énervants, tels Malefoy, Voldemort ou Lockhart !

> **Je ne pourrais expliquer l'euphorie qui me gagne après quelques phrases de *Harry Potter* ! Grâce à lui, j'ai découvert le plaisir de la lecture. D'un point de vue psychologique, ce que j'aime en Harry, c'est son indépendance et sa singularité. C'est sans doute cela qui fait rêver tous ceux qui lisent *Harry Potter*.**

Le tome que j'ai préféré, c'est le troisième : il est plein de suspense. On tremble... mais on rit aussi avec les personnages. Je trouve que c'est le mieux écrit et que son intrigue est la meilleure.

Dans chaque tome, j'ai mon passage favori. J'ai apprécié les courses sur le Chemin de Traverse dans le tome 1 car cela m'a permis de découvrir le monde des sorciers, avec ses nombreux magasins qui me font rêver. J'ai aimé lire le chapitre du tome 3 où apparaît le Retourneur de Temps, car il est drôlement bien imaginé ; celui de la Coupe du Monde de Quidditch dans le tome 4, où l'on assiste à un gigantesque match... La manière comique qu'ont les sorciers de faire du camping est aussi remarquable !

Mon personnage préféré est Hermione, parce qu'elle me ressemble un peu : elle est très susceptible, aime beaucoup les livres et elle est bonne élève en classe. Je me suis tout de suite attachée à elle. Celui que j'aime le moins est Voldemort car il est antipathique, méchant, cruel...

J'aime beaucoup Hedwige ; je l'imagine très belle et très attachante. Croûtard est celui que je déteste le plus : il est moche et j'ai envie de l'étrangler !

L'objet que je préfère est le balai magique : très utile pour voyager. Ce doit être très drôle de voler dans les airs !

J'aimerais beaucoup jouer au Quidditch. Ça doit être un sport incroyable, avec beaucoup d'action... Il faut s'aventurer à prendre des risques ! Je préférerais occuper le poste de Poursuiveur. Je n'aimerais pas du tout être Batteuse car j'aurais trop peur de manquer les Cognards, et je ne serais pas assez rapide en tant qu'Attrapeuse. Par élimination, c'est donc le poste de Poursuiveur qui me conviendrait le mieux : je suis assez petite et je pourrais me faufiler partout !

J'aurais bien envie, si j'étais une sorcière, de jeter le sortilège « Accio »... Je suis étourdie et j'oublie souvent mes affaires, aussi ce sort serait très pratique pour moi !

Je voudrais boire de la Bièraubeurre, dont le goût paraît délicieux et si différent de ces sodas du genre Coca-Cola... Mais je détesterais manger des Dragées surprises de Bertie Crochue au goût de poubelle, par exemple !

Je pense que J. K. Rowling fait exprès de donner un caractère méchant et cruel au professeur Rogue. En réalité, il est très gentil et prêt à prendre beaucoup de risques.

Je ne suis pas trop d'accord avec les produits dérivés car l'on se sert du succès de *Harry Potter* pour se remplir les poches ! Les seuls produits marketing qui vaillent vraiment la peine, et que j'ai achetés, ce sont des livres dérivés de *Harry Potter*, à savoir *Le Quidditch à travers les âges* et *Les Animaux fantastiques*. Je suis plutôt *pour* le film et je crois que j'irai le voir par curiosité. J'espère cependant qu'il ne détruira pas l'idée que je me fais du monde des sorciers. Je ne pense pas que Harry et Voldemort soient de la même famille car ils n'ont pas du tout le même caractère. Si Harry possède la même plume de phénix que Voldemort à l'intérieur de sa baguette magique, c'est parce que ce dernier lui a transmis une partie de lui-même le jour où il a voulu l'assassiner.

Thomas, 21 ans
« Des clichés qui s'intègrent parfaitement bien à l'histoire »

Une correspondante sur Internet me faisait les louanges de *Harry Potter*. D'après elle, c'était un livre étonnant et très prenant. Parallèlement, je lisais de nombreux articles qui vantaient les mérites de ce nouveau phénomène littéraire. Je me suis alors juré de me procurer le tome 1. Je l'ai enfin emprunté un jour à la médiathèque.

Je possède les trois premiers volumes, et le quatrième m'a été prêté. J'ai ainsi pu lire toute la série.

Dès les premières secondes de ma lecture, j'ai été emballé par la narration, les personnages... Surtout, j'ai

> **Harry, c'est un pur moment de bonheur à chaque page... On vibre en même temps que le héros. De plus, le style est très agréable : ça se lit tout seul. Sans s'en rendre compte, on est déjà à la fin – hélas ! Ce que j'aime beaucoup, c'est que chaque personnage existe vraiment, même les moins importants : ils ont tous leur histoire et leur caractère... Et quel univers fascinant !**

apprécié la manière inhabituelle dont était abordée la magie : de façon très réaliste, avec des clichés comme les robes de sorcières et les balais volants qui paraissent pourtant vraisemblables et s'intègrent parfaitement bien à l'histoire. C'est fascinant de « voir » les élèves sorciers acquérir de l'expérience dans le monde de la magie.

J'aime ce roman car il est captivant, bien qu'il raconte des scènes de la vie de tous les jours de notre jeune héros. Harry n'est pas un être exceptionnel – pas à nos yeux, en tout cas –, mais pour les sorciers, c'est une vraie star. J. K. Rowling, en nous dévoilant la vie quotidienne de Harry, nous prouve que nos stars sont finalement de simples personnes.

Les liens du héros avec ses deux amis sont aussi très intéressants. Alors qu'il rencontre Ron d'une manière assez banale, l'amitié avec Hermione est plus subtile, puisque cette « miss je-sais-tout » passe pour une ringarde à leurs yeux au début du récit.

Le tome 2 est assez réussi, mais j'ai eu l'impression qu'il ne servait que de lien entre les tomes 1 et 3, qu'il était quelque peu superflu...

Le troisième, en revanche, est excellent : un véritable retournement de situation se produit, on apprécie l'intrigue, mais on trouve des histoires parallèles, telle la dispute entre Ron et Hermione. Et surtout... Harry n'est pas gagnant à la fin ! Croûtard s'échappe, et Sirius Black est toujours considéré comme un fou criminel par la majorité des sorciers ! Cette fin ajoute un réalisme très agréable à l'intrigue et montre que le héros peut échouer... Il parvient tout de même à sauver Sirius, mais pas à restaurer sa réputation.

Harry Potter et la Coupe de Feu est encore meilleur ! J'ai adoré les trois épreuves que notre héros a dû affronter, et la manière dont il les a résolues ! J'ai aimé par-dessus tout le temps qui s'écoule très lentement : le suspense est insoutenable, le « méchant » de l'histoire, sans qu'il soit clairement identifié, n'a jamais été aussi proche de Harry.

Je fais dans le classique : Harry Potter est mon personnage préféré. Voir ce garçon résoudre ses problèmes, découvrir en même temps que lui le monde de la magie... Je pénètre l'histoire à travers ses yeux. Le livre est comme une fenêtre par laquelle je ne me lasse pas de passer la tête pour observer la vie de cette petite communauté de sorciers.

L'odieux Malefoy, en revanche, est le méchant par excellence, sans consistance, sans nuance... S'il existait réellement, il ne tarderait pas à se faire rejeter par sa classe ! Crabbe et Goyle, ses deux comparses, sont encore pires : ce ne sont que des figurants !

Bien qu'il soit tout aussi méchant que Malefoy, Rogue est bien plus intéressant car plus nuancé. Je pense qu'il est bon, mais qu'il ne peut aimer Harry à cause de son passé avec James Potter. S'il favorise Malefoy, c'est pour ne pas éveiller la colère de son père, ancien collègue Mangemort, ou bien parce qu'il le considère comme un moins que rien... Mais Rogue sera moins complaisant envers Drago Malefoy lorsqu'il deviendra un véritable Mangemort !

Coquecigrue me fait mourir de rire... il est génial ! Je ne déteste aucun animal magique.

Le Quidditch est un excellent sport, une très belle invention de l'auteur, qu'elle décrit avec beaucoup de réalisme ! Je ne pensais vraiment pas qu'il y aurait tant de place dans l'histoire pour le Quidditch et qu'il y serait si bien intégré. Je crois que ce sport est inspiré du basket-ball et un peu du base-ball, pour les Batteurs. Y jouer ? Non, merci... j'ai trop peur des Cognards !

Si j'étais sorcier, je goûterais bien la Bièraubeurre, qui m'intrigue. Qui dit bière dit alcool, alors la Bièraubeurre résulterait de la fermentation du... beurre ?

Je jetterais également le sort de l'Imperium, pour contrôler les personnes. Je pense que c'est notre rêve à tous de pouvoir imposer notre volonté à autrui, afin de profiter gratuitement des plaisirs de la vie !

Je suis *contre* tous les objets dérivés, sauf peut-être le film et les jeux vidéo. J'aimerais que l'on crée des jeux de Quidditch virtuels ! Le film est un bon support artistique pour adapter une œuvre aussi riche que *Harry Potter*. Néanmoins, je pense que tout ce marketing est une pression trop importante pour l'auteur, qui pourrait nuire à sa créativité.

> J'aime **Harry Potter** car je trouve que ces aventures sont palpitantes, drôles et très bien racontées ; il y a beaucoup de suspense. J'aime bien le héros et ses amis. Je trouve leurs histoires intéressantes.

Ce que je changerais dans *Harry Potter*, c'est le caractère de Malefoy. Bien sûr, il doit rester méchant, mais avec plus de noblesse. Il aurait bien besoin d'un plus grand code de l'honneur !

Je souhaiterais aussi que Qui-Vous-Savez soit un peu mis de côté, pour introduire de nouveaux « méchants ». La malveillance quasi générale des Serpentard est également un peu trop exagérée à mon goût !

Harry Potter et Voldemort de la même famille ? Possible, oui... autrement, pourquoi le Seigneur des Ténèbres se serait-il attaqué à Harry à sa naissance ?

Patricia, 48 ans
« La magie du livre : nous donner la possibilité d'être sorciers le temps de notre lecture »

J'ai eu envie de m'intéresser à *Harry Potter* car ce livre passionnait mon fils, mais aussi par curiosité... Je voulais savoir pourquoi tous ces gens l'aimaient et en parlaient autant. Mais certaines préoccupations que j'avais et le grand nombre de personnages dans cette histoire m'empêchaient de bien la comprendre. Ce n'est que lors de ma deuxième relecture des quatre tomes, pendant l'été 2001, que je suis parvenue à saisir convenablement toute l'histoire.

C'est en effet une intrigue très complexe, qui ne se lit pas facilement et demande de la concentration. On mélange facilement les personnages.

À son lancement, *Harry Potter* a été présenté comme un livre pour enfants : histoire de magie, de sorciers, un titre – pour le premier tome – comportant le mot « école »...

On pourrait en déduire que ce livre est d'une extrême simplicité, ce qui n'est pas le cas... Je trouve pour ma part que J. K. Rowling a accompli un tour de force en réussissant à intéresser les enfants sans pour autant écrire une histoire simple, comme celles qu'ils ont l'habitude de lire. Cela leur montre qu'ils sont capables de découvrir des romans plus complexes.

Dans *Harry Potter*, on trouve tellement de personnages que l'on se croirait presque dans un roman de Tchekhov ! Comment un lecteur de six ou sept ans peut-il se repérer parmi tous ces personnages ?

On dit que *Harry Potter* ne devient intéressant qu'à partir du commencement de l'intrigue, à Poudlard... Moi, j'ai bien aimé ce côté un peu fantomatique et mystérieux de l'arrivée du bébé Harry devant chez les Dursley, du professeur McGonagall qui se transforme en chat... Le début du tome 1 m'a intéressée et amusée ; j'ai immédiatement accroché ; j'ai tout de suite eu le sentiment que ce livre sortait de l'ordinaire, que je trouverais l'explication du premier chapitre dans les suivants...

En revanche, c'est justement au milieu du livre que j'ai commencé à décrocher. Intrigue trop complexe, oubli des noms des personnages, manque de concentration... *Harry Potter* s'est révélé être un roman intellectuel, ou presque, alors que je m'attendais à une lecture aisée !

Ce que je trouve intéressant dans *Harry Potter*, c'est que l'on y apprend vraiment la sorcellerie. On montre au lecteur que, contrairement aux idées reçues, on ne naît pas sorcier en sachant se servir d'une baguette magique. Être sorcier, cela s'apprend, dans une école ; c'est compliqué, il faut travailler. *Harry Potter* nous montre que l'on n'arrive à rien sans travail.

Dans l'univers créé par J. K. Rowling, les apprentis sorciers sont reconnus comme ayant un don de naissance pour la sorcellerie, don qu'ils ont la chance de parfaire dans une école. Dans notre monde, qu'il soit musical, sportif ou artistique, tous les enfants

> Harry Potter est l'anti-héros par excellence : c'est pour cela que j'aime ses livres. D'habitude, les héros de littérature enfantine sont issus d'une famille aisée, toujours bien dans leur peau et entourés d'un nombre d'amis non négligeable. Harry Potter ressemble un peu au héros que l'on a tous rêvé d'être étant petits.

ont certainement reçu un don, mais il n'existe malheureusement pas une école pour le leur faire travailler. *Harry Potter* contribue à mettre en valeur les dons que possèdent les enfants, contrairement à notre société actuelle.

La recherche des énigmes et des mystères n'est pas vraiment ce qui m'intéresse le plus, bien que l'intrigue tienne en haleine... Je suis plus sensible à l'aspect psychologique de ces livres. Le Miroir du Riséd, par exemple, nous renvoie notre propre image ; il exprime tout ce que l'on aurait envie d'être. Les bonbons de Bertie Crochue, parfois bons et parfois mauvais, sont en quelque sorte les moments agréables ou pénibles que l'on « avale » dans la vie : ses imprévus, ses aléas... Je pense que toutes ces choses ont un sens. Tous ces petits signes que l'on retrouve dans la vie actuelle pourraient faire l'objet d'une analyse.

J'ai apprécié le passage où Dumbledore explique à Harry Potter pourquoi Quirrell était dans l'incapacité de le toucher lorsqu'ils s'affrontaient. Le professeur explique, d'une certaine manière, que lorsque quelqu'un a été aimé très fort, une autre personne qui ne l'a pas été se trouve mal à l'aise en sa présence... Et le méchant Quirrell, puisqu'il n'a pas été aimé, ne supporte pas de toucher Harry. Les gens « mauvais » sont d'ailleurs souvent ceux qui n'ont pas reçu d'amour.

On trouve beaucoup d'ingrédients dans *Harry Potter*, qui rendent cette œuvre accessible aussi bien aux enfants qu'aux adultes et aux personnes âgées : une intrigue bien ficelée, un héros enfant comme les autres, pas spécialement doué, sympathique, qui se révolte de temps en temps, de la douceur, beaucoup de sagesse et de gentillesse... Les adultes peuvent s'imaginer ce qu'ils auraient pu être si leurs parents les avaient inscrits dans une école particulière dès leur plus jeune âge.

De plus, tout le monde s'accorde à dire que l'imagination dans *Harry Potter* est débordante, et que le grand nombre de personnages donne au lecteur tout le loisir de s'identifier à l'un d'entre eux.

Tous les livres n'ont pas la faculté de vous plonger dans le décor que vous vous imaginez... Et c'est ce que J. K. Rowling a remarquablement réussi : en lisant les aventures des élèves de Poudlard, le lecteur a la sensation de faire partie intégrante de l'école ! Nous sommes complètement emportés dans l'histoire alors que nous ne sommes pas des sorciers... C'est cela, la magie du livre : nous donner la possibilité d'être sorciers le temps de notre lecture.

Il y a beaucoup de couleurs dans le livre, de générosité, beaucoup d'effets... Tout compte fait, pas besoin d'en faire un film : on s'imagine les effets spéciaux, et ils sont plus riches dans notre tête que sur un écran !

Les personnages sont aussi symboliques : la bonté est incarnée dans le personnage de Dumbledore, la méchanceté dans Voldemort, bien sûr, mais aussi dans Rogue ou Drago Malefoy. Hagrid représente le faible soumis à une force terrible : tout le monde l'a cru coupable, sauf Dumbledore, et il n'a pas su réagir par rapport aux accusations que l'on portait contre lui. Personne n'a su admettre qu'il était vrai et honnête. Hagrid traduit bien le fait que les gens se fient beaucoup à l'apparence... La véritable magie, c'est que l'on retrouve certains personnages de la vie réelle, avec des sentiments bien humains, mais dans un monde de magie qui reflète parfaitement le nôtre, celui des Moldus. Peut-être que tout le monde n'est pas conscient de cette face cachée des livres *Harry Potter*, mais c'est sans importance, du moment que le livre parle aux lecteurs.

> Je suis certifié en documentation, et des livres « pour la jeunesse », j'en vois et j'en lis ! Or, pour une fois, voici un livre « destiné à la jeunesse » écrit dans une syntaxe correcte et agréable, rempli de sujets d'étude – de grammaire, de vocabulaire, d'orthographe. Au fil de leur lecture, l'intérêt de mes élèves croissait, au point qu'ils se dépêchaient de terminer le premier tome pour me demander de leur acheter le deuxième ! Nous étudions le volume 1 depuis cinq semaines et, sur vingt-cinq élèves que compte la classe, dix-huit ont lu les quatre tomes. Des élèves qui ne lisaient pas s'y sont mis. Bravo au petit sorcier qui permet, aux jeunes comme aux grands, de rêver !

Harry Potter, c'est aussi un temps de chaleur, de générosité, dans un monde réel rempli de violence et de difficultés.

Si l'on me demande quel tome j'ai préféré, je réponds que c'est le premier, parce que c'est avec lui que j'ai découvert l'histoire. Mais je trouve que *Harry*

Potter est un tout, une seule et même histoire qui se poursuit, celle d'un jeune doué pour la sorcellerie qui apprend à devenir sorcier, qui trouve des problèmes sur son chemin comme n'importe quel adulte ou enfant, et qui arrive fort heureusement à les résoudre à force de courage, d'intelligence et d'opiniâtreté. La seule dissemblance que l'on peut noter d'un tome à l'autre, c'est que l'intrigue est différente, bien que celle-ci repose toujours sur le personnage de Voldemort.

Mon passage favori est sans doute celui du miroir du Riséd. Cette glace est un peu le reflet de notre inconscient. La possibilité nous est offerte dans les livres de *Harry Potter* de le pénétrer. Le livre donne vraiment matière à réflexion, sous une allure un peu enjouée. Ainsi, *Harry Potter* n'est pas qu'un livre pour enfants ; les adultes qui le considèrent comme tel le lisent au premier degré. Et, après tout, les enfants sont peut-être plus aptes qu'eux à le lire au deuxième degré, même s'ils ne s'en rendent pas compte.

> Les mystères qui s'accumulent les uns sous les autres et les doubles rebondissements toutes les trois ou quatre pages sont absolument déconcertants. J'aime le trio Harry-Ron-Hermione, et le groupe de Gryffondor, qui me rappellent peut-être mes années d'université à Londres.

J'aime beaucoup, également, les passages où Harry habite chez son oncle et sa tante. C'est très amusant !

J'aime bien Hermione, surtout dans les troisième et quatrième tomes. Elle est intelligente, vive, elle a des idées assez ingénieuses, ose exprimer ses opinions, mais elle est aussi très simple et souffre d'être considérée comme une très bonne élève... quoiqu'elle s'en accommode malgré tout ! Quant à Harry Potter, il a tellement été étouffé par ses parents adoptifs qu'il s'exprime peu, nous montre à peine sa personnalité. Cependant, il y a sûrement beaucoup de sentiments cachés en lui...

Quand on a été enfermé dans un placard toute sa vie, c'est un peu difficile d'en sortir, de se révéler à soi-même, et c'est au cours des chapitres que Harry parviendra à affirmer davantage sa personnalité.
Évidemment, je n'apprécie pas Voldemort. Je n'aime pas Rogue non plus, parce qu'il incarne le désir de pouvoir et de puissance ; c'est un être médiocre et rancunier au plus haut point, ce qui n'est pas une preuve d'intelligence. Il est injuste envers Harry ; s'il n'est pas capable de réfléchir sur son comportement, c'est qu'il est inintéressant. Je classe le professeur Rogue dans le lot des « méchants », qui aiment faire du mal autour d'eux. On pourra rétorquer qu'il s'est mis du côté de Dumbledore, donc des « bons », mais je pense qu'il va là où est son intérêt. C'est sûrement le personnage que j'aime le moins – moins encore que Voldemort, qui finalement poursuit le but qu'il s'est fixé... De toute façon, on ne nous donne pas le choix, on doit inévitablement haïr Voldemort. C'est un Hitler ou un Ben Laden, l'horreur de la vie, l'intolérance personnifiée, l'incarnation du mal !

Ceux que je préfère, parmi les animaux fantastiques, ce sont sûrement les hiboux et les chouettes. Il y a Hedwige, bien sûr, la chouette belle et blanche, mais tous les hiboux sont assez sympathiques, et cette façon qu'ils ont de porter du courrier est vraiment futée... Ce serait beaucoup plus gai si des chouettes nous transmettaient le courrier ainsi tous les matins, plutôt que le facteur ! Les hiboux sont des animaux silencieux et observateurs. Il m'est même arrivé de me demander s'ils venaient sonner en fin d'année aux portes de nos maisons afin de réclamer quelques sous pour leur travail, ou pour vendre des calendriers !

Le passage des araignées de la Forêt interdite, dans *Harry Potter et la Chambre des Secrets*, est assez fort, répugnant et terrible. On imagine ces grosses bêtes avec leurs grandes pattes oscillant entre Harry et Ron... Ce sont peut-être les araignées que je déteste le plus... À moins que ce ne soit le chien à trois têtes, Touffu, que j'ai trouvé particulièrement horrible. Ceci mis à part, les fantômes qui se promènent tranquillement à travers le château de Poudlard sont assez amusants. Ils nous permettent d'imaginer que l'on vit une existence agréable après la mort, puisque les fantômes ont l'air joyeux – excepté Nick Quasi-Sans-Tête, qui n'a pas la tête suffisamment coupée pour être tranquille !

J'aime bien aussi les portraits qui bougent. C'est habile que l'auteur ait débarrassé les tableaux de leur statisme... Si nos portraits pouvaient parler, ils raconteraient une multitude de choses !

Parmi tous les objets des sorciers, mon préféré est la baguette magique. C'est l'ustensile que tout le monde désirerait posséder, pour transformer les objets, se sortir des situations les plus inextricables... bien qu'il faille apprendre les formules adéquates pour s'en servir convenablement !

Je ne suis pas très sportive, aussi le Quidditch ne m'attire que parce qu'il se joue sur des balais volants. Le balai m'intéresse : il permet de se déplacer à une vitesse fulgurante. Je choisirais de regarder les matches de Quidditch plutôt que d'y jouer. L'esprit de compétition et la rage de faire gagner mon équipe ne m'intéresseraient pas du tout. Les passages que je préfère ne sont pas ceux du Quidditch. Cependant, je comprends que Harry Potter ait envie de pratiquer ce sport car il est doué. Si j'y jouais, la seule tâche dont j'aimerais m'occuper serait celle d'attraper le Vif d'or... mais certainement pas celle de renvoyer les Cognards ! Le poste d'Attrapeur est à mon sens le meilleur car, lorsqu'on l'occupe, on ne lutte pas contre les adversaires, mais on a un objectif très précis : capturer le Vif d'or. Le Quidditch me fait penser à tous les sports d'équipe : football, basket-ball, base-ball...

Transplaner est une faculté très intéressante. On se déplace, ne serait-ce que par la pensée, d'un endroit à l'autre, instantanément. Si j'étais sorcière, j'aimerais pouvoir transplaner et connaître un sort qui me permettrait de rentrer en contact avec les morts pour pouvoir leur parler.

J'aurais envie, par curiosité, de goûter à toutes les friandises des sorciers. Je suis tellement gourmande ! Et je ne reprendrais que ce qui m'aurait plu.

Je pense que les produits dérivés de *Harry Potter* sont purement commerciaux, au même titre que le film, mais que c'est la rançon du succès ! Peut-être permettent-ils à certains

> À l'origine fan d'*heroic fantasy*, j'ai découvert *Harry Potter* dans la bibliothèque de ma sœur, qui a neuf ans : j'ai dévoré les quatre tomes en une semaine, fasciné par ce monde magique peuplé de personnages plus loufoques les uns que les autres !

enfants – voire aux adultes – de rêver et d'avoir l'impression de posséder un peu de Harry Potter. Il est possible qu'un écolier qui emmène un agenda « Harry Potter » à l'école emporte une part de rêve avec lui. Il se peut même que certains fans de *Harry Potter* puissent porter sur eux quelques produits dérivés en guise de signe de reconnaissance entre adeptes de l'apprenti sorcier. Ainsi, un enfant possédant un cartable estampillé « Harry Potter » peut être rapidement reconnu par les autres fans...

Personnellement, les produits dérivés ne m'apportent pas grand-chose, et je n'ai pas vraiment envie de les collectionner ; mais ils n'ont pas arrêté mon imagination. Les produits dérivés et les livres, pour moi, sont deux choses bien distinctes.

Le film, c'est encore différent. Ce sont des images dynamiques et l'effet produit est beaucoup plus intense. Dès qu'une œuvre littéraire plaît beaucoup, on tente de la mettre en images pour faire rêver les gens davantage. Malencontreusement, cette adaptation au cinéma stoppe plutôt les choses, fige les personnages. C'est surtout une occasion de rapporter beaucoup d'argent : pourquoi ne pas la saisir ? Au bout du compte, je suis assez neutre en ce qui concerne le film et les produits dérivés. Cela m'est égal : si quelqu'un désire acheter une statuette « Harry Potter » pour la poser sur sa table de nuit, pourquoi pas ? Moi, je n'éprouve pas ce besoin, mais je peux le comprendre.

Je trouve que Harry Potter manque de personnalité. Je voudrais, tout au moins, connaître ses pensées, ses sentiments, ses émotions... Le livre n'est pas superficiel pour autant, mais j'apprécierais que l'auteur nous dévoile davantage ce que cachent les personnages, à l'intérieur.

Lorsque Harry affronte Voldemort, on comprend qu'un enfant, plus courageux et plus sensé qu'un adulte, peut réussir à le combattre. C'est une bonne chose de le montrer car, dans la vie réelle, les enfants, faibles, ne peuvent rien ou presque face aux adultes. Au bout du compte, la détermination de Harry Potter a le mot de la fin.

Moi, j'imaginerais bien Voldemort en frère du père de Harry, donc son oncle paternel... Voldemort aurait voulu éliminer James Potter par jalousie, suscitée par une rivalité d'enfance ! On peut tout concevoir !

L'auteur de *Harry Potter* laisse subsister des zones d'ombre à la fin de chaque aventure, de telle sorte que le lecteur parvienne, à mesure qu'il lit, à comprendre le pourquoi de certains points obscurs. On pourrait dire que c'est cela qui entretient le suspense...

Charlotte L., 14 ans
« *Le lecteur peut apprendre tout sur le passé de Harry en même temps que Harry lui-même* »

Ma mère avait acheté le premier tome de *Harry Potter*. J'ai commencé à le lire à Noël 2000, lors de la sortie du quatrième tome. Je relis actuellement les quatre volumes !
Je n'ai pas beaucoup aimé le premier chapitre, sans doute parce que Harry n'y figurait pas. Mais ensuite, j'ai adoré ces livres ! Les personnages évoluent dans un milieu magique que j'aime, et le héros a mon âge.
Peut-être que les livres de J. K. Rowling plaisent à tout le monde parce que leur univers est fantastique, et en même temps tellement réel… Tous les détails sont là : le sport des sorciers, les magiciens célèbres, le ministère de la Magie…

> Je trouve l'histoire fantastique, les personnages étonnants, les aventures incroyables, avec une énorme pincée d'humour. Je pense qu'il est impossible de ne pas aimer *Harry Potter* et c'est pourquoi je suis certainement l'une de ses plus grandes fans.

J'ai préféré le troisième tome aux autres. On y apprend beaucoup sur la vie de Harry, sur les circonstances de la mort de ses parents… J'apprécie que le lecteur puisse apprendre tout sur le passé de Harry en même temps que Harry lui-même.

J'ai aimé lorsque quelqu'un tambourinait à la porte de la cabane où les Dursley et Harry s'étaient réfugiés… On ne savait pas encore que c'était Hagrid qui arrivait !
La première leçon de vol de Harry m'a plu également. Quand on aime *Harry Potter*, on aime forcément ce moment où le héros vole pour la première fois.

Mon personnage favori est sûrement Harry. Normal, c'est le héros ! Cependant, j'aime beaucoup Ron, qui est souvent jaloux de Harry, mais surtout de Krum, la star de Quidditch, et Hermione, qui sait tout et qui déteste avoir tort... un peu comme moi !

Je n'aime pas Gilderoy Lockhart : il est prétentieux, se croit meilleur que Harry, alors qu'il est en réalité un incapable.

Hedwige est mon animal préféré. Elle éprouve des sentiments tels que la jalousie ; elle est très humaine, en quelque sorte. Crockdur est un énorme molosse que l'on craint mais qui est finalement plutôt un chien trouillard et affectueux. Je l'aime bien aussi.

Je déteste les araignées géantes qui sont cruelles.

Les Dragées surprises de Bertie Crochue, il fallait y penser ! Une invention très bizarre à laquelle je voudrais bien goûter... C'est toujours comique de savoir sur quel parfum tombent les sorciers !

Le Quidditch est une merveilleuse trouvaille de l'auteur, cela montre bien son extraordinaire imagination. J'adore ! Je souhaiterais vivement y jouer et voler sur des balais. Attraper le Vif d'or ou renvoyer les Cognards, ce doit être une sensation unique ! Je pense que je jouerais comme Batteuse car protéger les membres de son équipe et viser les joueurs adverses doit être très drôle ! Le Quidditch me fait penser à beaucoup de sports : le basket – pour les Poursuiveurs –, le football – pour le Gardien –, le base-ball – pour les Batteurs...

Rogue est gentil, mais il déteste Harry depuis toujours parce que son père lui a sauvé la vie : il n'aime pas avoir des dettes envers les personnes qu'il hait ! D'un autre côté, il est un ancien Mangemort qui est revenu parmi les bons. C'était peut-être une erreur de jeunesse ? Je ne sais trop quoi penser à son sujet...

Je ne suis ni *pour* le film, ni *contre*, mais il faut reconnaître que ça gâche une partie de l'imagination des lecteurs. Les acteurs ne correspondent pas forcément aux personnages qu'ils imaginent.

Voldemort a simplement donné à Harry une partie de ses pouvoirs en s'efforçant de le tuer. Ils ne sont pas de la même famille.

Si j'avais un seul détail à changer dans les aventures de Harry, ce serait que Sirius Black soit innocenté à la fin du tome 3, pour que Harry aille vivre avec lui.

Laurane, 13 ans
« Le film Harry Potter, ça gâche tout ! »

C'est une amie qui, en 1998, m'a fait connaître *Harry Potter*. J'ai lu les quatre livres parus et j'ai tout de suite accroché. Je sais pas vraiment expliquer pourquoi j'aime ces histoires. *Harry Potter*, ce n'est pas la réalité, ça permet de rêver.

Mes tomes préférés sont le deuxième et le quatrième.

Les passages où Harry gagne les matches de Quidditch sont émouvants. On est content pour lui.

> C'est très bien écrit, très fluide, très intéressant. Les histoires sont remplies de suspense et les personnages attachants. J'estime que J. K. Rowling a fait un magnifique travail : elle s'est vraiment investie et a trouvé un nom à chaque personne et à chaque chose.

J'aime le Quidditch, mais je pense que je serais trop maladroite pour y jouer. Cependant, si cela m'était possible, je prendrais le poste de Poursuiveuse. Ce sport me fait penser au football moldu.

Je déteste Drago Malefoy parce qu'il est toujours là quand il ne faut pas. Il fait toujours tout rater !

J'adore les chouettes parce qu'elles sont affectueuses ; elles ont du caractère et servent à porter le courrier. J'aime aussi Fumseck parce qu'il a des pouvoirs magiques. Je ne hais aucune des créatures.

Si j'étais une sorcière, je jetterais souvent le sort « *Accio* », parce qu'il me permettrait de ne pas avoir à me déplacer pour attraper quelque chose ! Je goûterais aussi aux Chocogrenouilles et à la Bièraubeurre.

C'est complètement imbécile de réaliser un film adapté de *Harry Potter* ; cela gâche tout. Je pense également qu'il est idiot de fabriquer des produits dérivés : ça va faire comme pour les Pokémon ! Je n'en ai acheté aucun.

Les Détraqueurs sont horribles. Si j'avais un détail à changer aux histoires de *Harry Potter*, je les enlèverais. Rogue aussi est très méchant car il est totalement injuste.

Sylvain, 18 ans
« *Peut-être y a-t-il un lien de parenté entre Harry et le mage noir !* »

En septembre 2000, la bibliothèque de mon village m'avait prêté les trois premiers *Harry Potter*. C'est ainsi que j'ai connu notre petit sorcier. J'ai bien aimé les deux premiers livres, mais encore plus les deux suivants que j'ai dévorés. Vivement le tome 5 !

L'aspect fantastique, le style de la version anglaise (je déteste la traduction française) et les personnages vraiment complexes sont autant d'éléments qui me font aimer *Harry Potter*.

J'aime les personnages équivoques ; ce sont mes préférés. Difficile de classer Rogue dans la catégorie des « méchants », comme Lucius Malefoy, ou dans la catégorie des « gentils », comme Sirius Black. J'ai l'impression qu'il joue un rôle, mais cela ne va pas sans ambiguïté. Analyser les paroles de Rogue aboutit à plusieurs interprétations. Selon moi, il joue un rôle vis-à-vis de Harry, pour gagner la confiance des Mangemorts dont les enfants fréquentent Poudlard, car il se prépare depuis longtemps au retour du mage noir. Son mépris pour le directeur de Durmstrang me convainc cependant de son innocence.

Verpey et Croupton sont également difficiles à cerner. Croupton fait face à de nombreux dilemmes qui reflètent la complexité humaine : il paraît soucieux de respecter la loi au-delà de la famille... Son fils a été envoyé à Azkaban. Pourtant, il le fait évader. C'est un être responsable, mais qui ne peut pas lutter comme il le voudrait contre ses propres sentiments.

J'ai préféré le tome 4, dans lequel les personnages atteignent ce degré de complexité qui me plaît tant... Il faut dire aussi qu'il est plus épais que les autres volumes. On a encore plus longtemps de plaisir à le lire !

> J'adore lire. L'an dernier, pour mon anniversaire, ma mère m'a offert le premier tome. Dès que je l'ai lu, j'ai demandé que l'on m'achète les deux suivants. J'aime bien *Harry Potter* parce que l'histoire est très agréable, les personnages et leurs aventures sont extra.

Dans *Harry Potter à l'école des sorciers*, j'ai aimé découvrir le petit Harry, l'intérêt que lui portent Dumbledore et McGonagall. Les moments dans la salle commune de Gryffondor, les moqueries qu'a dû subir Harry, les Beuglantes et les épreuves du Tournoi des Trois Sorciers comptent aussi parmi mes passages favoris.

Harry ne prend de l'importance qu'à partir de sa rencontre avec Voldemort, à l'âge d'un an. On parle d'une transmission de pouvoirs entre lui et Voldemort, qui expliquerait que Harry parle Fourchelang ou encore que sa baguette possède une plume du même phénix que Voldemort. Ils sont certainement de la même famille. Mais une chose m'intrigue... Dumbledore considérait Harry comme important avant cette rencontre avec Voldemort, car il avait déjà posé des protections toutes particulières sur Harry. Pourquoi ? Peut-être y a-t-il un lien de parenté entre Harry et le mage noir !

Parmi les animaux, ma préférence va à Fumseck, mais tous sont amusants.

Si je jouais au Quidditch, je serais Poursuiveur ou Attrapeur. En effet, le Gardien de Quidditch se tient à l'écart et vole peu ; le Batteur doit être partout à la fois. Le rugby me fait penser à ce sport.

Si j'écrivais les livres de *Harry Potter*, les élèves de Serpentard ne seraient pas aussi simplistes et stupides !

Je suis *contre* tous les produits dérivés. *Harry Potter* est qualifié par les journalistes de « littérature enfantine », et ces produits les confortent dans leur préjugé. Même les rares critiques qui daignent lire les livres conservent ce préjugé et n'entrent pas dans le texte.

Clara, 11 ans
« Parfois, je me sens comme Harry chez les Dursley »

J'ai découvert *Harry Potter* un jour où j'étais à la librairie. J'ai lu les quatre volumes. Dès la première page, j'ai adoré l'originalité et le suspense... J. K. Rowling écrit si bien que, dès que j'ai fini un tome, je veux lire tout de suite le suivant ! Je crois qu'il y a quelque chose dans ces livres qui donne à tout le monde l'envie de les lire...

Rowling a beaucoup d'imagination. J'adore l'ambiance dans laquelle vit Harry Potter... Parfois, je me sens comme lui chez les Dursley, qui le haïssent. Je crois que, dans certaines familles où les enfants se font gronder, c'est pareil.

J'ai préféré *Harry Potter et la Coupe de Feu*, parce que c'est le plus émouvant et le plus triste des quatre tomes... Et j'adore les histoires qui me font pleurer. Mes passages favoris dans ce volume sont les épreuves – « les tâches ».

Mon personnage préféré est Hermione. J'aimerais être comme elle : toujours tout savoir, être très intelligente. Celui que j'aime le moins, c'est Malefoy : il est vraiment désagréable.

L'animal que j'apprécie particulièrement est Buck car il est doux et gentil. Mais les serpents sont des animaux détestables.

J'aime le Quidditch : ça doit être super ! Si je pouvais jouer, j'occuperais le poste de Gardien. Ce sport ne me fait pas penser à un sport moldu.

Je pense que Rogue n'est pas vraiment méchant. Il ne veut simplement pas montrer le bon côté qu'il a en lui.

Les produits dérivés « Harry Potter », c'est vraiment génial ! Cependant, il ne faut pas qu'il y en ait trop... J'ai quand même acheté un tee-shirt.

Un détail que je désirerais changer ? Ce serait que Cho soit amoureuse de Harry autant que l'est Ginny.

Je ne crois pas que Harry et Voldemort soient de la même famille, mais je ne sais pas dire pourquoi.

Jean-François, 50 ans
« Harry est un antihéros très humain »

Toute ma famille a lu *Harry Potter*. Je m'y suis mis moi aussi, à peu près en même temps que ma femme. J'ai lu les quatre tomes et j'ai apprécié dès le début. Je pense que j'aime l'aventure, le côté fantastique.

Harry est un héros antihéros : un héros malgré lui, avec ses faiblesses… C'est un personnage très humain.

J'ai préféré *Harry Potter à l'école des sorciers* où l'on découvre le monde de Harry. J'ai bien aimé aussi *Harry Potter et la Coupe de Feu*, notamment le passage de la Coupe du Monde de Quidditch… Les matches de Quidditch, c'est ce que je préfère ! Ce sport me fait penser au football américain, au base-ball et au rugby. J'aimerais bien être Gardien.

Mon personnage favori est Hermione ; elle est sympathique. Celui que j'aime le moins est Ron : je le trouve trop bête. Je n'aime pas non plus Drago Malefoy.

Je trouve original que les chouettes et les hiboux servent à distribuer le courrier ! Je ne déteste aucun animal.

Si j'étais sorcier, j'aimerais jeter un sort pour supprimer la bêtise, s'il existe… Je désirerais particulièrement manger des Chocogrenouilles, mais toutes les friandises me plaisent.

On trouve de tout dans *Harry Potter* : du suspense, de l'humour et de très bonnes histoires.

Rogue est un personnage ambigu. Comme tout le monde, il n'est ni bon ni mauvais.

Je pense que les produits dérivés de *Harry Potter* sont uniquement créés pour l'argent. J'en ai acheté pour mes filles, mais pas pour moi-même. Je suis *pour* le plaisir qu'ils procurent, mais *contre* le principe.

Harry et Voldemort de la même famille ? Je n'aurais même pas songé à l'hypothèse d'un lien de parenté entre eux, et je ne crois pas qu'ils en aient un !

Anne-Coralie, 16 ans
« *Harry et Voldemort se ressemblent… à la différence près qu'ils sont opposés* »

Ma sœur m'avait parlé des livres de *Harry Potter* ; j'ai eu envie moi aussi de les lire et je lui ai emprunté les quatre tomes. Cela m'a vraiment plu. J'ai accroché tout de suite avec l'écriture, la variété des personnages, les lieux étranges… J. K. Rowling mêle habilement l'humour et le sérieux. Et les scénarios sont de plus en plus intéressants à mesure que les personnages évoluent. Je crois qu'elle sait intéresser son public ; elle a su créer un univers extraordinaire, qui plaît justement pour cette raison-là. De plus, elle dispose d'une telle palette de personnages que chaque lecteur se retrouve dans au moins l'un d'eux. Tout cela fait que les livres de *Harry Potter* intéressent des personnes très différentes.

Harry Potter et la Coupe de Feu, c'est l'apogée. J. K. Rowling y développe mieux l'intrigue de son récit, en créant davantage de suspense.

J'aime bien quand les Weasley surgissent chez les Dursley en passant par la cheminée. C'est la panique totale ! Dans le tome 1, Dudley se retrouve avec une queue de cochon : cela lui va si bien ! Ce sont des passages drôles, qui détendent l'atmosphère.

Mon personnage préféré est Harry Potter, pour son courage et sa gentillesse. En seconde place, Dumbledore et Sirius, qui sont les protecteurs de Harry : ils le soutiennent, le conseillent… Ce sont en quelque sorte des pères de substitution.

Même si le nom « Scroutt à pétard » m'amuse, Fumseck le phénix est mon animal favori, car il a aidé Harry dans *Harry Potter et la Chambre des Secrets*. Il appartient également à Dumbledore et est appelé à jouer un rôle très important. Enfin, je trouve génial qu'il puisse renaître de ses cendres.

J'aime bien le Quidditch, et souhaiterais y jouer pour avoir le plaisir de monter sur un balai volant. J'adorerais être Attrapeuse ou Poursuiveuse. Ce que ça doit être chouette !

Changer quelqu'un en grenouille me plairait bien, si j'étais sorcière ! Plus sérieusement, j'aimerais pouvoir faire voler les objets et les transformer. Les sorts pour ouvrir les portes sont bien pratiques également.

Je suis sûre que j'apprécierais les Chocogrenouilles, moi qui adore le chocolat. J'éviterais d'acheter les Dragées surprises de Bertie Crochue : les bonbons au poivre ne doivent pas être délicieux !

Je pense que Rogue est un « bon », car il est du côté de Dumbledore. Toutefois, je ne l'aime pas, car il en veut à Harry, simplement parce que son père était meilleur que lui. Je trouve stupide de faire peser sur le fils les rivalités avec le père.

> **Comme le dit si bien Ron : « Il y avait même un livre qu'on ne pouvait plus jamais s'arrêter de lire une fois qu'on avait mis le nez dedans ! On était condamné à tout faire d'une seule main sans jamais le quitter des yeux[*]. »** C'est un peu cela, *Harry Potter* !

Je me moque des produits dérivés et ne porte sur eux aucun jugement. En revanche, je suis *pour* le film, et j'attends sa sortie avec impatience. Je me demande si les réalisateurs sauront recréer l'ambiance du livre. En tout cas, j'ai vu des bandes-annonces sur Internet qui n'avaient pas l'air mal.

Si j'étais l'auteur de *Harry Potter*, j'aurais laissé en vie – en plus des Dursley – une tante et un oncle sorciers de Harry, pour qu'il ne se sente plus trop seul. Il y a toujours Sirius Black, mais celui-ci étant poursuivi, Harry ne peut lui parler que très peu.

---

[*] *Harry Potter et la Chambre des Secrets*, éditions Gallimard Jeunesse.

Je ne crois pas que Harry et Voldemort soient de la même famille, mais je pense qu'ils sont liés. Harry Potter est un descendant de Gryffondor, et Voldemort de Serpentard. Je pense tout de même qu'ils ont de nombreux points communs, notamment ceux dont Harry a hérité lorsque Voldemort a tenté de le tuer. Leurs baguettes magiques sont presque semblables... Elles contiennent toutes deux une plume du même phénix, Fumseck. Et c'est la baguette qui choisit son propriétaire ! Ils se ressemblent, donc... à la différence près qu'ils sont opposés. C'est ainsi que je vois les choses.

Joël, 21 ans
« Le Quidditch, c'est la folie ! »

J'ai découvert les aventures de Harry Potter en 1999, dans une librairie de Strasbourg. J'ai lu les trois premiers tomes en version française et le quatrième en anglais.

J'ai accroché immédiatement... Les héros sont attachants, les histoires agréables à lire... Les personnages amis de Harry ont aussi leur charme. La publicité et les médias ont dû également aider à faire connaître *Harry Potter* au public.

Quand on lit ces livres, on est au cinéma ; on n'a aucun mal à pénétrer dans l'univers créé par l'auteur.

Le deuxième tome a ma préférence : j'ai apprécié, entre autres, la voiture volante qui s'écrase sur le Saule cogneur ! Dans *Harry Potter à l'école des sorciers*, le début de l'histoire m'a enchanté. Harry prend contact avec le monde magique : il fait ses achats à Gringotts, voyage en Poudlard Express, découvre le collège Poudlard...

Ron est sympathique. Il est tantôt jaloux, tantôt drôle, tantôt amoureux... C'est mon personnage favori.

J'aurais aimé posséder la carte du Maraudeur. C'est un vrai rêve de connaître tous les recoins de Poudlard ! J'apprécierais aussi d'avoir la faculté de me téléporter et de faire apparaître des mets succulents à table !

Au début, j'aimais bien le Quidditch. Maintenant, je trouve que cela devient de la folie, comme pour le football moldu. Par exemple, dans le tome 4, j'ai détesté la Coupe du Monde de Quidditch. Harry deviendra-t-il comme les stars de football, mariées à des mannequins et qui boivent du champagne dans les soirées mondaines ?

Rogue apporte beaucoup à l'histoire. J'aime les personnages ambigus comme lui, mais j'espère qu'il ne sera pas trop caricaturé dans les prochains livres.

Les produits dérivés sont le meilleur moyen pour « avoir la honte de sa vie » à l'école, avec le cartable « Harry Potter », par exemple.

Par ailleurs, si J. K. Rowling décidait de casser l'image de petit garçon propre sur lui qu'est Harry – en le rendant rebelle ou déprimé par exemple –, notre sorcier serait « politiquement incorrect ». Je me demande ce que deviendraient alors les produits dérivés et si Coca-Cola, qui détient des droits sur des produits « Harry Potter », apprécierait…

Claire, 14 ans
« Avec Harry Potter, on peut s'identifier à l'un des héros et trouver des ressemblances avec toutes ses connaissances »

Une amie m'a prêté le premier tome de *Harry Potter* il y a deux ans environ. J'ai adoré et j'ai acheté les trois autres. J'ai vraiment commencé à aimer au troisième chapitre du tome 1. Pourquoi ? Sans doute parce que *Harry Potter* est un monde qui ressemble au nôtre, et différent en même temps : plus imaginatif et bien plus magique. On peut s'identifier à l'un des héros et trouver aux autres personnages, plus ou moins sympathiques, des ressemblances avec ses propres connaissances.

Ces livres sont géniaux : ce sont mes préférés parmi tous ceux que j'ai lus... Je ne me lasse jamais de les relire ! J'adorerais rencontrer ne serait-ce qu'un seul de ces personnages (tous, ce serait encore mieux !). J'aimerais aussi beaucoup que J. K. Rowling écrive plus rapidement car je meurs d'envie de lire la suite de *Harry Potter* !

Ma préférence va au quatrième volume, car c'est le plus complet. On y parle de Quidditch, de tensions, de Voldemort, de Sirius, mais également de concurrence et d'épreuves, celles du Tournoi des Trois Sorciers. Peut-être a-t-on tellement attendu cet ouvrage que l'on s'est convaincu qu'il devait être super !

Dans chaque tome, j'ai mes passages préférés. Dans le premier, c'est, à la fin de l'histoire, les énigmes et les épreuves pour parvenir à la Pierre. Quel suspense ! Dans le deuxième, c'est encore la fin : le combat contre le Basilic. On se demande si Harry ne va pas mourir ! Dans le troisième tome, j'ai apprécié le passage de la « révélation » sur Sirius Black et celui du Retourneur de Temps. C'est fort bien imaginé. Enfin, dans le quatrième volume, toutes les épreuves du Tournoi des Trois Sorciers m'ont plu : le doute règne... Harry va-t-il remporter le Tournoi ?

Sirius Black est mon personnage favori : c'est le parrain de Harry, qu'il aide, soutient et protège. Rusard est celui que j'apprécie le moins car il n'aime pas les élèves et cherche bien trop souvent à les punir. J'aime beaucoup Fumseck, qui a sauvé la vie de Harry, et les animaux me plaisent tous parce qu'ils sont intéressants ou amusants.

J'aime assez le Scrutoscope de poche : c'est un objet qui permet de distinguer la vérité du mensonge. J'adore aussi les balais. Cela doit être super de pouvoir voler !

J'aime le Quidditch, et j'aimerais être Batteuse pour pouvoir protéger mon équipe et dérouter l'équipe adverse.

Mon sort préféré est « *Accio* », car il permet d'attraper des choses hors de portée.

J'aimerais manger des Chocogrenouilles mais je détesterais manger des Dragées de Bertie Crochue, car l'on ne sait jamais sur quelle saveur on va tomber !

Rogue m'est pour l'instant antipathique, mais, un jour ou l'autre, il nous surprendra et aidera Harry contre Voldemort. Vous verrez !

Je suis d'un avis partagé sur les produits dérivés : d'un côté, c'est bien de pouvoir acheter des produits représentant son héros favori, mais en même temps, des gens s'enrichissent beaucoup trop grâce à cela. J'ai seulement acheté une carte d'anniversaire « Harry Potter » pour l'une de mes amies.

En revanche, je suis *pour* le film car c'est une bonne idée de porter un livre si célèbre à l'écran, même si l'on ne pourra plus imaginer le monde de Harry soi-même.

Voldemort est bien trop cruel pour faire partie de la même famille que celle de Harry et ses parents.

Même si je le pouvais, je ne changerais rien dans *Harry Potter*, car je trouve que tout est parfait ainsi.

Marc-Antoine, 13 ans
« Quand je vois les fournitures scolaires "Harry Potter", j'ai envie de vomir ! »

Lors de la sortie de *Harry Potter et la Coupe de Feu*, j'ai vu à la télévision un reportage sur des enfants qui adoraient *Harry Potter*. J'ai commandé les livres sur Internet et j'ai lu tous les volumes.

Bien que le commencement du premier tome m'ait paru un peu long, j'ai vite accroché à l'histoire.

Je n'arrive pas à m'expliquer pourquoi les gens aiment tant les histoires de *Harry Potter*. Elles sont vraiment bonnes, et la publicité faite par les médias doit également contribuer au succès des livres.

Le tome 4 est plus long que les autres, alors on ne peut pas tout lire en un soir : on savoure ! C'est mon préféré.

Harry est mon personnage favori : c'est le héros de l'histoire ; celui que je déteste, c'est Drago Malefoy. Il est si méchant !

Je veux faire du Quidditch ! Je veux être Batteur ! Le Quidditch est un mélange de rugby – pour le terrain et les buts – et de base-ball.

Je ne voudrais surtout pas tomber sur une Dragée de Bertie Crochue au goût de poubelle !

L'idée du film adapté du tome 1 est géniale ! Mais quand je vois toutes les fournitures scolaires « Harry Potter » (cartable, cahier, classeur, stylo…), j'ai envie de vomir ! En plus, les dessins sont ceux des livres américains. Je n'ai bien sûr acheté aucun produit dérivé !

Christine B., 41 ans
« J'aimerais être la maman de Harry »

J'ai découvert *Harry Potter* en 2000, lors de la sortie du quatrième tome. J'ai dévoré les quatre livres. J'ai tout de suite « mordu » à l'histoire… Cependant, lorsqu'on lit les premières pages du tome 1, on se demande dans quel monde on se trouve et ce qui va se passer.

> **Les aventures de Harry sont passionnantes et j'ai le privilège de les suivre d'année en année.**

MON POTE HARRY POTTER

Harry Potter est un garçon comme on en voit tous les jours, avec ses malheurs (orphelin détesté par son oncle et sa tante), mais qui, grâce à son honnêteté et son intelligence (peut-être aussi grâce à ses pouvoirs magiques), gagne le bonheur auquel il a droit.

Les livres de *Harry Potter* présentent une richesse de vocabulaire énorme (toutes les phrases sont très imagées et remplies d'adjectifs) ainsi qu'une extraordinaire fantaisie ; les actions sont décrites avec beaucoup d'imagination (lieux, événements, objets…).

J'aimerais être la maman de Harry : certes, un enfant comme celui-ci ne serait pas de tout repos, mais il serait agréable de vivre avec lui une vie pleine de rebondissements !

J'ai apprécié tous les volumes, avec une préférence pour le tome 1 car il m'a fait découvrir *Harry Potter* et m'a mis l'eau à la bouche. J'avais hâte de connaître la suite…

Dans *Harry Potter et la Coupe de Feu*, j'ai aimé la deuxième tâche du Tournoi des Trois Sorciers, lorsque Harry a préféré ramener tous les prisonniers au risque de sa vie et de perdre l'épreuve. C'est une grande marque de moralité et de bravoure.

Mes animaux et personnages favoris sont les chouettes et les hiboux, et plus encore Hedwige, qui est totalement dévouée à son maître Harry, mais qui a quand même son petit caractère. Elle permet, en sa qualité de factrice, de communiquer avec Harry Potter et de l'aider. J'ai aussi aimé Croûtard, puis je l'ai détesté pour sa traîtrise.

Le « Pré-au-Lard » me plaît bien, parce que ce nom ne signifie rien et qu'il n'a aucun rapport avec ce que l'on y trouve ! De toute façon, tous les mots inventés, tels que celui-ci, sont géniaux, bizarres et drôles.

J'aimerais pratiquer le Quidditch, ce sport qui ressemble au base-ball… Mais malheureusement, à mon âge, je ne pense pas avoir toute l'agilité et la rapidité d'action nécessaires. Sinon, j'aurais voulu être Attrapeuse.

Si j'étais une sorcière, je préférerais les sortilèges d'Attraction et de Stupéfixion. J'aimerais goûter à la Bièraubeurre, décoller du sol avec les Fizwizbiz. En revanche, je laisse aux autres les souris glacées et les pâtes de menthe en forme de crapaud, ainsi que les sucettes parfumées au sang !

D'après moi, Severus Rogue est à la fois bon et méchant. Il ne laisse pas indifférent ; il est très difficile à cerner.

Je n'ai pas acheté de produit dérivé, mais, s'il est vrai qu'il s'agit avant tout d'intérêts économiques, cela permet aussi d'avoir en sa possession un objet concret proche de *Harry Potter*, donc de posséder une part de magie et d'irréel. Quant au film, je pense que c'est une bonne idée, bien que j'aie peur que son effet ne soit pas aussi magique que celui des livres. Quant à nos héros, il est possible qu'ils ne ressemblent pas à l'idée que nous nous en faisions... Attendons de voir.

Aude, 20 ans
« Avec Harry Potter, on s'évade de notre petite vie "métro-boulot-dodo" »

J'ai découvert *Harry Potter* dès la parution du premier tome. Ma petite sœur l'avait apporté à la maison sur les conseils de sa prof de morale ! J'ai lu les quatre tomes. J'ai immédiatement été captivée par la vie de Harry Potter ; j'ai adoré dès les premières lignes ! J'aime tout ce qui touche aux contes et légendes, j'accorde une grande place à l'imagination... Avec *Harry Potter*, on s'évade de notre petite vie « métro-boulot-dodo » et c'est un vrai régal pour nous, les adultes. Rowling nous ouvre les portes de l'imaginaire avec des mots simples et une histoire toute bête en somme ! Le rêve est la clef du mystère, et c'est pour cela que ces livres plaisent. Et puis, J. K. Rowling n'est pas de ces écrivains pour enfants qui les prennent pour des idiots en leur parlant un langage puéril. Elle écrit clairement et simplement, en racontant une vraie histoire, qui plus est morale. Les enfants peuvent s'identifier au petit Harry : il a le même caractère qu'eux, il fait des bêtises, ment parfois, mais il a un cœur gros comme ça... Il a des soucis, comme tous les enfants ! Et pour changer, tout n'est pas rose et mielleux : pas étonnant que les adultes aussi se prennent au jeu !

Le dernier tome paru est mon préféré. Il m'a laissée sur ma faim... J'aimerais que l'auteur ait déjà publié le cinquième volume pour savoir ce que cet affreux Voldemort projette !

J'adore relire les premiers chapitres du tome 1 car ils expliquent la disparition de Voldemort, la vie monotone des Dursley, l'arrivée de Harry, et évoquent toutes sortes de personnages loufoques.

Mes personnages favoris sont Hermione et Ron. Il y a anguille sous roche : ils sont faits l'un pour l'autre ! Le pire, c'est qu'ils le savent !

Je n'aime pas Rogue, mais, malgré tout, il est très gentil. C'est bien joué de la part de Rowling : on le déteste ! Finalement, soit il ralliera les troupes de Vous-Savez-Qui, soit il s'avérera être un doux agneau sous sa peau d'ours. Qui est-il réellement ? C'est quelqu'un qui nous prépare de belles surprises !

Je déteste les Détraqueurs, gardiens de la prison d'Azkaban.

J'ai adoré le passage avec les licornes. Il m'a rappelé les histoires que ma mère me lisait lorsque j'étais petite, avec ces créatures divines. En revanche, j'ai eu très peur avec Touffu... Il aurait pu faire du mal à mon petit Harry !

J'aime la sonorité du mot « Quidditch ». Cela m'étonnerait que je puisse jamais jouer à ce sport... J'ai une de ces peurs du vide ! Mais je me verrais bien arbitre : j'adore quand ça dégénère à chaque fin de match. Cela ressemble à nos parties de football !

Si j'étais sorcière, je lancerais des sorts pour faire allonger le nez quand on me ment ! Je goûterais aussi aux Chocogrenouilles.

> **J'adore l'ambiance qui règne dans ces livres, les histoires de magie, de sorciers... L'intrigue est variée et bien construite, les personnages sont attachants.**

Harry et Voldemort ne sont pas de la même famille, bien que leur pouvoir soit identique. En revanche, Harry combat pour le bien et n'a pas conscience de tout son potentiel magique !

Je suis tout à fait opposée aux produits dérivés ; quand je vois tous ces objets tirés de ce chef-d'œuvre de la littérature « enfantine » dans le but unique d'amasser plus d'argent, cela me dégoûte. C'est minable ! Tout a commencé lorsque Warner Bros a acheté les droits.

Je voudrais qu'il y ait encore plus de suspense dans les livres *Harry Potter*. Et peut-être que l'on nous montre le côté fleur bleue de Harry, ses coups de cœur...

Marie, 10 ans

« Les Dragées de Bertie Crochue ? Si je tombe sur un mauvais parfum, je vais me rincer la bouche et on n'en parle plus ! »

Cette année, mon institutrice a donné à lire *Harry Potter à l'école des sorciers* à toute ma classe. Nous l'avons ensuite étudié en cours, et la maîtresse nous posait aussi des questions pour savoir si nous avions bien compris le texte. Dès le premier chapitre, j'ai tout de suite accroché, et c'est sans obligation que j'ai lu les trois tomes suivants !

J'aime les histoires de sorcellerie. Il y a beaucoup de suspense dans *Harry Potter*, c'est très excitant. Les gens aiment le suspense, et c'est pour ça que *Harry Potter* plaît à tout le monde – à mon avis.

J'ai largement préféré le tome 3 ; mon passage favori est celui où Harry Potter découvre qu'Hermione possède un Retourneur de Temps qu'ils utilisent pour sauver Sirius Black. J'ai aimé aussi les moments où apparaît l'hippogriffe de Hagrid. Ce sont vraiment les meilleurs passages des livres.

Ron me fait beaucoup rire, Hermione est très intelligente... et Harry aussi est assez sympathique. Je les aime tous les trois, mais je n'ai pas de personnage préféré. Celui que j'aime le moins est Drago Malefoy : il dit vraiment n'importe quoi ! Si j'étais Harry, je lui tendrais un piège à ma façon. Malefoy ne supporte pas la célébrité de Harry. Il est jaloux.

Je n'aime pas le Basilic qui est très méchant et qui ne m'intéresse pas, mais j'aime bien Hedwige : c'est une chouette assez intelligente. Pattenrond l'est aussi ; il a aidé Sirius Black dans le tome 3. Enfin, Coq me fait rire.

Le Miroir du Riséd est mon objet magique favori. On peut, grâce à lui, connaître le plus cher désir de son cœur, et c'est superbe que Harry ait pu y voir sa famille.

Le Quidditch, c'est amusant, mais pas plus qu'un autre sport. Si l'on me proposait d'y jouer, je répondrais oui... mais je ne serais pas déçue si l'on me disait qu'il n'y a plus de place pour moi dans l'équipe ! Même si cela m'aurait donné la possibilité de voler sur un balai... Par élimination, je souhaiterais être Attrapeuse : je n'aurais pas assez de réflexes pour être Gardienne, je n'aime pas le rôle de Batteur... Et en tant qu'Attrapeuse, j'aurais le pouvoir de faire remporter la victoire à mon équipe. Le Quidditch me fait penser au base-ball, pour les Batteurs, au football, pour les Gardiens... et aussi au basket-ball, pour l'Attrapeur qui s'empare du Vif d'or comme le basketteur du ballon pour marquer un panier et gagner la partie.

J'ai bien ri avec le maléfice du Saucisson qu'Hermione est obligée de jeter à Neville Londubat pour l'empêcher de lui barrer la route. Si j'étais sorcière, j'essaierais de jeter ce sort !

Je détesterais les Pralines Longue Langue inventées par les jumeaux Weasley. Mais ça ne me gênerait pas de goûter aux Dragées surprises de Bertie Crochue : si je tombais sur un mauvais parfum, j'irais me rincer la bouche et on n'en parlerait plus !

Contrairement à d'autres « méchants » de l'histoire, Rogue n'a pas l'intention de tuer Harry ! Il est méchant parce qu'il est injuste envers Harry, mais au fond il est gentil. Drago Malefoy est son chouchou, et il veut se venger en faisant gagner la coupe de Quidditch à ses élèves de Serpentard. Il a une dette envers Harry parce que le père de celui-ci lui a sauvé la vie, et je pense que Rogue ne l'a pas apprécié. Il aurait préféré être secouru par quelqu'un qu'il ne détestait pas ; ainsi, il aurait été ravi de voir James Potter puni !

Si je devais changer un détail, je modifierais le comportement de Rogue, qui est trop injuste. Parfois, un élève lui fait une blague et il en punit un autre ! Il ne devrait pas détester Harry : ce n'est pas sa faute si Rogue n'aimait pas son père !

Voldemort et Harry ne sont pas de la même famille. C'est vrai qu'ils ont de nombreux points communs, mais Voldemort ne chercherait pas à détruire l'un de ses descendants.

Je suis *pour* les produits dérivés, dans une certaine limite. Il ne faut pas que cela aille trop loin, comme pour les produits « Pokémon » ! Dans ce cas, je dis non, car c'est exagéré. Je n'ai pas eu l'occasion d'acheter de produit dérivé « Harry Potter ». Mais si j'en avais envie, je le ferais.

Le film adapté du tome 1 est une bonne idée. Il va permettre aux lecteurs de *Harry Potter* qui n'ont pas compris toute l'histoire de la découvrir un peu mieux, avec des images.

Simon, 12 ans

« J'aimerais bien chercher le petit Vif d'or au milieu d'une quinzaine de joueurs ! »

C'est à l'école que j'ai entendu parler de *Harry Potter*. Mon professeur nous a présenté les livres. Maintenant, j'ai lu les quatre tomes, deux fois chacun. Je ne suis pourtant pas un grand lecteur, mais j'ai adoré dès le début. J'aime les histoires fantastiques ; et quand on lit *Harry Potter*, on se sent vraiment dans le vif du sujet ! C'est sans doute parce que l'on y trouve de l'action, de l'émotion, de l'humour, que *Harry Potter* passionne autant.

Cela me permet de lire d'autres types de romans et de m'évader complètement de la réalité.

Mon passage préféré est celui où Harry doit affronter le Basilic, dans *Harry Potter et la Chambre des Secrets* : c'est un moment plein d'action où l'on découvre qu'en réalité, Tom Jedusor est Voldemort... Harry vit toutes sortes d'aventures ; c'est mon personnage favori.

Mes animaux préférés sont les phénix, parce qu'ils sont très beaux et ont plusieurs fonctions : soigner toutes les blessures par leurs larmes, transporter des charges très lourdes... Ils peuvent aussi renaître de leurs cendres.

La baguette magique est l'objet qui me plaît le plus. On peut faire presque tout avec : elle lance plein de sorts !

J'adore le Quidditch, ce sport qui me fait d'ailleurs penser au basket ; j'aimerais y jouer, ça a l'air très amusant. Je serais Attrapeur car c'est un poste à forte responsabilité... mais surtout, j'aimerais chercher le petit Vif d'or au milieu d'une quinzaine de joueurs !

Les sortilèges qui m'attirent le plus sont ceux de Métamorphose... Côté friandises et boissons magiques, c'est la Bièraubeurre qui me tente ! J'aimerais bien en boire.

Les produits dérivés, je trouve ça très bien, mais je n'en ai pas encore acheté. Ceux qui adorent *Harry Potter*, comme moi, apprécient de posséder d'autres choses que les livres – des posters, par exemple...

Si je devais changer un élément dans *Harry Potter*, je rendrais Voldemort vivant et immortel, ou presque. Il y aurait plus d'action ! Il se pourrait que Harry et lui aient un lien de parenté... Mais je ne le pense pas vraiment, parce qu'ils ne viennent pas du tout du même endroit.

Sonia, 15 ans
« *Je me sens toujours bien quand je lis Harry Potter* »

J'ai découvert *Harry Potter* en classe de quatrième, grâce à la documentaliste de mon collège qui me l'a recommandé. J'ai suivi son conseil et maintenant j'ai lu les quatre tomes.

Je n'ai pas du tout aimé les premiers chapitres ; j'ai même arrêté ma lecture, puis l'ai reprise... car je n'avais que ça à lire ! En fin de compte, j'ai réellement adoré ! J'aime l'atmosphère générale, la complicité entre les trois héros… mais ce que je préfère, c'est qu'une fois que je commence à lire, je me sens bien, j'oublie tout ce qui se trouve autour de moi. C'est comme si, moi aussi, j'étais une sorcière qui allait à Poudlard ! Je pense que tous ceux qui lisent *Harry Potter* rêvent eux aussi d'y aller. J'attends toujours avec impatience le moment où je vais pouvoir continuer ma lecture. Que je sois de mauvaise humeur, triste, ou même lorsque j'ai peur, je me sens toujours bien quand je lis ces livres.

D'autres personnes doivent aimer cette histoire pour le suspense, le mystère, l'humour… Il y en a pour tous les goûts ! *Harry Potter*, ça fait rêver et c'est magique.

Je crois que j'ai préféré *Harry Potter et le prisonnier d'Azkaban*, peut-être parce que l'intrigue est construite autour du personnage de Sirius Black et non autour de Voldemort comme dans les précédents tomes.

Mon passage préféré est très court : c'est le moment où Hermione donne une gifle à Malefoy parce qu'il dit du mal de Hagrid, dans le tome 3. J'adore ce passage parce qu'elle fait ce que je n'ai jamais osé faire. Malefoy est d'ailleurs le personnage que je déteste le plus. Il se réjouit toujours du malheur des autres !

J'adore le Quidditch. Je rêverais de pouvoir y jouer. Je crois que le poste le plus intéressant est celui d'Attrapeur, bien qu'il soit trop stressant à mon goût : je pourrais ne pas attraper le Vif d'or, et mon équipe perdrait à cause de moi. Si j'avais le choix, j'occuperais le poste de Poursuiveur.

Le personnage que je préfère, c'est Neville Londubat : il est à la fois tête en l'air, peureux, maladroit, mais très généreux.

J'adore Pattenrond parce qu'il me fait penser à mon chat Moustique. Je déteste Croûtard, comme je déteste ce lâche de Queudver et les autres Mangemorts.

Je pense que si j'avais des pouvoirs magiques, le sort que je préférerais jeter serait « *Riddikulus* » : je prendrais un malin plaisir à faire fuir chaque Épouvantard que je verrais !

L'objet que j'aimerais le plus posséder, c'est ma propre baguette magique : c'est un ustensile très pratique.

Je pense que Rogue est revenu dans le camp des « gentils », même s'il éprouve une haine injustifiable envers les élèves qui ne sont pas des Serpentard.

Les produits dérivés ? De toute façon, c'était inévitable. Bien sûr, c'est un moyen très facile de faire de l'argent, mais quand on est vraiment « fan », cela fait toujours plaisir d'avoir des objets à l'effigie de son idole. Je n'ai jamais acheté de produit dérivé.

L'idée de faire un film me semble bonne.

Si j'avais un détail à changer dans *Harry Potter*, ce serait que Cédric Diggory ne soit pas mort.

Harry Potter et Voldemort de la même famille ? Personnellement, cela me semble invraisemblable. Pourtant, trois éléments me laissent penser que, malheureusement, ce pourrait être plausible : ils parlent tous les deux la langue des serpents, ils ont une plume du même phénix dans leur baguette magique, et tous ceux de mon entourage qui ont lu *Harry Potter* me disent qu'ils ont un lien de parenté !

Micheline, 61 ans
« Les produits dérivés cassent l'imagination »

J'ai découvert *Harry Potter* grâce à mon filleul qui m'a presque forcée à le lire ! J'ai découvert les quatre tomes au fur et à mesure de leur parution. J'ai tout de suite accroché, et j'attends avec impatience le prochain !

J'apprécie *Harry Potter* pour de nombreuses raisons : c'est une histoire d'enfants, mais aussi d'adultes. Les personnages sont variés et non stéréotypés. Il y a comme un portrait de la vie de famille, avec les adultes « bornés » – l'oncle et la tante de Harry – et les adultes intelligents – les parents de Ron. Drago Malefoy fait partie des « méchants »... et des « bornés » ! Ces personnages ne sont pas aussi éloignés de la réalité qu'on pourrait le croire. Intelligence et bêtise, gentillesse et méchanceté, générosité et mesquinerie... Toutes ces qualités, tous ces défauts se côtoient allégrement.

L'inventivité de J. K. Rowling est sans limite. Quelle étonnante imagination ! Ses « créations » sont très amusantes. Je n'oublierai pas le service postal, avec ses chouettes en guise de facteurs, ni le quai $9^3/_4$. Mon filleul est d'ailleurs allé à la gare de King's Cross, à Londres, et il a photographié l'endroit où le quai $9^3/_4$ devrait se trouver s'il existait vraiment ! Je trouve cela époustouflant !

J'ai retrouvé dans *Harry Potter* beaucoup de caractères qui existent dans la réalité, qu'ils soient d'enfants ou d'adultes. C'est sans doute pour cela que tant de monde « accroche » à la lecture de ces livres. L'aspect psychologique n'est pas négligé au profit de l'aspect ludique, récréatif. Quand je lis *Harry Potter*, je fais abstraction de la magie et je lis un véritable roman réaliste.

Les livres sont prenants, débordants de suspense, bien écrits. Je peux partager ce plaisir avec ma fille de treize ans ainsi qu'avec mes élèves. Tous les ans, je viens en cours habillée en sorcière pour Halloween !

La société des enfants m'a intéressée, avec ses personnalités très différentes, ses affinités, ses inimitiés, ses clans que l'on retrouve aussi bien dans les différentes équipes que dans les classes. Je me suis surtout régalée des portraits de professeurs. Il faut dire que j'ai été prof toute ma vie et qu'il y a beaucoup de similitudes avec la réalité, mais d'une manière complètement échevelée. Je ne pourrais pas dire quel tome a ma préférence. Pour moi, *Harry Potter* est une histoire ; j'attends la suite pour connaître le destin de tous les personnages – particulièrement celui de Harry Potter, mais aussi celui d'Hermione, de Ron, des petites bêtes fantastiques, des gros monstres, des « méchants »...

Certains personnages, comme Mimi Geignarde, m'attendrissent. La petite Hermione, par exemple, que j'apprécie beaucoup, me fait tellement penser à ces enfants travailleurs, sérieux, désirant réussir et bien faire ! J'aime aussi Ron et Croûtard, sa petite bestiole. Ron est un bon copain.

Le professeur McGonagall m'est sympathique : elle est rigoureuse et sévère, mais bonne en même temps. J'aime bien le personnage de Dumbledore, le directeur de Poudlard. C'est une sorte de patriarche doté de beaucoup de qualités : il règle tout sans combat, sans animosité et avec beaucoup d'humanité. Il est pacifiant. J'aime aussi beaucoup le personnage de Hagrid, le grand barbu. Il m'apparaît comme un bon gros toutou fidèle, bourru, mal léché, mais qui possède un cœur d'or. Il est gentil, a des goûts très particuliers. C'est un personnage sympathique qui aime bien les enfants, qui a des sentiments très simples mais très vrais. Il est fidèle. J'aime son désir de faire naître et d'élever des « monstres ». Je trouve cela superbe !

Naturellement, ce sont les « méchants », ceux qui sont maléfiques, que j'aime le moins. Je déteste les Dursley. Ce sont vraiment des « beaufs », si je peux me permettre une familiarité. Ils sont mesquins, ils ne comprennent rien. Quant à Voldemort (Celui-Dont-On-Ne-Doit-Pas-Prononcer-Le-Nom) et ses sous-fifres, ses « lèche-bottes », les Mangemorts, n'en parlons pas !

Malgré cela, je n'ai pas de préférence particulière pour un personnage... Ne serait-ce que pour son nom, Croûtard me plaisait. J'ai été très surprise qu'il se révèle méchant à la fin du troisième tome... Je ne m'y attendais pas du tout. Je n'avais pas l'impression que lui et Peter Pettigrow étaient le même être. Le rat m'est fort sympathique, mais pas l'humain. J'aime bien Pattenrond, le chat d'Hermione.

Le Quidditch me plaît. Vu mon âge, il me serait un peu difficile d'y jouer ! Mais si j'étais jeune, j'aimerais bien, parce que c'est un sport de rapidité, de réflexes, et puis... on vole ! C'est le rêve de tout être humain ! Je crois que je serais Poursuiveuse. Le Quidditch est un sport collectif qui me fait penser au handball, au football ou au rugby. Cela me rappelle aussi le basket-ball que je pratiquais : j'aimais être à l'avant et marquer des paniers... Le Quidditch m'aurait vraiment intéressée. Le mot « Cognard » me plaît beaucoup !

Au sujet des friandises, j'aurais de l'appréhension, mais je crois quand même que je goûterais aux Dragées surprises de Bertie Crochue !

Je ne sais pas pourquoi, mais, à mon avis, Rogue n'est pas un vrai « méchant »... Son côté très sévère, son nom, me plaisent bien. Une personne « rogue », c'est quelqu'un qui n'est pas du tout souriant ! Il me fait vraiment penser à certains professeurs qui sont extrêmement sévères et craints des élèves, et qui, en réalité, sont des personnes intéressantes et assez intègres.

Les produits dérivés des livres de *Harry Potter* correspondent à la société dans laquelle nous vivons, une société mercantile où l'on veut gagner de l'argent avec n'importe quoi. On utilise, on exploite tout, et on trompe les gens avec les produits dérivés, particulièrement les enfants : les adultes ne les achètent pas pour eux-mêmes, mais pour leurs enfants, qui, naïfs et crédules, peuvent être attirés par ces produits. En réalité, c'est « de l'arnaque » : on exploite une idée pour l'argent. Et puis, cela casse l'imagination : on ne peut plus la laisser vagabonder pour imaginer soi-même son personnage...

C'est un peu comme l'adaptation d'un livre à l'écran : si on la regarde, on est souvent déçu, parce que l'on s'était fait sa propre idée des personnages, de leur physique, qui ne correspond pas aux acteurs du film. Aussi, je serais sûrement déçue. Malgré cela, je serais curieuse de voir ce que va donner le film adapté du tome 1.

> J'ai toujours lu beaucoup. Aujourd'hui, je n'ai plus le temps de lire qu'un ou deux livres par mois, en dehors de ceux que je dois lire à l'université. Quand j'ai découvert Harry, j'ai dévoré les quatre tomes en moins de cinq jours, et en version originale. C'était le coup de foudre. J'adore la manière dont Rowling écrit ses livres et je suis vraiment tombée amoureuse de ses personnages.

Je n'ai pas acheté de produit dérivé, mais si j'en avais l'occasion, ce serait uniquement pour faire plaisir à mon filleul.

J'apprécie d'avoir rencontré, dans *Harry Potter*, des personnages de notre monde. Derrière la fantaisie, l'imagination débordante, les monstres, je vois des choses réelles.

Rebecca, 14 ans
« McGonagall me fait penser à ma mère »

Une amie évoquait sans cesse *Harry Potter*, et on en a tellement entendu parler lors de la sortie du tome 4 que j'ai été curieuse de le lire. Je me suis alors laissé envoûter par Harry. J'ai lu les quatre volumes en accrochant tout de suite. On ne pouvait pas me soustraire à ma lecture. J'aime, parce que c'est bien écrit et l'histoire est vraiment intéressante. C'est aussi une intrigue très originale.

Le passage du tome 2 où Harry doit délivrer Ginny, enlevée par Voldemort, m'a émue. Je me demandais comment il allait s'en sortir... et le phénix est venu l'aider ! C'est pour cette raison que mon animal favori est Fumseck, le phénix de Dumbledore. Celui que j'aime le moins est Croûtard, parce qu'il a berné Ron... et j'aime bien Ron, moi !

Mon personnage préféré est le professeur McGonagall car elle me fait penser à ma mère : elle est très sévère, mais très gentille et discrète. Je pense qu'elle apprécie beaucoup Harry. Celui que j'aime le moins, c'est Drago Malefoy. Il me fait penser aux élèves de collège ou de lycée qui critiquent tout le temps les autres. En réalité, ils ne valent pas mieux ! Aussi, Drago me fait peur.

J'aime la formule « *Spero Patronum* », qui sert à combattre les Détraqueurs, pour la beauté de sa signification. Il s'agit d'un espoir, d'une aide.

J'aimerais beaucoup jouer au Quidditch pour pouvoir voler. Je souhaiterais être Poursuiveuse. Le Quidditch ne me rappelle aucun sport moldu, parce qu'il est en lui-même très particulier.

Rogue est un « bon ». Il est pourtant très étrange... Dumbledore lui fait confiance, et même s'il déteste Harry, il l'a toujours défendu de loin.

Je déteste les produits dérivés des aventures de Harry. Pourtant, j'en achèterai sûrement un jour ou l'autre... C'est juste dommage qu'il en existe autant.

Je suis impatiente de voir le film !

Si je pouvais changer quelque chose dans *Harry Potter*, j'enlèverais la possibilité de cuisiner par magie : pour moi, faire la cuisine, ce doit être un plaisir !

Guillaine, 19 ans
« Harry ne ressemble pas aux autres héros des livres "pour enfants" »

J'ai entendu parler de *Harry Potter* pour la première fois à la télévision, lors de la sortie de *Harry Potter et la Coupe de Feu*. Mes amis avaient les livres, je leur ai demandé de me les prêter. Maintenant, je les ai tous achetés et tous lus ! Le premier chapitre du tome 1 m'a paru bizarre ; il m'a fallu le temps de m'habituer à l'écriture de J. K. Rowling. Après quelques chapitres, je ne pouvais plus quitter mon bouquin.

Il m'est difficile d'expliquer pourquoi j'aime *Harry Potter*. Il est d'ailleurs rare qu'on puisse expliquer pourquoi on aime tel ou tel livre. C'est certainement dû à l'univers dans lequel Harry évolue, à sa personnalité : il a des doutes, des peurs et des faiblesses... Il ne ressemble pas aux autres héros des livres dits « pour enfants ». J'aime aussi le style de J. K. Rowling. Le monde de Harry est si différent, il n'y a plus de limite à l'imagination.

Harry Potter et la Coupe de Feu, c'est le tome le plus terrible. La rencontre entre Harry et Voldemort elle-même est terrible ! Je me demande comment Harry fait pour se mettre toujours dans des situations impossibles !

Mes passages préférés sont lorsque Harry découvre le monde des sorciers dans le premier volume, et la renaissance de Voldemort à la fin du quatrième.

Harry (bien sûr), Sirius et Charlie Weasley – que l'on voit pourtant peu souvent – sont mes personnages favoris. Je n'aime pas Malefoy et Rogue. J'adore la relation entre Hedwige et Harry. J'aime aussi Crockdur et Coq, le hibou de Ron. Nagini, le serpent de Voldemort, est l'animal le plus détestable !

Les noms du monde des sorciers sont tous géniaux. J'aime bien l'idée de la Pensine. Les Beuglantes sont amusantes, aussi !

Le Quidditch est, une fois de plus, un « truc » génialement bien trouvé. Cependant, je préférerais être supportrice plutôt que joueuse ! Pour moi, c'est un mélange entre le basket-ball, le base-ball, le polo (à cheval) et le rugby !

Si j'étais sorcière, ce sont les sortilèges de Métamorphose et d'Attraction (« *Accio* ») que je jetterais le plus souvent !

> **Harry vit dans un univers où tout le monde aimerait vivre : celui de la magie. Les ingrédients essentiels de ces romans sont la sorcellerie, l'humour des personnages, l'imagination de l'écrivain, et tant d'autres encore !**

Les Chocogrenouilles ne doivent pas être mauvais. En revanche, il faudrait me payer cher pour que j'accepte de manger les Dragées de Bertie Crochue !

Rogue est du côté des « bons », mais je ne supporte pas la rancune qu'il voue à Harry. Ce n'est quand même pas la faute de celui-ci si Rogue et James Potter ne pouvaient pas se supporter !

Les produits dérivés, c'est amusant. J'ai acheté un cahier aux États-Unis sur la couverture duquel était représentée Hedwige. J'attends le film avec impatience. J'ai vu la bande-annonce et je trouve que l'univers de Harry Potter a été respecté du mieux possible. Mais rien ne vaut les livres !

Il faut que Harry ait une petite amie ! Si j'avais un détail à changer, ce serait celui-là !

Pierre, 13 ans
« Chacun trouve dans Harry Potter *un style littéraire qui lui convient »*

Ma tante et mes parents m'ont offert *Harry Potter* il y a un an, en récompense de mes bons résultats scolaires. C'est ainsi que j'ai découvert ces livres. J'ai lu les quatre tomes. Je me rappelle l'histoire, bien entendu, mais comme cela fait longtemps que je n'ai pas lu *Harry Potter*, je ne me souviens pas de certains détails qui m'ont laissé indifférent, tandis que d'autres ont retenu mon attention – comme la Pensine, objet très mystérieux et à la fois très beau, très poétique, qui permet d'analyser les pensées. C'est joli et doux ; on croirait des nuages avec de petits filaments d'argent...

Le début de l'histoire de *Harry Potter* n'est pas compliqué, mais, comme tout livre, on ne sait pas d'emblée s'il va nous plaire. Au départ, j'ai bien aimé les histoires... et finalement, j'ai accroché, je les ai trouvées intéressantes... J'apprécie l'humour, le suspense et l'action, l'aventure, le fantastique, l'univers magique, la sorcellerie et les sorciers, les créatures monstrueuses... C'est un cocktail de tous les genres littéraires, et c'est peut-être pour cela que tout le monde aime *Harry Potter*, car chacun y trouve au moins un style qui lui convient. Et puis, je pense que *Harry Potter* a bénéficié de la publicité qui l'entoure, et qui donne envie de l'acheter. C'est pour ça qu'il s'en vend plus que de livres du même style, mais qui n'ont pas de publicité. Quant au bouche-à-oreille, il a dû particulièrement bien fonctionner avec *Harry Potter*.

J'aime l'œuvre dans sa globalité : c'est une série, donc je n'ai pas particulièrement préféré un tome plutôt qu'un autre. On ne peut pas lire le tome 4 avant d'avoir lu les autres... Tous sont complémentaires et constituent la « saga » *Harry Potter* !

À la fin du tome 4, j'ai particulièrement aimé le passage où Voldemort ressuscite dans le cimetière sous les yeux de ses disciples, les Mangemorts. Ce passage ne m'a pas fait peur, d'ailleurs je n'ai pas peur avec *Harry Potter* et j'estime qu'aucun livre n'est écrit dans le but de faire peur. Au contraire, ce passage m'a amusé.

Ron est mon personnage préféré. Il me ressemble un peu : Ron est assez petit de taille, si j'ai bonne mémoire... Comment ça, Ron est très grand ? Moi qui pensais qu'il me ressemblait ! Ce n'est pas grave, je l'aime bien quand même. Il me fait même un peu pitié ; il doit être malheureux, dans l'ombre de ses frères et de Harry qui le dominent. Mais en même temps, il sait rester gai, il a de bonnes idées, du courage... J'aime bien sa mère, Mme Weasley, et la famille « adoptive » de Harry, les Dursley et leur fils Dudley. Elle aussi est assez amusante, mais surtout très bête ! Les Dursley ne conçoivent pas que la magie puisse exister, et cela les rend exécrables. Ils ont de mauvaises intentions – comme celle d'enfermer Harry dans un placard. C'est plus fort qu'eux, ils ne peuvent pas faire autrement !

Je pense que la plupart des Moldus ne comprennent pas la magie... moi-même, j'ai du mal à y croire !

Voldemort est un personnage mystérieux. Évidemment, je ne l'aime pas parce que c'est le « méchant » de l'histoire, mais il est très intéressant... et aussi très important : on le retrouve dans pratiquement chaque tome sous une forme différente ou à travers ses adeptes...

Celui que j'aime le moins est le professeur au turban : Quirrell. Il me répugne. Il est trop étrange, encore plus fourbe que Voldemort... ce qui n'est pas peu dire !

Queudver, l'autre disciple de Voldemort, est un pauvre fou qui me fait assez pitié, finalement.

Mon animal préféré, c'est Norbert ! Tout d'abord, c'est Hagrid qui l'élève et j'aime bien Hagrid. Cela m'a attendri de « voir » Hagrid s'occuper d'un bébé dragon… C'est mignon ! J'aime beaucoup les petits dragons roses. J'en ai d'ailleurs un dans ma chambre : ma petite sœur ! Celui que je déteste le plus est le rat de Ron. Il est gluant, vieux, rapiécé. Je sais qu'il est un traître, mais il ne m'a pas du tout attendri, même avant que l'on sache qu'il en était un. Il est répugnant.

J'aimerais bien pouvoir pratiquer le Quidditch ; malheureusement, il faudrait inventer les balles volantes ! C'est un sport où l'on joue en équipe et en solitaire à la fois. Il demande de la réflexion, une bonne vue (ce qui n'est hélas pas mon cas)… mais aussi de la puissance, de la musculature… Je désirerais d'ailleurs être Batteur parce qu'il faut de la puissance pour renvoyer les Cognards – et j'en ai beaucoup, comme chacun sait ! Sérieusement, je pense que c'est le poste le plus simple à occuper, et comme je ne suis pas un grand sportif, cela m'arrangerait ! Bien sûr, j'aurais un peu peur de me recevoir le Cognard dans la figure, mais je serais aussi là pour le renvoyer dans celle des autres joueurs ! J'aime beaucoup le Quidditch, qui me fait penser au football (pour les attaquants, les arrières, les gardiens de but…), au basket-ball (il faut bien viser dans les cercles pour marquer un but au Quidditch et cela correspond aux paniers de basket), au base-ball (il y a des battes) et enfin au volley-ball car, selon moi, ce sport est un mélange entre le football et le basket-ball.

Si j'étais un sorcier, j'aimerais pratiquer les sorts de pétrification comme le « *Petrificus Totalus* ». Je m'amuserais à pétrifier les gens… je me sentirais puissant !

Les Chocogrenouilles, cela doit être assez bizaroïde dans l'estomac : ces friandises doivent sauter dans tous les sens ! Elles ont sans doute un délicieux goût de chocolat. J'aimerais en manger, alors que je détesterais goûter aux Gnomes au poivre. Tout simplement parce que je n'aime pas le poivre !

À mon avis, Rogue est un « gentil » dont le pouvoir a été écrasé par celui du père de Harry Potter... C'est pour cela qu'il se venge sur Harry. Pourtant, il protège ce dernier dans le tome 1, c'est une preuve de gentillesse... Rogue est un personnage complexe.

Les produits dérivés, c'est de la publicité pour *Harry Potter*, qui n'en a pas besoin. C'est scandaleux ! Quelle honte ! Je n'ai pas acheté de produit dérivé parce que je n'en avais ni l'envie ni l'occasion. Cependant, je ne m'interdirais pas de le faire ; mon choix dépendrait des produits proposés : je ne me verrais pas acquérir des chaussures « Harry Potter » pour venir au collège ! De toute façon, pour l'instant, aucun produit ne m'intéresse. Alors je ne me pose pas la question.

> **Pour son univers merveilleux, ses personnages attachants et le formidable style de l'auteur, j'apprécie *Harry Potter* !**

Pour le film, tout dépend de la façon dont il va être réalisé : s'il correspond bien à l'histoire, si les acteurs sont bons, alors...

Un détail à changer dans l'univers de Harry Potter ? Aucun, tout est parfait ! Encore que, parfois, j'aie eu l'impression qu'il y avait des tournures de phrases ambiguës, voire incorrectes. C'est peut-être à cause du traducteur ?

Deux personnes de caractères opposés ne peuvent pas appartenir à la même famille... Si Harry Potter et Voldemort parlent tous deux le Fourchelang, ont une plume du même phénix dans leur baguette, je pense que c'est le fait du destin... et parce que cela arrange l'auteur pour la suite des aventures !

Josette, 73 ans
« C'est notre vie transposée dans un monde magique »

J'avais offert le premier volet des aventures de Harry Potter à mon petit-fils. Il l'a lu et s'y est intéressé. Il m'en a parlé, et j'ai voulu savoir pourquoi ce livre lui plaisait. J'ai commencé à le lire fin 2001. Depuis, j'ai lu les quatre tomes. Je ne suis vraiment entrée dans l'histoire qu'à partir du deuxième car j'ai eu du mal à me repérer dans le premier, excepté quand Harry vit chez les Dursley, dans les premiers chapitres... Le reste était très compliqué : beaucoup de personnages apparaissaient, je n'arrivais pas à retenir le rôle de chacun... Alors, j'ai eu l'idée de me faire un petit mémento sur lequel je répertoriais tous les personnages que je rencontrais au cours de ma lecture. Je me suis également dit qu'il fallait insister et lire le deuxième tome ; j'étais malgré tout curieuse de connaître la suite. J'ai bien fait : dès le début de *Harry Potter et la Chambre des Secrets*, tout était plus clair, grâce à mon aide-mémoire !

J'ai aimé la suite, jusqu'au tome 4, bien qu'il y ait à mon sens trop de protagonistes, ce qui peut nuire à la bonne compréhension.

Il y a énormément de rebondissements. Le lecteur attend la suite avec une impatience que l'auteur a l'art de susciter ! Certains passages se lisent plus vite, mais, dans l'ensemble, quelque chose nous oblige à lire, pour savoir ce qui va advenir !

J'ai aimé ce suspense ; je ne sais pas si les autres lecteurs sont dans le même cas. L'histoire me paraît calquée sur notre vie. Les enfants retrouvent leur école : c'est le collège de Poudlard, avec ses professeurs, ses élèves désagréables... Les grandes personnes se rappellent leur enfance. On reconnaît aussi le journal intime, que toutes les petites filles adorent, avec le journal de Ginny. Les elfes de maison m'ont fait penser aux esclaves noirs : tout comme eux, ils sont assujettis. Je sais que les elfes désirent l'être, mais c'est parce qu'ils n'ont pas coutume d'être libres. Quand on a libéré les esclaves noirs, je pense qu'ils ne savaient plus tellement quoi faire parce qu'ils n'avaient pas l'habitude d'être en liberté, eux non plus.

Le Quidditch, qui occupe une place importante, représente la passion commune des jeunes (comme des moins jeunes) pour un sport.

Le côté sentimental est également présent avec le personnage de Hagrid, un homme qui se montre brave pour Harry, même si tout le monde est contre lui ! Mme Weasley aussi gâte Harry...

Il y a les bons et les méchants, bien que ce soient des sorciers. En réalité, c'est notre vie transposée et déguisée dans un monde magique.

Les enfants aiment beaucoup les contes de fées et autres histoires fantastiques, et c'est pourquoi ils apprécient *Harry Potter*. Les grandes personnes, elles, savent que la magie n'existe pas, mais elles retrouvent la société dans laquelle elles vivent.

Ce mélange de magique et de réel plaît aux gens. Mais, personnellement, ce n'est pas ce qui m'attire dans *Harry Potter*. Du fait de mon tempérament assez terre-à-terre, je n'ai pas véritablement adhéré au monde de la sorcellerie. Et puis, aujourd'hui, les auteurs laissent une grande place à la magie, contrairement à mon époque.

Il n'en reste pas moins que *Harry Potter* est un livre très réussi. C'est l'histoire d'un petit garçon sympathique, qui m'a fait penser à *David Copperfield*. Elle évoque aussi Dickens, et le Club des Cinq, pour ses nombreux rebondissements... Mais ces deux histoires ne sont pas du tout les mêmes.

Ce sont les deuxième et troisième volumes que j'ai préférés... Quant au tome 4, il comporte un peu trop de complications ; je n'ai pas saisi toute l'intrigue en détail, et j'aurais besoin d'une relecture pour vraiment bien la comprendre. Une fois ne suffit pas. J'ai cependant été absorbée par le Tournoi des Trois Sorciers. Le lecteur a hâte d'en arriver au jour des tâches, de connaître ce que Harry va devoir accomplir... On se doute qu'il va bien s'en tirer, mais on voudrait savoir comment. J'ai apprécié en outre le passage où Harry et les Weasley sont sous les tentes, lors de la Coupe du Monde de Quidditch. C'est bien raconté ; je me suis imaginé les héros logeant sous les tentes qu'ils ont essayé de monter. La résurrection de Voldemort, à l'issue du tome 4, je ne l'ai pas aimée par tempérament, mais je reconnais que ce passage est bien écrit.

J'ai bien aimé le tome 2. Le fait que l'ouverture de la Chambre des Secrets se trouve dans les toilettes des filles m'a particulièrement surprise ! J'ai trouvé ça drôle. Autrement, j'aime les passages où le trio Hermione-Ron-Harry se débrouille pour percer des mystères. En effet, j'aime quand tout va bien, donc j'apprécie de « voir » nos trois héros ensemble, ou dans la cabane de Hagrid. J'ai trouvé que les courses sur le Chemin de Traverse et le franchissement du mur pour se rendre sur la voie $9^3/_4$ étaient très bien rendus. Quelles trouvailles ! Où l'auteur puise-t-elle donc son imagination débordante pour inventer autant de choses ? Sûrement très loin !

Harry est évidemment mon personnage préféré. On voudrait qu'il ne lui arrive que des événements positifs, parce qu'il n'a pas eu de chance quand il était petit. Harry, je l'ai pris sous mon aile, tandis que les autres personnages, je les apprécie à leurs actes, selon qu'ils sont ou non favorables à Harry. Je n'y fais entrer aucun jugement personnel. J'aime bien Ron car c'est un copain fidèle, et sa famille Weasley ; elle est pleine d'attentions pour Harry, qui vit chez des parents méchants ! Seule Mme Weasley s'occupe de lui, elle lui envoie des cadeaux... Elle remplace presque sa mère. Les frères et la sœur de Ron sont gentils eux aussi avec Harry...

Sirius et le directeur de Poudlard sont aussi très sympathiques. Ils protègent Harry, lui donnent de bons conseils.

Voldemort est incontestablement le pire ! Cependant, Rogue aussi est détestable car il ne fait que des méchancetés à Harry. Il ne va pas bien dans sa tête, à mon avis ! C'est peut-être dû à des ennuis qu'il aurait eus il y a plusieurs années ? Pourtant, si l'on y réfléchit, on s'aperçoit que Rogue n'est pas si mauvais que cela. Pour expliquer son caractère désagréable, on nous donne l'explication d'une rivalité entre Rogue et James Potter... mais est-ce la véritable raison ? Le tome 5 nous le dira peut-être. En tout cas, je garde l'impression d'un homme désagréable. Je sais bien qu'il n'est pas le véritable « méchant » du tome 1, qui est le professeur Quirrell. Mais ce dernier ne m'a pas laissé une grande impression au cours de ma lecture.

Malefoy est un sale gosse, un mauvais petit garçon qui embête tout le temps Harry.

J'ai bien aimé Croûtard quand on le croyait gentil... Il passait pour le petit rat triste que Ron mettait dans sa poche. Alors que Pattenrond m'énervait, parce qu'il voulait sans arrêt capturer Croûtard ! Crockdur me semble plutôt sympathique et Hedwige, la chouette de Harry, est sans doute ma préférée car elle lui rend des services et lui apporte son courrier.

C'est étonnant que les sorciers nous appellent les « Moldus » ! J'aime bien ce mot, ainsi que « Poudlard Express », le train. Le portrait de la grosse dame sur lequel les élèves de Gryffondor appuient pour rentrer dans leur salle commune est bien amusant aussi.

Le Quidditch est comme tous les sports d'équipe. C'est du football ou du hockey, mais magique. J'ai bien aimé les passages des matches de Quidditch... Ce sport m'a rappelé que je jouais autrefois au hockey au poste d'arrière, sans doute parce que je me représente le balai comme une crosse de hockey ! Malgré cela, à l'âge que j'ai, je n'aimerais pas vraiment y jouer, même si ce doit être très amusant de voler !

Dans *Harry Potter*, les sorcières ou les sorciers ne jettent pas que des mauvais sorts. Même si l'on croit parfois qu'ils vont lancer un maléfice, on est surpris de voir qu'il s'agit d'un bon sort. Si j'étais une sorcière, je m'amuserais à cacher magiquement les choses pour que les gens les cherchent ! Mais tout se terminerait bien parce qu'ils les retrouveraient toujours.

Je me suis laissé ensorceler par le charme magique de Harry Potter !

Je n'aimerais pas manger la nourriture des sorciers, je ne souhaiterais pas goûter à leurs friandises... Beaucoup ont l'air dégoûtantes !

Les produits dérivés sont le résultat du phénomène « Harry Potter » dont le commerce s'est emparé, une fois encore. C'est quelque peu exagéré. Ce ne sont sûrement pas ces objets qui peuvent apporter quelque chose de nouveau aux lecteurs. Ils rapportent de l'argent à leurs concepteurs, c'est tout ! En réalité, les produits dérivés peuvent plaire éventuellement aux très petits enfants qui ne lisent pas les livres ! Or, ceux qui les lisent ont au minimum une dizaine d'années. Je ne pense donc pas que ce soient les lecteurs qui achètent les produits dérivés. Je n'en ai pas acheté, mais je ne suis pas opposée au principe. Par exemple, lorsque j'ai vu des figurines « Harry Potter », j'ai demandé à mon petit-fils si cela l'intéressait.

Je trouve que c'est une bonne idée de réaliser un film, si cela permet de nous éclairer un peu dans cette histoire assez complexe ! Donc, je suis *pour*... Néanmoins, comme tous les films adaptés d'un roman, il risque de détruire l'image que l'on s'est forgée à la lecture et de nous décevoir. Ce n'est pas notre propre Harry Potter qui apparaîtra à l'écran...

On peut imaginer un nouveau retournement de situation dans les tomes à venir qui nous apprendra que Harry et Voldemort ont un lien de parenté, ce qui pourrait expliquer que Voldemort ait tenté de tuer les parents de Harry. Pourquoi pas ? Il est certain qu'un point n'a pas été expliqué ; est-ce une parenté, je ne sais pas, mais il manque une pièce au puzzle.

Les gens aiment rêver. Beaucoup doivent apprécier le monde magique de *Harry Potter*. J. K. Rowling mélange vie actuelle, magie, rêve, impossible... Moi, j'ai tellement l'habitude de lire des livres réalistes que je recherche de préférence le parallèle avec le monde réel, plutôt que les sortilèges ou autres créatures magiques. Or, l'histoire n'est pas complètement irrationnelle. J. K. Rowling a su organiser la vie dans son livre : une vie presque normale. Elle a certainement un don qui, par moments, nous donne l'illusion d'être dans le monde qu'elle décrit. Seulement, les choses vont parfois trop loin pour moi.

J'ai aimé *Harry Potter*. J'y ai trouvé des passages intéressants, amusants, qui font trembler les personnages... même si d'autres m'ont moins passionnée, je reconnais que l'auteur possède un grand talent.

Kristina, 11 ans
« Les produits dérivés ne changent rien au reste »

J'ai découvert *Harry Potter* en septembre 2000. Presque tous mes amis lisaient ces livres. Dès que j'ai commencé moi aussi à les lire, j'ai tout de suite adoré. J'ai maintenant lu trois fois chaque tome !

J'aime *Harry Potter* car je trouve que l'histoire est passionnante. Quand on lit, on a l'impression d'être dedans. C'est parfois drôle, et il arrive de nombreuses aventures aux personnages. C'est sûrement pour cette raison que ça plaît autant. Je me demande vraiment comment J. K. Rowling fait pour écrire de tels livres...

Mes tomes préférés sont le troisième et le quatrième car on y découvre de nombreux secrets, au sujet de Voldemort, notamment. Mon passage favori, c'est à la fin du tome 4, quand Harry touche le Trophée des Trois Sorciers. C'est à ce moment que Voldemort s'apprête à retrouver son corps et on va bientôt savoir qui a déposé le nom de Harry dans la Coupe... !

En général, mes animaux préférés sont les serpents car ils ont un rapport avec les Serpentard et la magie noire. Les rats ne m'intéressent pas. Ils n'ont rien de passionnant.

J'aime bien le Miroir du Riséd : on peut y voir notre plus cher désir ; et aussi la Pierre philosophale, qui permet de vivre éternellement et de transformer le métal en or !

J'aime le Quidditch et j'aimerais y jouer ; ça a l'air amusant de voler sur un balai ! J'aime beaucoup les sports d'équipe, mais le Quidditch ne me fait pas vraiment penser à un sport moldu... peut-être au basket-ball ou au hockey. J'aimerais occuper le poste d'Attrapeur (il faut s'emparer du Vif d'or pour faire gagner son équipe) ou bien celui de Poursuiveur (on marque des buts, c'est amusant).

Si j'étais sorcière, je préférerais les sorts « *Avada Kedavra* », « *Impero* » et « *Accio* ». Je détesterais les surprises de Bertie Crochue et j'aimerais goûter les Chocogrenouilles.

Selon moi, Rogue n'est pas vraiment méchant. Il l'est surtout avec Harry à cause de la rancune qu'il ressentait pour son père et ses amis. Il n'est aimable qu'avec les Serpentard, mais c'est simplement parce qu'il veut que sa maison remporte la Coupe des Quatre Maisons. De plus, il s'est opposé à Voldemort avant que celui-ci disparaisse.

Je n'ai pas acheté de produit dérivé car je pense qu'un jour, *Harry Potter* ne sera plus populaire, tout comme *Pokémon*. Peut-être que j'achèterai simplement un journal intime. Je ne suis pas *contre* ces produits, je trouve que cela ne change rien au reste et que c'est plutôt amusant d'avoir des peluches ou des autocollants de notre « héros ».

> Je rêve de *Harry Potter* : si je ferme les yeux, je suis à Poudlard et je me demande ce que peut bien faire Vous-Savez-Qui en ce moment...

J'irai voir le film. Cela ne risque pas de gâcher quoi que ce soit car la plupart des personnages de *Harry Potter*, je les imaginais comme les acteurs du film, dont j'ai vu des photos.

Peut-être que Voldemort est l'arrière-arrière-grand-père de Harry... On ne sait jamais ! De toute façon, je trouve Voldemort dégoûtant, et les Mangemorts aussi.

Benjamin, 6 ans
« Les personnages sont géniaux »

J'ai découvert *Harry Potter* l'été dernier, grâce à mon frère Louis, et j'ai tout de suite bien aimé. J'ai lu le premier livre – ou plutôt, j'ai écouté la cassette de *Harry Potter à l'école des sorciers* lu par Bernard Giraudeau.

J'aime bien *Harry Potter* parce que ce livre est très connu et les personnages sont géniaux. J'aime le collège Poudlard parce qu'il est plein de personnages très célèbres... comme Ron, qui a aidé Harry à assommer le troll.

Quand on me dit « Harry Potter », je pense tout de suite à Voldemort. Et aussi à Hagrid. À part Harry Potter, c'est lui que je préfère. Il a protégé la Pierre philosophale grâce à son chien, Touffu. Et il y a aussi le professeur McGonagall et le professeur Dumbledore. Ils ont sauvé Harry qui avait été attaqué par Voldemort, puis ils l'ont confié à quelqu'un. Je n'aime vraiment pas Voldemort parce qu'il veut tuer Harry.

Mon passage préféré, c'est celui du Chemin de Traverse, car il y a plein de sorciers et sorcières, dont Harry Potter, qui y passent pour faire leurs courses.

Rogue est un peu énervant, il est froid et il est moche, il essaie toujours de faire punir Harry. Je pense que c'est le personnage que j'aime le moins. Mais c'est vrai qu'il est gentil et méchant à la fois.

Hedwige, elle porte des tas de lettres à tous les gens... alors c'est l'animal magique que je préfère.

J'adore le Quidditch parce que Harry Potter y joue et surtout parce que l'une des balles, le Vif d'or, est mon objet préféré, justement parce qu'il est rapide et doré. J'adorerais jouer au Quidditch, dans l'équipe de Gryffondor... et au poste d'Attrapeur, parce qu'il faut être intelligent et rapide pour s'emparer du Vif d'or.

Si j'étais un sorcier, je voudrais jeter le sort qui sert à enflammer les objets... « *Incendio !* » Et aussi, je détesterais manger les bonbons à pétard, ceux du Dr Flibuste... Ils explosent fort et sans prévenir, et on peut mourir à cause d'eux !

Harry Potter et Voldemort ne sont pas du tout de la même famille ! D'abord, on sait que les parents de Harry Potter sont Lily et James Potter ; et, surtout, Voldemort a essayé de tuer Harry Potter ; donc il ne peut pas être de sa famille !

Célia, 15 ans
« Le film ne pourra pas être aussi réussi que le livre »

Je m'intéresse à tout ce qui touche à la sorcellerie. Un jour, en passant devant la librairie, j'ai vu un livre : *Harry Potter à l'école des sorciers*. Je suis entrée et je l'ai acheté. J'ai tout de suite adoré, parce que c'est imaginaire, cela fait rêver et c'est très bien écrit. On a l'impression de vivre avec Harry. Depuis, j'ai lu tous les autres tomes, sans exception.

Harry Potter, ça parle de sorcellerie. Comme tout le monde est intrigué par le surnaturel et en particulier par la sorcellerie, les livres ont beaucoup de succès. Qui n'a jamais rêvé de jeter un sort ou de déplacer un objet par magie ?

C'est une bonne idée d'avoir choisi pour héros un enfant, orphelin, placé dans une famille qui ne l'aime pas. Il ignore tout de son passé et des sorciers et, en un seul soir, sa vie change : il devient plus heureux, se fait des amis... Tout s'arrange pour lui.

Le quatrième tome a ma préférence. Il est rempli de détails et de descriptions. L'histoire est très bien écrite ; on ressent les sentiments des personnages, en particulier à la fin, lorsque Harry prend le Portoloin qui le transporte vers Voldemort et que Cédric Diggory meurt. Ce passage est très émouvant.

J'aime de nombreux personnages : Harry Potter, bien sûr, car il est très attachant, mais je n'imagine plus un tome sans Sirius Black, que j'adore. Je crois quand même que mes préférés sont les jumeaux Fred et George Weasley. Il sont très amusants.

Je ne peux pas dire qu'il y ait un personnage que je n'aime pas car ils ont tous un rôle. L'histoire ne serait plus la même si l'on supprimait un personnage, qu'il soit méchant ou non. Si je devais vraiment en choisir un ou deux, je répondrais Goyle, ou Crabbe. Sans eux, Drago Malefoy ne serait plus aussi sûr de lui !

Les hiboux jouent un rôle crucial : s'ils n'existaient pas, les sorciers ne pourraient plus communiquer. Envoyer du courrier par hibou, c'est plus gai que de téléphoner ou d'utiliser la Poste !

J'adore le Quidditch et je désirerais réellement y jouer parce que c'est drôle, fascinant, plein de rebondissements. J'aimerais occuper le poste d'Attrapeur pour avoir le jeu entre mes mains : ainsi, ce serait sur moi que reposerait la victoire de mon équipe. Le Quidditch me fait penser à un mélange de base-ball et de basket-ball.

Si j'étais sorcière, j'aimerais être un Animagus, lancer le sortilège d'Attraction, goûter aux Chocogrenouilles et aux Fizwizbiz… mais sûrement pas aux Dragées surprises de Bertie Crochue car j'aurais trop peur de tomber sur un parfum dégoûtant !

Je ne pense pas que Rogue soit méchant. Il est simplement fier, c'est pour cela qu'il paraît ne pas aimer Harry. Le père de Harry lui a sauvé la vie, mais il ne l'aimait pas. Rogue a donc aidé Harry dans le tome 1, pour payer sa dette. Il doit avoir son importance car, dans tout bon livre, un casse-pieds est présent du début à la fin ! Sans lui, l'histoire ne serait pas pareille et Harry n'aurait pas assez d'opposants à l'école ; il n'y aurait que Malefoy, qui est aussi un élève, alors que Rogue est un professeur adulte qui peut exercer son autorité sur qui il veut, sans rencontrer de problème.

Les produits dérivés sont une bonne publicité pour les rares personnes qui ne connaissent pas encore *Harry Potter* ! J'y suis cependant opposée car, pour moi, *Harry Potter* est avant tout un livre qui permet d'imaginer les lieux, les personnages… Je n'achèterai pas de produit dérivé, mais j'irai malgré tout voir le film pour découvrir ce que donne l'adaptation du tome 1. Je ne pense pourtant pas que ce soit une bonne idée car le film ne pourra pas être aussi réussi que le livre.

> Cela me permet de m'évader du monde dans lequel je vis, de me « déstresser ».

Annick, 22 ans
« Harry Potter, c'est comme notre monde, mais avec de la sorcellerie en plus »

J'avais beaucoup entendu parler de *Harry Potter*. J'ai craqué au Salon du livre pour la jeunesse de Montreuil : j'ai acheté le premier tome, je me suis fait offrir les deux suivants, puis j'ai acheté le quatrième en anglais. J'ai accroché dès les premières pages et ce jusqu'à la fin du tome 4 !

Les aventures de Harry Potter, c'est comme notre monde, mais avec de la sorcellerie en plus… On y retrouve les mêmes éléments : les « bons » et les « méchants », les ambitieux sans scrupules et les gens honnêtes et généreux, les super-doués et les niais… Ce n'est pas parce que Harry est un sorcier célèbre qu'il n'a pas tous les ennuis qu'un gamin orphelin peut rencontrer dans un collège ou dans sa famille d'adoption. En plus, il y a un méchant qui veut sa peau, ce qui n'est pas très commun et ajoute au suspense ! Chaque page regorge d'inventions, que ce soit un saule agressif, des bonbons piégés, des portraits très vivants...

Si je savais pourquoi *Harry Potter* plaît tant, je serais milliardaire ! C'est peut-être parce que l'auteur met en scène un héros « normal », à ceci près qu'il lui arrive des histoires fantastiques dont tout le monde rêve. De plus, l'écriture est accessible à tous. Elle est simple, pour que les plus jeunes comprennent, pas trop niaise pour que les « vieux » ne soient pas vexés...

J'aimerais beaucoup être élève au collège Poudlard, prendre mes repas dans la Grande Salle du château, suivre les cours de défense contre les forces du Mal – avec le professeur Lupin, bien entendu !

Harry Potter et le prisonnier d'Azkaban est le tome que j'ai préféré. Harry y fait la connaissance de son parrain, un sorcier redouté qui a réussi à échapper aux Détraqueurs. Il en apprend aussi beaucoup sur ses parents et sur ce qui s'est passé avec Lord Voldemort.

J'ai aimé le passage où Sirius Black propose à Harry de venir s'installer chez lui. C'est la chose la plus heureuse qui pouvait lui arriver. J'ai également apprécié l'épisode où Harry, Ron et Hermione font leurs courses sur le Chemin de Traverse, celui où Harry et Ron font une blague au professeur Trelawney en dessinant des thèmes astraux atrocement désastreux, et celui où la mère de Ron pique ses colères...

Je ne suis pas très fan du Quidditch et je ne pense pas que je serais très douée. Le sport qui me fait le plus penser au Quidditch, c'est le polo. En revanche, au point de vue « succès de foule », c'est évidemment le foot qui rassemble le plus les Moldus, le polo n'étant pas aussi populaire chez les Moldus que le Quidditch l'est chez les sorciers.

Si j'étais sorcière, j'apprendrais volontiers le sort de Désarmement : on ne sait jamais, un autre sorcier pourrait me vouloir du mal !

Je n'aimerais vraiment pas goûter aux bonbons surprises fourrés au poivre ou au piment, ni aux confiseries inventées par les frères de Ron, Fred et George. Sinon, les autres friandises me plairaient bien.

Severus Rogue est un « mauvais bon ». Je crois qu'il est du côté des « bons » car Dumbledore lui fait confiance, mais il a des problèmes relationnels avec les autres et il est assez rancunier. Je ne pense pas qu'il veuille vraiment du mal à Harry. C'est d'ailleurs mon personnage favori, parce que, malgré son mauvais caractère, c'est un allié de Harry. J'attends avec impatience le cinquième tome pour savoir ce que Dumbledore lui demandera de faire contre Voldemort. Dans le tome 3, si Rogue veut arrêter Sirius, c'est parce qu'il croit vraiment que ce dernier veut du mal à Harry… et aussi un peu parce qu'il lui en veut pour une blague idiote qui a failli mal tourner !

Le personnage que j'aime le moins, c'est ce crétin de Malefoy, qui est une crapule arrogante qui n'arrête pas de se moquer des autres.

Côté animaux, j'aime assez Coquecigrue, parce que c'est un hibou plutôt déjanté. Il me fait rire ! Mon préféré est cependant Pattenrond, qui est un animal de compagnie très sérieux, à l'image de sa maîtresse Hermione.

L'objet magique que je préfère, c'est bien sûr la super-pratique baguette magique, mais aussi l'Éclair de Feu, le meilleur des balais volants. J'aime bien l'expression « poudre de Cheminette ».

Les chaussettes, l'essuie-tout, les couverts, les gobelets… Tous ces produits dérivés sont un peu exagérés. On vend des Chocogrenouilles, ou plutôt des grenouilles en chocolat, mais sans véritables photos animées. Ce qui serait bien, ce serait de vendre de vrais Éclairs de Feu, et de vrais hiboux qui transportent le courrier. Mais ce n'est pas pour demain ! En revanche, j'attends avec impatience le film adapté du tome 1. Je suis sûre qu'il sera réussi. D'ailleurs, avec une si bonne histoire, comment pourrait-on rater un film ?

Harry Potter et Voldemort sont liés, mais de quelle manière ? Ils ont la même baguette magique (le même bois et une plume du même phénix) et ils parlent le Fourchelang. Sans compter que le Choixpeau magique s'apprêtait à envoyer Harry chez les Serpentard. Cela fait beaucoup de coïncidences, n'est-ce pas ?

En tout cas, le gouvernement sorcier devrait s'occuper un peu plus sérieusement des fous dangereux comme Voldemort !

> Harry est mystérieux et cela m'attire.

Sandrine, 39 ans
« Ces livres n'ont rien à voir avec la vie réelle »

Cela fait déjà assez longtemps que j'ai découvert *Harry Potter*. Je me promenais avec ma fille dans la ville de Rouen et c'est elle qui m'a montré les livres dans la vitrine d'une grande librairie. C'était la première fois qu'elle était passionnée par d'aussi gros romans. Ma curiosité m'a poussée à découvrir ce qui pouvait bien lui plaire dans *Harry Potter*... J'ai accroché dès le début du premier tome et j'ai lu les trois suivants dans la foulée.

Je pense que j'aime *Harry Potter* car la sorcellerie est pour moi un univers nouveau. Lorsqu'on lit ces livres, on ne voit pas le temps passer, on oublie tous ses tracas du moment... *Harry Potter* fait beaucoup fonctionner notre imagination.

C'est une histoire d'enfants, mais elle s'adresse à tout le monde, du moins à tous ceux qui ont plus d'une dizaine d'années. Elle n'est probablement pas ressentie de la même façon suivant les âges. À mon avis, les plus jeunes se projettent dans le personnage de Harry, ils s'imaginent être de grands sorciers, alors que les moins jeunes se demandent jusqu'où ira l'imagination de l'auteur et lisent pour se détendre, se changer les idées... Ils savent bien que ces livres n'ont rien à voir avec la vie réelle ! Il n'y a rien de magique dans notre vie. Il suffit de regarder les informations télévisées pour s'en convaincre.

Ces livres sont bien écrits ; on a toujours envie de lire la suite pour connaître enfin le dénouement de l'histoire !

Je n'ai pas vraiment de préférence entre les différents tomes ; ils m'ont plu tous les quatre. Cependant, j'ai particulièrement aimé les passages où Harry Potter revoit ses parents. J'ai souvent senti chez lui un grand vide lié à leur disparition...

J'hésite beaucoup, mais je pense que mon personnage préféré est Lupin car il se dévoue toujours pour les autres avant de penser à lui : il n'hésite pas à aider Harry, lui apprend comment vaincre les Détraqueurs...

> J'aime lire *Harry Potter* parce que c'est drôle et que plus tard... je veux être sorcier !

Drago Malefoy est complètement à l'opposé. Il n'hésite pas à utiliser tous les moyens pour faire du mal aux autres : il se déguise en Détraqueur pour effrayer Harry, il accuse à tort Hagrid et son hippogriffe d'être responsables de sa blessure... Il est vraiment plein de défauts et je ne l'aime pas du tout.

Buck est une créature qui sait rendre aux autres la gentillesse qu'on lui a témoignée... ou la méchanceté dont on a fait preuve à son égard. Cet hippogriffe est sans doute mon animal favori. Celui que je déteste le plus est le Basilic, parce qu'il intervient par-derrière : il est sournois.

J'aime le Quidditch. C'est un sport très actif qui fait un peu rêver. On sent bien que tous les élèves de Poudlard sont passionnés par le Quidditch, même si tous ne le pratiquent pas. Le Quidditch me fait penser au rugby ou encore au hockey sur glace, des sports qui s'adressent eux aussi à des joueurs qui n'ont pas froid aux yeux. Euh... non, je n'aimerais pas y jouer ! C'est trop violent pour moi !

> **Fantastique, génial, plein de mystères et de jeux de mots.**

Les Multiplettes, dont on se sert justement pour examiner un match de Quidditch, sont vraiment un objet extraordinaire ! Ce serait génial si elles pouvaient réellement exister : elles nous révéleraient des informations très précieuses lors d'un match sportif.

La métamorphose est une faculté étonnante dont j'aimerais être douée pour pouvoir écouter les autres sans qu'ils le sachent... Ça doit être très amusant !

Je crois que j'apprécierais les Chocogrenouilles ; en revanche, les bonbons Longue Langue, pas du tout !

Je pense que le professeur Rogue est plutôt du côté des méchants car il est injuste... Malgré tout, il protège Harry Potter pendant son premier match de Quidditch ; il a quitté Voldemort et s'est rallié à Dumbledore... Je pense que Rogue a tout de même une certaine morale.

Les produits dérivés, c'est du pur commerce ! Je suis plutôt *contre*... mais tant mieux si ces objets peuvent amuser les enfants. Personnellement, je n'en ai pas acheté.

Le monde de la magie a toujours attiré les enfants ; les films de Walt Disney en sont la preuve... Logiquement, *Harry Potter* n'a pas échappé à l'adaptation cinématographique ! Comme beaucoup d'autres livres, il est aujourd'hui porté au grand écran, et malheureusement, on omettra des passages importants de son histoire...

S'il fallait changer une chose dans *Harry Potter*, ce serait le caractère de Percy car il exagère franchement !

Je ne crois pas que Harry, qui agit toujours pour le bien et ne pense pas spécialement à lui-même, soit de la famille de Voldemort, un être égocentrique qui ne conçoit que le mal. Ceci dit, les deux personnages ont beaucoup de points communs, qui semblent liés à la tentative d'assassinat de Harry Potter par Voldemort quand il était petit.

Liliane, 13 ans
« Voldemort me fait penser à Hitler »

Cela doit faire un an que je connais *Harry Potter*. J'ai découvert ces livres à la bibliothèque. J'ai tout de suite adoré, même si j'ai failli arrêter de lire car je ne comprenais pas tout, du fait que j'avais commencé par lire le tome 2 ! Depuis, j'ai lu les quatre volumes. C'est passionnant, il y a toujours un mystère dans l'histoire qui nous donne envie de lire jusqu'à la fin. C'est sûrement pour ça que je l'aime autant.

> **Harry Potter est le premier livre qui me permet de rêver : j'apprends à m'envoler sur un balai avec Mme Bibine, mon professeur. J'ai hâte que les autres tomes soient publiés !**

Mon tome préféré est sans aucun doute le premier. J'ai surtout adoré lorsque Harry, Ron et Hermione sont « sous la trappe », et doivent surmonter des obstacles. C'est mon passage préféré.

Mes personnages favoris sont Hermione et Ron, avec quand même une préférence pour Ron. Je le trouve un peu stupide, mais très drôle. Le personnage que j'aime le moins est sans conteste Voldemort. Je le trouve très cruel ; il me fait penser à Hitler. Ce qu'il fait est écœurant.

J'aime bien le Quidditch, et j'apprécierais d'y jouer, pour voir. Je voudrais bien être Batteuse pour protéger mon équipe.

Si j'étais du monde des sorciers, j'aurais peur de goûter aux Dragées surprises de Bertie Crochue, car je pourrais tomber sur un parfum dégoûtant. Je ne vois pas comment je ferais pour apprendre tous les sortilèges et potions par cœur : ce doit être impossible de tout mémoriser !

Moi, je crois que Rogue peut être très gentil s'il le veut. Et d'ailleurs, s'il n'aime pas Harry, c'est sûrement à cause de son père, qu'il détestait. Mais il a prouvé qu'il pouvait être bon car il a protégé Harry.

À mon avis, les produits dérivés sont simplement conçus pour rapporter de l'argent. D'ailleurs, la plupart de ces objets sont affreux !

On se demande si Voldemort et Harry appartiennent à la même famille... Non ! Ils sont trop différents.

Brian, 12 ans
« Avec les produits dérivés, j'ai un peu l'impression de vivre dans l'univers de Harry »

Mon père, qui est bibliothécaire, a lu *Harry Potter* et l'a trouvé bien, alors il m'a suggéré de faire comme lui. Je l'ai écouté et à présent j'ai lu les quatre tomes, trois fois chacun au moins.

Dès que j'ai commencé, j'ai tout de suite accroché, parce que l'histoire est bien écrite et pleine de rebondissements. Tout est magie... Les livres sont géniaux, méga-super-cool ! Le lecteur s'identifie facilement au personnage de Harry Potter...

J'ai préféré les tomes 1 et 3 car on y apprend le passé de Harry et de sa famille.

Les matches de Quidditch et les affrontements contre Voldemort sont pleins d'action : ce sont mes passages favoris.

Mon personnage préféré est Sirius Black. Il est comme le père de Harry. Celui que j'aime le moins est Vous-Savez-Qui, parce qu'il est cruel et tue les Moldus comme moi !

Fumseck est l'animal que j'aime le plus car il a sauvé la vie de Harry à plusieurs reprises.

L'Éclair de feu a été offert par Sirius et c'est l'objet préféré de Harry, alors c'est aussi le mien. J'aime également le Miroir du Riséd, parce que Harry peut y voir ses parents. Le passage du premier tome consacré au Miroir du Riséd est émouvant.

J'adore le Quidditch. C'est un sport d'équipe, avec du suspense et de l'action, et qui fait appel à la magie, puisqu'on vole sur un balai. Les commentaires des matches sont humoristiques et Harry est le meilleur joueur de tous ! J'adorerais être Batteur pour envoyer les Cognards à la figure des Serpentard. Ce sport me fait penser au base-ball, mais en trois dimensions.

Le sort d'Attraction, c'est très pratique : on n'a plus besoin de se déplacer pour chercher les objets... C'est mieux qu'une télécommande !

Je pense que Rogue est un « méchant » car il est injuste envers Harry et les élèves de Gryffondor en général. Il privilégie toujours ceux de Serpentard, et l'horrible Drago Malefoy est son chouchou. Cependant, je pense que l'on ne sait pas tout sur le passé de Rogue. Si Dumbledore lui fait autant confiance, il y a sans doute une bonne raison. Il a dû bien agir dans le passé, peut-être même a-t-il contribué à la chute de Voldemort. C'est pour cela que je pense que c'est un « gentil méchant ». J'espère que l'on en saura plus à son sujet dans les épisodes suivants.

Je suis *pour* les produits dérivés de *Harry Potter* et j'en ai déjà acheté. Ma chambre est recouverte d'un vieux papier peint blanc tout déchiré et elle n'est pas très belle. Depuis que je l'ai décorée avec des posters « Harry Potter », j'ai un peu l'impression de vivre dans l'univers de Harry... Je trouve que ma chambre est bien mieux à présent. Tous les soirs, je nettoie la poussière sur mon serre-livre représentant Harry... Je suis un peu maniaque !

J'attends le film avec impatience, mais je n'aimerais pas découvrir l'univers de Harry uniquement par le biais du cinéma ; je préfère imaginer les personnages à partir du livre lui-même.

> **Les livres de *Harry Potter* me permettent de m'échapper de temps en temps du monde ennuyeux des Moldus pour aller rejoindre Harry.**

Je ne pense pas qu'il y ait un lien familial entre Voldemort et Harry, mais plutôt un lien psychique. Harry fait des rêves prémonitoires chaque fois que Celui-Dont-On-Ne-Doit-Pas-Prononcer-Le-Nom est dans les parages. Et puis, ils ont le même type de baguette magique, fabriquée avec l'une des plumes de Fumseck le phénix.

Louise, 15 ans
« J'ai passé toute une nuit à lire Harry Potter ! »

J'ai découvert *Harry Potter* il y a au moins deux ou trois ans, grâce à ma sœur. Elle avait emprunté les livres à la bibliothèque. J'ai lu les quatre tomes. Dès les premières lignes, j'ai été envoûtée. J'étais tellement prise par l'histoire que j'ai passé toute une nuit à la lire, alors que j'avais cours le lendemain !

J. K. Rowling a réussi à créer un univers fort complexe, bien que tout y concorde avec la réalité (on a vraiment l'impression d'y être!)... J'adore son style. Ses aventures ne se terminent pas toujours bien : il y a des morts, des problèmes graves qui créent le suspense... tout n'est pas rose, et j'aime beaucoup ça ! La seule chose qui m'ennuie, c'est que sept tomes seulement sont prévus !

Le premier et le quatrième sont mes favoris. Le lecteur découvre l'univers dans lequel va être plongé Harry Potter dès le premier volume ; le scénario, les idées du quatrième sont imaginatifs, et la peur gagne le lecteur avec la mort de Cédric Diggory et le retour de Voldemort. Quel suspense !

Dans le tome 1, mon passage préféré est l'arrivée des lettres « de nulle part » pour Harry ainsi que l'apparition de Hagrid qui vient le chercher pour le conduire au collège Poudlard. Dans le tome 4, j'ai aimé le combat entre Harry et Voldemort et le bal de Noël.

J'apprécie la personnalité de Harry et celle de Ron. Celui que je déteste, c'est Lucius Malefoy, à cause de ses opinions en faveur des Mangemorts ! Coquecigrue me fait rire ; n'oublions pas que c'est un cadeau de Sirius ! Celui que j'aime le moins est Croûtard, qui est en réalité un traître : Peter Pettigrow.

J'adore rire, aussi j'adore toutes les farces et attrapes que l'on trouve à Pré-au-Lard ainsi que celles que fabriquent Fred et George Weasley. « *Accio* », le sortilège d'Attraction, est un sort très utile qui peut faire bien rire parfois.

Pouvoir se transformer en Animagus, cela me plaît. Je souhaiterais tant me métamorphoser en animal pour aller écouter ce que racontent les gens !

J'adore aussi le Quidditch. Je pense que je serais Attrapeuse si je pratiquais ce sport car j'ai une grande faculté d'observation et j'aime prendre des risques. Le Quidditch ne me fait pas penser à un sport moldu, c'est un mélange de base-ball et de basket-ball...

J'aimerais déguster toutes les friandises du monde de Harry, sauf une surprise de Bertie Crochue au goût aussi dégoûtant que celui de poubelle ! Mais ce que je préférerais, c'est boire de la Bièraubeurre.

Je pense que Rogue est un « gentil » et qu'il essaie d'aider Harry Potter devant le danger, mais qu'il dissimule sa protection derrière des apparences de haine. Je veux dire qu'il est du côté des « bons », mais qu'il est « hyper-antipathique »...

Je suis neutre quant aux produits dérivés. Ils ont leurs avantages et leurs inconvénients. Je n'en ai pas encore acheté. En revanche, je sais que je ne résisterai pas à la tentation d'aller voir le film et qu'à cause de cela je ne pourrai plus m'imaginer mon Harry ou mon Ron ; je serai contrainte de me représenter Harry tel que l'incarne Daniel Radcliffe (son interprète au cinéma)... Et ça m'énerve.

> Les personnages fascinants, les histoires magiques de *Harry Potter* me rappellent mon enfance. Ces livres sont remplis de poésie.

J'aurais aimé que J. K. Rowling prenne le temps de préciser quelques petits détails dans les aventures de Harry : les dates d'anniversaire de Ron et d'Hermione, le moment où les héros prennent leur douche...

Harry Potter et Voldemort ont tous deux des talents de grands sorciers, mais comme le dit Dumbledore, ce sont leurs choix qui font toute la différence. Peut-être ont-ils des origines communes, mais je n'en sais vraiment rien.

Niki, 55 ans
« Ce qui unit Harry et Voldemort semble trop fort pour être le fruit du hasard »

J'ai découvert *Harry Potter* il y a deux ans, par le biais d'un site Internet et d'un article consacré à J. K. Rowling. J'ai accroché tout de suite. J'aime beaucoup les histoires qui touchent aux fées, aux sorcières et autres magiciens. Mais *Harry Potter*, c'est aussi une véritable intrigue policière. On y trouve des enfants sorciers sympathiques ou complètement antipathiques, qui font des bêtises comme tous les enfants moldus, des parents qui ont des problèmes d'argent, un orphelin maltraité par sa famille, le tout dans une ambiance merveilleuse !

Je n'ai pas vraiment de tome préféré. Ils sont différents, avec des personnages récurrents et des situations résurgentes… Mon passage favori, s'il fallait en choisir un, serait celui où Harry Potter se trouve face au Miroir du Riséd, dans le tome 1. J'ai été sensible à ce que lui dit Dumbledore à propos des rêves et de la réalité.

Mon personnage préféré est Mrs McGonagall parce qu'elle est capable de se transformer en chat. J'aime assez le chevalier du Catogan qui remplace la « grosse dame » dans le troisième épisode.

Parmi les animaux, j'aime bien les chouettes, et je déteste Aragog, l'araignée du tome 2.

Je n'aime pas le Quidditch, car je n'aime aucun sport de balle ou de ballon !

Je détesterais manger toutes les friandises décrites dans les livres.

Il n'y a rien de surprenant à l'appropriation par le marketing de cette nouveauté qu'est *Harry Potter* : il faut bien que les gens dépensent leur argent ! Je n'ai acheté aucun objet dérivé. À mon âge, je me sentirais un peu idiote !

Rogue n'est ni bon ni méchant, c'est simplement un professeur.

J'ai l'impression que Potter et Voldemort sont apparentés : l'un est le bien par excellence, l'autre incarne le mal, et ce qui les unit semble trop fort pour être le fruit du hasard…

Juliette, 13 ans
« J'aurais aimé que Harry ait un petit frère ou une petite sœur »

J'ai fait connaissance avec les livres de *Harry Potter* à la sortie du troisième tome. Ma mère les avait lus, et je m'y suis mise aussi : j'ai désormais lu les quatre volumes avec beaucoup de plaisir. L'histoire très bien écrite est particulière, bien que Harry ressemble à un enfant « normal ».

J'ai préféré les tomes 1 et 3. Dans le premier, le lecteur découvre le personnage de Harry Potter, et dans le troisième, son parrain : on en apprend à chaque fois davantage sur la famille du héros.

Dans *Harry Potter à l'école des sorciers*, j'ai aimé le moment où Harry réalise qu'il a le pouvoir de parler aux serpents, lorsqu'il converse avec un boa constrictor pour la première fois de sa vie.

Mon personnage préféré est Hermione, parce que c'est une fille intelligente, et au demeurant très sympathique, comme ma sœur ! Ceux que j'aime le moins sont Crabbe et Goyle… Ils sont dépendants de Malefoy.

Mes animaux magiques favoris sont Pattenrond, qui ressemble à mon chat, et Hedwige, car elle est l'amie de

Harry Potter. Ceux que je déteste sont Croûtard car c'est un traître, et le Basilic, parce qu'il me fait peur.

Je jouerais bien au Quidditch. Ce sport me fait penser au volley-ball et c'est l'une des raisons qui font que je l'aime. On saute beaucoup au volley : c'est un peu comme si l'on était dans les airs. Je préférerais occuper le poste de Gardien.

Je voudrais jeter le sort de lévitation « *Wingardium Levisosa* », et aussi manger des Chocogrenouilles... mais je détesterais goûter aux Dragées surprises de Bertie Crochue !

Je pense que Rogue est un « bon », et qu'il se donne volontairement un air méchant. Il doit avoir ses raisons pour le faire...

> **J'aime Harry parce qu'il me donne l'impression de replonger en enfance, de connaître des aventures que j'aurais aimé vivre si j'avais été lui (sauf dormir dans le placard !). Il est plein d'humour, bref, il est génial !**

Je suis *pour* les produits dérivés des aventures de Harry Potter : grâce à eux, je vois mon héros partout !

J'aurais aimé que Harry ait un petit frère ou une petite sœur. Il aurait pu, entre autres, lui apprendre des sorts.

J'ai l'impression que Voldemort et Harry ont un lien de parenté. C'est justement pour cette raison que Vous-Savez-Qui traque Harry !

Nicolas, 21 ans
« Harry possède de grands pouvoirs magiques »

C'est un jeune collégien qui m'a fait connaître *Harry Potter*. J'ai lu les quatre tomes parus et j'ai hâte de découvrir le cinquième. Le commencement du premier tome n'était pas extraordinaire, mais la suite m'a captivé. Les aventures de Harry s'améliorent de volume en volume.

Le quatrième opus est celui où l'on en apprend le plus sur le passé du héros. À son terme, la situation de départ est entièrement transformée... aussi, on appréhende grandement le tome 5 !

L'univers du livre est particulièrement recherché. Les détails sont saisissants de réalisme. De plus, Harry Potter attire immédiatement la sympathie ; il est loyal et gentil.

Les romans sont accessibles à tous ; personne ne peut prétendre détester *Harry Potter* puisque c'est une lecture très facile et moralement acceptable.

Harry Potter est l'enfant que j'aimerais avoir. C'est un sorcier hors pair qui pourra sûrement devenir plus puissant que Dumbledore – qui commence à se faire vieux ! Pour preuve, Harry est capable de faire apparaître un Patronus, donc, comme le fait remarquer Hermione, il possède de grands pouvoirs magiques.

Ce que j'apprécie particulièrement, ce sont les relations et l'amitié entre Harry et Ron. Aussi mon moment préféré est-il celui où Ron se réconcilie avec Harry, suite à sa victoire sur le Magyar à pointes.

J'aime d'ailleurs beaucoup Ron. Et, comme lui, j'ai horreur de Lucius Malefoy et de son fils Drago.

J'apprécie Hedwige et Coquecigrue, mais c'est pourtant Fumseck qui a ma préférence parmi tous les animaux magiques. Aragog, l'araignée géante, est la créature que je déteste plus que toute autre.

Ce doit être génial de pouvoir voler sur un balai de course ! J'aimerais beaucoup jouer au Quidditch en tant que Batteur. Je suis certain que c'est le poste qui me conviendrait le mieux... De toute façon, je serais trop lourd pour être Attrapeur ! Dommage... Le Quidditch, selon moi, est un mélange de basket-ball et de base-ball.

Si j'étais un sorcier, je voudrais bien jeter le sort pour lutter contre les Détraqueurs. J'aimerais aussi boire la Bièraubeurre, mais surtout pas croquer des surprises de Bertie Crochue.

J'ai une confiance absolue dans le personnage de Dumbledore. Je sais que Rogue est un « bon ». Il n'empêche que le maître des potions haïssait le père et le parrain de Harry, mais il n'hésiterait pas à assassiner qui lui voudrait du mal.

J'approuve le film *Harry Potter*, mais j'ai horreur de tous les petits gadgets issus du marketing.

Ce que je regrette dans *Harry Potter*, c'est le manque de collaboration entre Moldus et sorciers. En outre, il serait temps de changer de ministre de la Magie !

Finalement, on ne sait toujours pas pourquoi Voldemort souhaite à tout prix tuer Harry Potter. Dumbledore semble connaître la raison, mais il n'a rien voulu révéler. Je suppose que Harry pourrait faire de l'ombre au Seigneur des Ténèbres et, quand il serait plus grand, le tuer grâce à ses puissants pouvoirs magiques.

Je ne pense pas que Harry Potter soit de la famille de Voldemort.

Johanna, 14 ans
« Voldemort met de l'ambiance ! »

L'une de mes amies qui avait lu *Harry Potter* m'a conseillé d'en faire autant. Je suis entrée dans l'histoire dès les premières pages.

Les aventures de Harry Potter sortent de l'ordinaire et sont géniales ; elles mettent en scène un monde différent du nôtre. Dès que l'on termine un tome, on est impatient de lire le suivant. J'ai toujours aimé les histoires de sorciers !

J'ai lu les quatre tomes avec autant de plaisir, mais je considère que *Harry Potter et la Coupe de Feu* est le plus important pour l'histoire. J'ai aimé lorsque Harry y accomplit les tâches du Tournoi des Trois Sorciers.

Mon préféré, c'est Harry Potter, et Voldemort est le personnage que je hais le plus : il est méchant et ennuie tout le monde... mais il met de l'ambiance !

Cette rumeur selon laquelle Harry serait le fils de Voldemort est idiote ; arrêtons de regarder *Star Wars* ! Je pense que s'ils ont tant de points communs, c'est parce que Voldemort a transmis un peu de sa personne à Harry lorsqu'il a été anéanti par celui-ci.

J'aime Fumseck le phénix. Il a l'air beau et son chant doit être magnifique. De plus, il peut guérir les blessures. J'ai horreur des serpents car je déteste tout ce qui rampe et mord. Les serpents peuvent nous tuer ! Enfin,

Les aventures sont magiques et écrites dans une prose enrichissante.

dans *Harry Potter*, ils sont des adeptes de la magie noire. Heureusement, si Harry est notre ami, nous ne devons pas avoir peur des serpents car il peut leur parler en Fourchelang !

La Glace à l'Ennemi est très pratique : comme son nom l'indique, elle nous montre nos ennemis et nous savons alors qui sont les véritables amis en qui nous pouvons avoir confiance.

Qui n'aimerait jouer au Quidditch ? Ce sport me fait penser au football, et je souhaiterais être Attrapeuse si j'étais sorcière.

J'aimerais aussi savoir utiliser la formule magique « *Accio* » pour atteindre des objets sans avoir à me déplacer... Je suis un peu fainéante !

J'aurais également plaisir à déguster des Chocogrenouilles, et toutes les friandises « sorcières » en général. En revanche, je ne voudrais pas manger la cuisine de Hagrid !

Rogue est bon et mauvais à la fois... Il est retourné du côté de Dumbledore, mais il est très méchant et injuste envers Harry ! Je trouve stupide de concevoir des produits dérivés ! Les livres sont suffisants ! L'idée du film m'énerve aussi un peu, mais j'irai quand même le voir au cinéma, bien que je sache d'avance qu'il ne sera pas fidèle aux livres. Les personnages incarnés par les acteurs seront différents de ceux que j'imagine.

Harry Potter représente la perfection !

Christine M., 42 ans
« Hagrid est un peu comme un ours »

Dans un magazine, j'ai lu une publicité pour *Harry Potter et le Prisonnier d'Azkaban*, lors de sa parution. Cela m'a donné envie d'acheter les livres de *Harry Potter* ; j'ai tout de suite accroché et depuis, je les ai tous lus.

L'histoire allie imagination, fantaisie, humour... Malgré le côté farfelu, on y entre facilement, et l'on prend part à la vie dans le monde magique. Et puis, l'ambiance à Poudlard me rappelle Oxford.

Harry Potter, c'est un livre que l'on ne peut pas s'arrêter de lire. C'est très vivant, avec des rebondissements à chaque page.

Mon tome préféré ? Dans *Harry Potter à l'école des sorciers*, le lecteur découvre l'univers de Harry Potter sous toutes ses coutures. Dans *Harry Potter et le prisonnier d'Azkaban*, l'intrigue est très prenante et très émouvante... J'hésite entre ces deux volumes.

J'adore les passages où Harry habite chez les Moldus : ils sont ridiculisés avec beaucoup d'humour, par exemple lorsque les Dursley sont pris pour des demeurés par les Weasley qui viennent leur rendre visite au début du tome 4. J'adore aussi la Coupe du Monde de Quidditch, avec l'installation des sorciers dans le camping moldu, l'intervention des Vélanes et des farfadets au début du match, joyeusement commenté par Verpey !

> *Harry Potter* **est très attrayant. On a envie de savoir ce qui va se passer entre Harry et les Dursley, de connaître ses nouvelles péripéties au fur et à mesure de la lecture...**

Mes personnages préférés sont Hermione et Hagrid. Hermione est très futée ; elle comprend tout très vite, mais elle est quelque peu énervante ! Hagrid est brave, c'est un ami fidèle... Il est un peu comme un ours !

Je déteste Crabbe et Goyle : ils sont bêtes et dangereux. On peut les amener à faire n'importe quoi.

Parmi les animaux, ma préférence va aux chouettes et hiboux, qui sont très sympathiques, et à Buck (l'hippogriffe de Hagrid), dont les malheurs sont émouvants.

J'ai horreur des Scroutts à pétard et je n'aimerais pas en croiser un !

J'apprécierais de manger n'importe quelle friandise pour sorciers, particulièrement les Chocogrenouilles. J'aime d'ailleurs les noms de ces friandises. Ils sont très parlants.

J'aime le Quidditch, mais je ne suis pas très sportive ; je préférerais encourager une équipe plutôt que jouer... Le Quidditch me fait penser au cricket anglais, à cause des battes.

Je désirerais jeter les sorts qui font rire et ceux qui font danser les gens... Pas de méchants sortilèges, finalement ! Pour l'instant, Rogue est selon moi un « méchant ». Il est extrêmement hypocrite et très secret. Je pense que c'est un personnage clé pour l'histoire.

Les produits dérivés, il fallait s'y attendre. Je suis plutôt *pour* et j'en ai acheté : ils peuvent faire découvrir *Harry Potter* à des gens qui seraient passés à côté.

Harry Potter et Voldemort sont sans doute de la même famille. Il s'agirait là d'un schéma littéraire traditionnel.

Mathias, 13 ans
« Harry, c'est comme un grand ami »

C'est il y a un an et demi que j'ai connu *Harry Potter*. Un ami m'a dit que c'était super, alors j'ai lu les quatre tomes parus... Quand j'ai commencé à lire les premiers chapitres du tome 1, je trouvais ça nul et débile. J'ai arrêté ma lecture pendant deux semaines, mais je me suis ensuite un peu forcé à lire... et heureusement, car j'ai découvert que ces livres étaient excellents ! Je n'ai pas décroché et j'ai littéralement dévoré.

Il m'est difficile d'expliquer pourquoi j'aime *Harry Potter*. Quand je lis ces livres, je me moque du monde extérieur. Ce qui importe, c'est ce qui se passe dans l'histoire. Dès que je commence ma lecture, je ne peux plus m'arrêter ! J'aimerais sûrement être à la place de Harry ou dans son monde. Harry, c'est comme un grand ami.

Harry Potter, je pense que c'est destiné à tous les âges. Tout repose sur l'écriture de J. K. Rowling, qui est d'une grande qualité. Elle a une manière d'écrire qui nous emporte, comme dans un film. Ce n'est plus fatigant de lire. Elle nous emmène dans un autre monde...

Harry, c'est quelqu'un de très bien et de très courageux. Parfois, il est trop gentil et se laisse marcher sur les pieds. Il a un cœur énorme, c'est un bon élève, excellent au Quidditch... Il n'a aucun défaut ! Pourtant, quelquefois, je trouve qu'il pense trop jeune pour son âge...

Sans aucun doute, *Harry Potter et la Coupe de Feu* est mon tome préféré : il est plus captivant que les autres et, pour la première fois, Harry y est en difficulté. Ça promet pour les prochains volumes !

Le passage que je préfère est celui où Harry gagne la première épreuve du Tournoi des Trois Sorciers. Mon personnage favori est Harry car c'est avec lui qu'il se passe le plus de choses : il fait des rêves étranges qui réveillent sa douleur à sa cicatrice... Colin Crivey est le personnage que j'aime le moins : il m'énerve vraiment, à ne jamais lâcher Harry !

Mon animal magique préféré est Fumseck, le phénix de Dumbledore,

> C'est « supra-méga-giga-ultra-génial » ! J. K. Rowling est un véritable génie !

pour sa grâce, sa force, son intelligence, sa beauté... Il n'y en a pas un que je déteste particulièrement, mais, s'il fallait choisir, ce serait Pattenrond, le chat d'Hermione.

J'aime bien l'Éclair de Feu. Ces deux mots, « éclair » et « feu », représentent la rapidité, l'agilité et la beauté.

J'adore le Quidditch et je rêverais d'y jouer. Je serais au poste d'Attrapeur : c'est celui qui me conviendrait le mieux. Le Quidditch me fait penser au handball (pour les buts et les arrêts), mais aussi au base-ball (pour les Batteurs et les Cognards). Il me rappelle aussi le basket-ball – que je pratique d'ailleurs – car il faut être rapide, précis, acrobate et avoir une très bonne vue pour attraper le Vif d'or.

Je goûterais bien à la Bièraubeurre et aux Chocogrenouilles... mais surtout pas aux friandises de Bertie Crochue !

Je pense qu'il faudrait que Rogue mette son orgueil de côté et qu'il arrête de s'en prendre à Harry et à son entourage. Il favorise toujours les Serpentard, mais au fond, je pense qu'il ne veut pas de mal à Harry.

Les produits dérivés, c'est un peu idiot. Ça sent trop le « business ». Je pense que s'il n'y en avait que quelques-uns, ce serait préférable. Je n'en ai pas acheté, mais certains pourraient être intéressants.

En revanche, le film est une excellente idée parce qu'il nous permettra de voir le monde de Harry. Pourtant, chaque lecteur a ses propres personnages en tête... Il ne faudra donc pas penser au film en lisant *Harry Potter*! Les visages des personnages, sur les photos que j'ai déjà pu voir, ne me conviennent pas.

Si j'avais un détail à changer dans l'univers de Harry, peut-être ferais-je en sorte que Sirius Black ne soit plus obligé de se cacher et que Harry aille habiter avec lui.

Charlotte V., 11 ans
« Harry Potter, c'est une lecture facile »

On m'a offert *Harry Potter* le 31 juillet 2000[*], pour mon anniversaire. J'ai lu les quatre tomes. Évidemment, j'ai accroché tout de suite ! Sans doute pour l'action, le mystère, la magie, les mots inventés et les surprises dont les histoires regorgent. On trouve aussi de l'humour, de très bonnes idées, et c'est une lecture facile.

J'ai préféré le tome 4 : Harry y est libre de faire ses devoirs en plein jour chez les Dursley, il affronte Vous-Savez-Qui et la jalousie pointe entre les personnages.

---

[*] Charlotte est donc née le même jour que Harry Potter !

Mon passage préféré est celui où Harry se retrouve dans le labyrinthe. Il rencontre plusieurs créatures affreuses, devient l'ami de Cédric Diggory et saisit le Trophée des Trois Sorciers avec lui.

Je préfère Harry parce que c'est le héros, et un héros courageux. Dudley est cruel envers lui. Je le déteste. Hedwige est mon animal favori. Son plumage blanc doit faire d'elle une très jolie chouette. Nagini est au côté de Voldemort, aussi je ne risque pas de l'aimer !

J'apprécie beaucoup la cape d'invisibilité de Harry : avec elle, on se promène où l'on veut sans être repéré !

J'aime le Quidditch, qui me fait penser au basket-ball. Si je le pouvais, j'y jouerais, parce que, contrairement aux autres sports, on est sur un balai volant ! Le poste de Batteur me plairait bien.

Si j'étais sorcière, le sort que je voudrais le plus jeter serait celui qui permet de faire venir à soi l'objet que l'on veut.

> Ce que j'aime dans *Harry Potter*, c'est la magie, les enquêtes et les mystères.

Je mangerais volontiers un Chocogrenouille, mais pas une Dragée de Bertie Crochue !

Rogue est revenu du bon côté avant que Voldemort perde ses pouvoirs. Je pense qu'il n'est pas tout à fait méchant et peut changer au cours des années futures.

Catherine, 54 ans
« Harry est le Némésis de Voldemort »

En 1999, j'ai acheté à Paris les quatre tomes de *Harry Potter* en langue originale – car je suis professeur d'anglais. Je les ai lus à toute allure ! Ainsi, j'avais déjà fini de lire le quatrième tome lorsque la version française est parue ! Et j'ai réellement a-do-ré ! Je trouve toutefois que la traduction française ne vaut pas la version anglaise.

J'apprécie l'esprit satirique de J. K. Rowling. Elle se moque des adultes et favorise leur côté magique. La fantaisie (les dragons, les géants) et le côté obscur (Voldem...) sont des aspects qui me plaisent aussi. Des jeux de mots, des farces, un cadre envoûtant, des enfants très adultes – Hermione par exemple, et Harry à partir du tome 3 –, un bon fil conducteur, une atmosphère à couper le souffle sont aussi au rendez-vous. Autant d'ingrédients qui expliquent le succès de ces livres.

Le héros mène une sorte de quête : il recherche ses origines, apprend à se connaître et évolue au cours des années.

> **Harry n'a jamais eu de chance. Mais du jour au lendemain, il rencontre des gens qui l'aiment et obtient le respect. Il est le seul sorcier ayant pu échapper au plus cruel tyran du monde magique. J'adore cette histoire, et en général tout ce qui touche à la sorcellerie et aux légendes.**

Mon volume préféré est le troisième. Le lecteur attend, impatient, la suite de l'histoire ; il ne sait pas si Sirius Black est blanc ou noir... Il peut imaginer toutes sortes de choses car Rowling parvient à semer le doute. L'histoire devient de plus en plus fantastique et de moins en moins accessible aux enfants, à mon opinion.

Mes passages préférés sont, bien sûr, les cours à Poudlard car je suis prof... mais je suis du côté des élèves qui ont beaucoup d'ennuis ! J'aime aussi lorsque Harry se trouve à Privet Drive, chez les Dursley... dans leur placard à balais ; quand Queudver se coupe la main pour redonner vie à Voldemort et que ce dernier reprend ses forces dans le tome 4 ; le secret d'Hermione à la fin du tome 3 ; la découverte de la fortune de Harry à la banque Gringotts, et son arrivée à Poudlard dans le tome 1... En lisant la cérémonie de Répartition, j'avais l'impression que c'était moi qui mettais le Choixpeau magique !

J'aime bien Harry Potter, naturellement, mais – cela peut paraître insolite –, j'adore le professeur Rogue. En plus, il a mon âge ! En revanche, je déteste Drago Malefoy et Voldemort.

Même si les hiboux sont mes animaux préférés, j'adore le phénix de Dumbledore (Fumseck) et j'ai un faible pour les dragons. En revanche, je hais Croûtard, qui est tout sale, « décroûté », et qui s'enfuit constamment. Il ne me dit rien qui vaille depuis le début de l'histoire, mais jamais je n'aurais songé qu'il pût s'agir d'un traître : Peter Pettigrow !

J'aime la formule magique *« Lumos »*. Je trouve le bureau de Dumbledore fantastique, et la Glace à l'Ennemi qui s'y trouve intrigante...

L'Éclair de feu et le Vif d'or sont mes objets préférés. Pourtant, je n'aurais pas envie de pratiquer le Quidditch. J'aurais trop peur de tomber de mon balai... Si je le prenais, ce serait pour voler en paix ! Le Quidditch me rappelle le hockey.

Si j'étais sorcière, je souhaiterais figer les gens mauvais ou encore les transformer en petits cochons ! J'aime d'ailleurs les Animagi qui ont la faculté de se métamorphoser en animaux. Je goûterais également aux Chocogrenouilles, mais pas aux Pralines Longue Langue qui allongent la langue... berk !

L'intrigue est fascinante et palpitante.

Les produits dérivés, c'est vraiment nul. Il ne faut pas exagérer ! Je n'ai cependant pas pu résister à la tentation d'acquérir un petit carnet *Harry Potter*. Chez moi, à Marseille, personne n'achète rien car les parents interdisent à leurs enfants de lire *Harry Potter*... et l'on me prend pour une folle si j'en parle autour de moi.

Si je devais changer un détail dans l'histoire de Harry, ce serait que les elfes de maison s'habillent autrement qu'avec des coussins !

Selon moi, Harry est le *némésis* de Voldemort... Le *némésis* représente, en littérature, l'anti-héros absolu : si un héros fait de bonnes choses, un personnage antithétique fait pencher la balance en accomplissant de mauvaises choses ! Harry et Vous-Savez-Qui sont donc de la même famille ; Harry a une plume de phénix pour le bien et Voldemort en a une autre du même animal pour le mal, chacun dans sa baguette magique. En réalité, tout le mystère se trouve dans les baguettes magiques, mais J. K. Rowling ne nous le révélera qu'à la toute fin de l'histoire !

Nelson, 13 ans
« Une fois ma lecture commencée, je ne pouvais plus m'arrêter »

J'ai découvert *Harry Potter* dès la sortie du premier tome. Au début, cela ne m'emballait pas beaucoup, mais une fois ma lecture commencée, je ne pouvais plus m'arrêter ! Maintenant, j'ai lu tous les tomes.

J'aime l'ambiance magique, les potions, les sortilèges... Il y a tout ce qu'il faut : du suspense, de l'humour. C'est bien écrit, cohérent, et les histoires sont excellentes... C'est vraiment exceptionnel ! Tous mes rêves sont dans ces livres, c'est aussi pour ça que j'adore !

J'ai préféré *Harry Potter et le prisonnier d'Azkaban* aux autres tomes pour les nombreux éléments clés, les rebondissements, les énigmes, les nouveaux personnages... De plus, Voldemort n'apparaît pas ; ça repose un peu ! On parle beaucoup des cours et des nouveaux profs, aussi. J'adore tous les passages de ce livre et particulièrement la fin, lorsque Harry et Hermione remontent le temps !

J'aime tous les personnages, mais ma préférence va à Sirius Black. J'adore son nom ! Il est le plus mystérieux et le plus énigmatique ; j'apprécie sa façon de raisonner, et puis... c'est le parrain de Harry ! Même les « méchants » sont géniaux, bien qu'ils m'énervent – ce qui est le but recherché par l'auteur. Rogue est très injuste envers Harry, mais il a ses raisons. Malefoy, je ne l'aime pas beaucoup : dès que je lis son nom, ça me donne des boutons !

J'aime bien les dragons : ce sont des animaux légendaires et j'adore les légendes. Les phénix sont beaux, majestueux et gracieux.

> Ce livre m'a fait découvrir une tout autre magie. Il procure à tout le monde un sentiment de joie et de bonheur. Dès qu'on ouvre l'un des volumes, on ne peut plus le refermer !

Et le Quidditch ! Je ne pense pas que je serais suffisamment à l'aise pour jouer à un tel sport, mais j'apprécierais de voler sur un balai.

Je souhaiterais vraiment manger les sorbets qui font léviter (les Fizwizbiz) ou les Gnomes au poivre qui font cracher du feu. En revanche, je détesterais manger les bonbons de Bertie Crochue !

Rogue devait être méchant auparavant car c'était un Mangemort, mais je pense que maintenant on peut le ranger dans le camp des « gentils ».

Je suis *pour* le film adapté des aventures de Harry Potter. Certains produits dérivés sont amusants et originaux ; d'autres sont vraiment ridicules. Mon avis est donc partagé. Je n'en ai encore acheté aucun, mais j'ai failli à plusieurs reprises !

J'espère que Voldemort et Harry ne sont pas de la même famille, auquel cas ce serait vraiment une solution de facilité pour la suite de l'intrigue ! J'espère que le lien qui les unit est plus compliqué !

Clémentine, 15 ans
« Les produits dérivés sont d'une laideur repoussante »

J'ai découvert *Harry Potter* lorsque le troisième tome est apparu en bibliothèque, mais je ne m'y suis vraiment intéressée qu'à l'été 2000, chez ma meilleure amie : sa famille avait adoré ! J'ai dévoré tous les tomes : le coup de foudre... Peut-être parce que les histoires débutent dans un monde normal, celui des Moldus, et que tout bascule dans un autre, celui des sorciers. Le lecteur apprend à connaître ce monde en même temps que Harry. C'est vraiment génial ! Il y a beaucoup d'humour, et les aventures sont vraiment palpitantes !

J'ai vu à la télé une interview de l'agent de Rowling[☆]. Il trouvait que *Harry Potter* rappelait de vieilles idées telles que la solidarité, la générosité, le courage, et que c'était la raison pour laquelle ces livres plaisent autant. Je pense qu'il a raison. Il y a tout pour séduire dans *Harry Potter* : de l'humour, des aventures, des scènes tragiques, des scènes d'affrontement, des « enquêtes presque policières », et surtout... de la magie. C'est comme si Rowling avait créé une nouvelle civilisation et qu'elle nous racontait ce qui s'y passe... Tout le monde trouve quelque chose à aimer, même s'il manque peut-être des scènes romantiques pour les amateurs du genre ! Tous les personnages, ou presque, sont attachants.

Harry Potter, c'est tellement génial que, chaque fois que je lis un autre livre (même si tout le monde l'a

---
[☆] Christopher Little.

apprécié), je peux pas m'empêcher de penser que ça ne vaut pas *Harry Potter* !

Pourquoi ne fabrique-t-on que des produits dérivés laids ? La plupart, telles les statuettes, sont d'une laideur repoussante. Certains sont cependant amusants : les tee-shirts, les chaussettes… En revanche, d'autres sont franchement déprimants : les livres de coloriage, entre autres. Les lecteurs n'ont pas quatre ans ! Il peut paraître paradoxal que je possède néanmoins des produits dérivés de mon héros préféré, mais ce sont des cadeaux de ma grand-mère, de mes amis… J'ai moi-même acheté l'affiche du film. Malgré cela, je préfère les objets « fabriqués maison » : pour mes quinze ans, mes meilleures amies m'avaient confectionné une carte avec l'image de la couverture du tome 1 avec une bulle disant « bon anniversaire Clémentine » !

Mon tome préféré est le quatrième. Je n'ai pas vraiment de passage favori, mais j'aime bien quand les sorciers doivent se faire passer pour des Moldus, les cours à Poudlard, les matches de Quidditch,

> La magie s'échappe des livres chaque fois que je les ouvre.

les passages où Harry, Ron et Hermione se moquent de Malefoy, ainsi que l'affrontement entre Voldemort et Harry. Quand je relis les livres, j'aime « voir » peiner nos trois héros à résoudre les intrigues ; ironiquement, je pense : « C'est pourtant si facile ! »

Quand on me demande qui est mon personnage préféré, je réponds : McGonagall ; mais j'en aime aussi beaucoup d'autres : les trois héros – surtout Harry et Hermione –, les Weasley, les profs de Poudlard et Dumbledore, Sirius Black, Remus Lupin et la plupart des sorciers. Celui que j'aime le moins, c'est Ron. Je ne sais pas vraiment pourquoi je m'en prends à ce pauvre Ron ! Percy Weasley et Fleur Delacour m'énervent un peu, mais en même temps leur caractère prétentieux est assez proche de celui... de ma meilleure copine ! J'ai plutôt du mal à supporter Parvati et Lavande : je pense qu'elles incarnent le stéréotype de l'adolescente idiote qui ricane bêtement pour rien. Je ne me considère pas comme cela, mais j'avoue que parfois – très rarement ! – je suis comme elles... Honte à moi !

J'aime bien les Animagi et le Quidditch. Je trouve ces noms amusants. L'objet que je préfère est la baguette magique (je fais dans le classique !).

Ce serait cool de jouer au Quidditch ! Ça doit être génial de pouvoir voler, se déplacer dans les airs comme sur le sol. C'est une bonne trouvaille de l'auteur, parmi tant d'autres ! Je ne désirerais pas vraiment être Gardienne, mais pourquoi pas Attrapeuse, Batteuse ou Poursuiveuse ? Si l'on me proposait un poste de Gardien, j'accepterais malgré tout ! Le rôle de Poursuiveur me fait penser au horse-ball, celui de Batteur au base-ball et celui de Gardien au football. Pour l'Attrapeur, je ne sais pas...

> Harry est un garçon courageux ; son histoire est parfois triste, parfois joyeuse, mais elle se termine toujours bien.

J'adorerais goûter la Bièraubeurre car les personnages de *Harry Potter* la trouvent chaque fois délicieuse, et manger des Dragées surprises de Bertie Crochue. C'est justement la « surprise » qui est intéressante. Je ne refuserais pas si l'on me proposait des Chocogrenouilles ou du chocolat de chez Honeydukes. La seule chose que je n'aimerais pas manger, ce sont les sucettes au sang...

Je pense que Rogue est l'un des rares personnages ambigus du livre. Il a commis des méfaits, il a été Mangemort, mais il a trahi Voldemort pour aller du côté de Dumbledore. Il n'est donc ni bon, ni méchant, parce que tous les « gentils » sont *très* gentils (Harry, Dumbledore...), et tous les « méchants » *très* méchants

(Voldemort, les Mangemorts...). Il est certain que Rogue aura de l'importance dans les prochains tomes : j'ai hâte d'en savoir plus !

Voldemort et Harry de la même famille ? Cela ne rappelle-t-il pas un peu *Star Wars* ? Leurs baguettes magiques sont jumelles, mais ce n'est pas une raison. Franchement, je ne sais pas.

Je souhaiterais tant que J. K. Rowling écrive plus rapidement la suite de l'histoire, tout en ne bâclant rien !

Céline, 30 ans
« *On voit le monde différemment* »

Je travaille dans une bibliothèque et ce sont les enfants, il y a un peu plus d'un an, qui m'ont parlé de *Harry Potter*. J'ai dévoré les quatre tomes dès le début. Je ralentissais ma lecture pour mieux savourer et, toute la journée, je ne pensais que : « Harry Potter, Harry Potter, Harry Potter » ! Son monde est fabuleux. J'arrive parfaitement à l'imaginer dans ses moindres détails. J'aime l'idée qu'il pourrait être réel.

Le style narratif de J. K. Rowling est extraordinaire. L'intrigue de ses livres est captivante, ses personnages sont attachants et il est facile de s'identifier à eux. L'univers dans lequel ils évoluent est exceptionnellement riche en détails : une monnaie, des bonbons, des boissons, des animaux fantastiques, des jeux, le Quidditch, le château de Poudlard et ses mille escaliers mobiles, des tableaux animés, des fantômes... la magie ! On est transporté dans l'univers de Harry qui ne nous quitte plus, et on voit le monde différemment.

À mon avis, le seul inconvénient, c'est, à partir du deuxième tome, la présence d'un résumé inutile des précédents volumes. Si tous les lecteurs débutaient par le tome 1 et lisaient *Harry Potter* dans le bon ordre, J. K. Rowling pourrait nous en dispenser !

Harry Potter plaît à un grand nombre de personnes : les plus jeunes se retrouvent dans certains personnages, les adultes se rappellent leur jeunesse et tous rêvent à cent à l'heure !

J'ai pris un énorme plaisir à lire chacun des livres, et chaque fois que je m'y replonge, c'est avec encore plus d'enthousiasme. Je crois que *Harry Potter et la Coupe de Feu* est mon volume préféré. C'est celui qui m'a fait le plus frissonner : tout au long du livre, je sentais qu'il se tramait une chose terrible ! La montée de l'angoisse est également très bien ménagée dans *Harry Potter et le prisonnier d'Azkaban*.

> **Je ne sais pas vraiment... C'est intrigant, on a envie de connaître ce qui va se passer... En plus, c'est bien écrit, même très bien !**

Tous les moments où Harry rencontre Voldemort m'ont captivée. Ils ont une intensité particulière... Les chapitres trente-deux et trente-trois du tome 4 m'ont particulièrement marquée : Cédric Diggory est assassiné, et Lord Voldemort renaît ! Le Seigneur des Ténèbres lance le sortilège Doloris sur Harry et lui demande de le combattre. À cet instant de ma lecture, je me souviens avoir refermé mon livre. J'avais besoin de faire une pause, de réfléchir à tout ce qui venait de se passer... Et zut, c'est bientôt la fin du livre !

J'aime aussi les passages où Harry découvre l'histoire de sa famille ; ce sont toujours des moments forts.

Mon personnage favori n'est autre que Harry Potter. Je me sens proche de lui car je le vois grandir et affronter les épreuves de la vie. J'aime comme il tient tête à ses ennemis. Il fait aussi preuve d'une grande amitié pour Ron, Hermione et Hagrid, et a beaucoup d'admiration pour Dumbledore. Sa chouette Hedwige est magnifique, toute blanche... Elle aide Harry à envoyer ses messages, elle est comme une alliée. Les licornes et Fumseck le phénix, en eux-mêmes, me fascinent ! J'imagine les phénix semblables à des cygnes, couleur feu, avec des yeux magnifiques. J'ai l'impression que je les connais parfaitement bien.

Je hais Gilderoy Lockhart. Tout en lui m'énerve : son physique, son sourire, ses photos, ses discours hypocrites et prétentieux, ses accolades avec Harry... Il est trop vaniteux et m'agace sérieusement !

Parmi les animaux, j'ai horreur de Miss Teigne, qui porte bien son nom ! Elle annonce toujours son maître Rusard !

J'aime la sonorité du mot « Fourchelang », qui désigne la langue des serpents... Harry et Voldemort la parlent tous deux... mais sont-ils pour autant descendants de Serpentard ? Je ne le pense pas. Cependant, le passé de Harry et celui de Voldemort sont sans doute liés. Lorsque Harry contemple le Miroir du Riséd, dans le tome 1, il voit sa famille sur plusieurs générations, et Voldemort ne figure pas parmi elle. Un phénomène étrange s'est produit lors de leur première rencontre. En conséquence, la baguette qui a choisi Harry a été fabriquée avec une plume du même phénix que celle de Voldemort... De quoi nous laisser perplexes ! N'oublions pas un dernier élément : Dumbledore semble réagir curieusement lorsque, dans le volume 4, Harry lui raconte que Queudver s'est servi de son sang pour ressusciter son maître Voldemort.

Mon objet favori est la baguette magique. C'est l'objet magique par excellence, indispensable même aux grands sorciers. Je serais très fière qu'une baguette

> **C'est passionnant ! Il y a de l'action, c'est formidable !**

magique me choisisse pour partenaire. J'aimerais être sorcière et avoir la possibilité de jeter tous les sorts qui me plaisent, grâce à ma baguette.

J'adorerais jouer au Quidditch, voler sur un balai et être la meilleure Attrapeuse de tous les temps ! Le Quidditch est un mélange de nombreux types de sports moldus : le basket-ball, le rugby, le base-ball, et même le handball. J'apprécie ce jeu pour sa rapidité, pour l'ambiance qui règne sur le stade lors des matches...

Audrey, 13 ans
« Un monde où l'on réalise ses rêves les plus chers »

J'ai découvert *Harry Potter* en octobre 2000, par hasard, en lisant une revue qui vantait les mérites du livre. J'ai voulu le lire et j'ai tout de suite adoré. J'ai lu les quatre tomes parus à ce jour et j'ai bien l'intention de lire les trois suivants.

J'adore tout ce qui est magique et irréel.

Harry Potter est l'un des meilleurs livres que j'aie jamais lus : les personnages sont passionnants, étonnants, avec un caractère bien à eux. L'histoire est merveilleuse, fantastique, truffée d'humour, d'anecdotes et de suspense : des ingrédients essentiels pour un bon livre ! L'aventure se déroule dans le monde des sorciers : on y réalise ses rêves les plus chers... Qui n'aurait envie de posséder une cape d'invisibilité ou une baguette magique ?

Harry Potter et la Coupe de Feu est sans doute mon tome préféré, celui où interviennent le plus grand nombre de rebondissements...

Mes passages favoris : quand Ron et Harry deviennent amis avec Hermione (au début, ils ne l'aimaient pas beaucoup). C'est touchant de voir comme ils sont proches à présent ; ne forment-ils pas une bonne équipe ? J'ai aimé le moment où Harry coiffe le Choixpeau magique. Le suspense et l'étonnement ont duré jusqu'à ce que Harry ait été désigné pour aller chez les Gryffondor. La tristesse des amis d'Hermione, lorsqu'elle a été pétrifiée par le Roi des Serpents, m'a touchée, et j'ai admiré son ingéniosité pour avoir cependant découvert l'existence du Basilic.

Quand Harry a tout appris sur Sirius à la fin du troisième tome, j'ai été très heureuse de savoir que ce dernier était son parrain et le meilleur ami de James Potter.

Enfin, lorsqu'à l'issue du quatrième tome Harry assiste à la résurrection de Voldemort, il fait preuve de courage pour rapporter le corps de Cédric Diggory, et Dumbledore réunit tout le monde. C'est une fin merveilleuse qui m'a profondément marquée.

Mon personnage préféré est Harry, bien sûr ! Son courage et son dévouement sont merveilleux. Celui que j'aime le moins, ce n'est pas Rogue, mais ce cher Drago Malefoy. Je ne peux tout simplement pas le supporter !

J'adore Fumseck. Il a sauvé Harry dans le deuxième tome, mais aussi – indirectement – à la fin du quatrième, du fait que l'une de ses plumes se trouve dans la baguette de Harry et une autre dans celle de Voldemort. Selon moi, Fumseck sera toujours l'ange gardien de Harry.

L'animal que je déteste le plus est Nagini, le serpent de Voldemort, qui est en quelque sorte l'un de ses plus fidèles serviteurs.

Le maléfice du Jambencoton me plairait assez, c'est très pratique pour faire de bonnes blagues, mais aussi pour se défendre !

Parmi les friandises, j'ai une petite préférence pour les Dragées surprises de Bertie Crochue. Si elles existaient vraiment, je m'en servirais pour faire des blagues aux autres ! J'aime aussi beaucoup les Pralines Longue Langue conçues par Fred et George Weasley. J'aimerais bien boire une Bièraubeurre ; ça a l'air délicieux ! En revanche, je n'ai pas vraiment envie d'essayer les crèmes Canari des jumeaux Weasley...

J'apprécie le Quidditch : ce serait sûrement l'un de mes plus beaux rêves que de pouvoir y jouer, plutôt en tant que Poursuiveuse. Ce sport me fait penser au baseball car on trouve dans ce sport moldu l'équivalent des Attrapeurs et des Batteurs.

Même si je trouve Rogue injuste envers Harry, il est, je pense, plutôt bon. Dumbledore a confiance en lui, donc moi aussi. Rogue a dû aider Dumbledore à lutter contre Voldemort. Il le fera certainement de nouveau dans le cinquième tome.

Les produits dérivés permettent de faire de l'argent, mais, d'un autre côté, ils assurent la publicité de *Harry Potter*, ce qui est une bonne chose pour faire connaître les livres. En fin de compte, je suis *pour*. J'ai acheté des produits dérivés pour montrer aux autres que j'adore *Harry Potter*, et ça a incité quelqu'un à le lire. Aujourd'hui, il me remercie !

Peut-être serait-il souhaitable que les Moldus et les sorciers s'entendent bien et cohabitent en s'entraidant, mais ce serait probablement aussi moins amusant.

Mathilde, 16 ans
« C'est vraiment un livre universel »

C'est mon petit frère qui m'a permis de découvrir *Harry Potter*, en juin 2001. Avant que Harry n'entre à l'école Poudlard, quand il habitait encore chez les

Dursley, je n'étais pas passionnée par l'histoire et j'avais du mal à accrocher. Aucune explication concrète n'était apportée, et je n'arrivais pas à comprendre tous les phénomènes étranges qui survenaient chez Harry. Il faut dire que cela faisait très longtemps que je n'avais pas lu un livre dit « pour enfants », un livre de magie, proche du conte... Je m'étais trop habituée aux Balzac et autres grands classiques de la littérature !

Harry Potter n'avait rien à voir... J'ai découvert un environnement vraiment magique, je me suis réellement attachée non seulement au héros, mais aussi à chacun des personnages. On peut les percevoir au premier degré, comme « méchants » ou « gentils », ou alors creuser davantage leur caractère et analyser leur psychologie.

> J'aime *Harry Potter* car c'est super envoûtant. On commence à lire et l'on ne peut plus en sortir ! Il est super, ce livre ! J'adore !

Si tout le monde aime, je pense que c'est parce que J. K. Rowling a su inventer une histoire compréhensible par les enfants et en même temps intéressante pour les adultes... Le vocabulaire n'est pas limité comme dans les livres pour enfants, et l'auteur ne prend pas ses lecteurs pour des imbéciles. De sorte que les enfants et les adultes peuvent discuter ensemble d'un même livre, ce qui est quand même assez rare.

Les livres qui traitent de magie ou de fées mettent souvent en scène des personnages profondément méchants qui sont toujours vaincus à la fin, ou profondément gentils qui triomphent toujours du mal. Dans *Harry Potter*, ça change un peu, il y a des règles, une hiérarchie et un ministère de la Magie... On a vraiment l'impression d'être plongés dans un monde très bien organisé, qui pourrait exister. C'est certes un univers différent du nôtre, mais dans lequel existent aussi la corruption, l'exclusion, l'amitié, l'amour... Ce parallèle avec notre vie est nécessaire pour susciter l'intérêt.

J'ai nettement préféré les troisième et quatrième volets. Je m'étais déjà familiarisée avec les personnages au cours de ma lecture des précédents tomes, et je pouvais commencer à appréhender leurs réactions face à certaines situations ou lors de confrontations à d'autres personnages. Les volumes 3 et 4 sont aussi plus sombres, plus adultes. Aussi le cinquième, que j'attends avec empressement, devrait être encore meilleur ! Je pense que les deux premiers tomes sont plus des livres « pour enfants », alors que le quatrième s'adresse davantage à des gens de mon âge...

> **Je dévore *Harry Potter* pour son originalité, l'humour et l'aspect très prenant de l'histoire. L'essayer, c'est l'adopter !**

L'ennui, c'est que les adultes n'ont pas toujours le courage de lire *Harry Potter* jusqu'au quatrième tome !

Dans *Harry Potter et la Coupe de Feu*, on devine que l'on va avoir droit à un affrontement entre Harry et Voldemort et que le Seigneur des Ténèbres va retrouver de la puissance. Tandis que dans *Harry Potter et le prisonnier d'Azkaban*, je ne me doutais pas que Croûtard était un Animagus, que Sirius Black pouvait être innocent... Je crois que l'intrigue du tome 3 est celle qui m'a le plus séduite, parce qu'elle est imprévisible. C'est cela, le « plus » de *Harry Potter* ! Le tome 3 fait aussi le point sur les précédents, il récapitule qui sont les adjuvants et les opposants, et le lecteur se prépare à affronter le quatrième tome, sans perdre de vue que Voldemort va ressurgir.

J'ai offert *Le Quidditch à travers les âges* à mon petit frère et *Les Animaux fantastiques* à ma petite sœur. J'ai apprécié les commentaires de Harry Potter qui donnent une vie aux animaux fantastiques. Et surtout, c'est très généreux de vendre ces livres pour une bonne cause.

L'univers des sorciers reste le même d'un tome à l'autre, mais je trouve malgré tout des différences entre chaque volume. On ne s'ennuie pas lorsqu'on lit une nouvelle aventure de Harry Potter parce que l'on découvre des aspects différents des personnages, on en apprend davantage sur le passé de Harry... Il y a une nette évolution. J'ai dévoré les quatre tomes à la suite, et j'ai vraiment eu l'impression de voir grandir Harry.

L'auteur a choisi de ne pas mettre en scène un sorcier qui connaissait déjà tout de son univers, si bien que, dans le premier tome, nous découvrons le monde des sorciers en même temps que Harry Potter... Celui-ci pose parfois des questions auxquelles je me demandais moi-même quelles étaient les réponses ! Ainsi, une complicité s'établit entre le lecteur et Harry.

Dans *Harry Potter et la Coupe de Feu*, les tâches du Tournoi des Trois Sorciers m'ont captivée, particulièrement celle où Harry est confronté à un dragon. J'ai parfaitement ressenti ses émotions, j'étais envoûtée. J'aime beaucoup tous les matches de Quidditch, et j'étais très contente que les Gryffondor remportent une victoire mémorable contre les Serpentard.

Lorsque Harry rend sa liberté à Dobby en faisant en sorte que son maître lui donne un vêtement est aussi un moment fort. C'est une belle preuve d'amitié.

J'aime beaucoup Ron. Sa famille est sorcière depuis des générations, mais il a eu la gentillesse d'expliquer calmement à Harry tout ce qu'il ne connaissait pas. Le professeur Lupin, également, est bienveillant envers Harry ; il s'est bien occupé de lui dans le tome 3 où il joue par ailleurs un rôle crucial...

J'aime aussi le personnage de Vous-Savez-Qui car il donne une vie au roman. Hermione est une amie fidèle, même si elle éprouve parfois des difficultés à partager le point de vue de Harry et Ron, à cause de son souci de respecter le règlement. Ron et Hermione sont de bons amis qui s'inquiètent l'un de l'autre ; à mon avis, ils vont tomber amoureux !

Je déteste le père de Drago Malefoy, Lucius, parce qu'il est très hypocrite et a essayé de corrompre le conseil d'administration du collège Poudlard dans le tome 2. Et puis, il a une dent contre Dumbledore. Je pense que Drago Malefoy n'est pas profondément méchant, contrairement à son père Lucius, et qu'il est encore rattrapable car il ne fait pour l'instant que des plaisanteries douteuses ou de mauvais goût... Il pourrait même devenir ami avec Harry dans les prochains tomes.

> J'aime car je trouve que les livres sont super et, lorsqu'on lit les *Harry Potter*, on a vraiment l'impression d'être dans le même monde que le héros. J'adore aussi ces livres car la fin est toujours surprenante et les aventures rocambolesques.

Selon moi, le professeur Rogue est bon au fond de lui, mais c'est son passé de Mangemort qui lui a donné mauvais caractère.

J'apprécie Crockdur parce qu'il est affectueux, et très fidèle envers son maître, Hagrid. J'aime les hippogriffes et particulièrement Buck. C'est un animal majestueux et fier, et aussi très attentionné, à l'égard de Sirius Black notamment, qu'il aide à s'évader à la fin de *Harry Potter et le prisonnier d'Azkaban*.

Bien sûr, je n'aime pas le Basilic, mais c'est une créature assez fascinante. Je connaissais déjà sa légende dans la mythologie...

Enfin, je n'aime pas vraiment Aragog, parce qu'elle cache son jeu : elle est amie avec Hagrid, mais ses instincts carnivores l'appellent à manger des humains...

Le mot « moldu » m'attire : il dénote un certain dédain envers les gens qui n'ont pas de pouvoir magique. « Moldu », pour moi, c'est placide... Ils sont gentillets, les

Moldus, mais ils ne comprennent pas très bien le monde qui les entoure. Cependant, j'ai remarqué que les sorciers emploient toujours ce mot avec respect. Les Moldus sont pour eux comme un peuple à part.

Dans le Quidditch – que j'aime beaucoup –, J. K. Rowling a réutilisé le vieux cliché de la sorcière sur son balai, tout en le modernisant pour créer un sport nouveau, mélange de base-ball et de basket-ball. J'aimerais jouer au Quidditch, en tant qu'Attrapeuse bien entendu, car se promener dans les airs en quête du Vif d'or demande de l'attention, du réflexe, de la vitesse... C'est très excitant.

Le sortilège de Désarmement, « *Expelliarmus* », est très pratique ; j'aimerais bien le jeter si j'étais sorcière. D'un seul geste, je pourrais désarmer un adversaire ! J'inventerais bien un sort pour faire rire, pour rendre le sourire aux gens malheureux ou pour les consoler... J'aime bien aussi les terribles Sortilèges Impardonnables !

> **Grâce à ces livres, on peut plonger dans un univers absolument génial. Ce que je préfère, ce sont tous les détails que donne l'auteur et la manière dont elle exploite l'univers dans lequel évolue Harry.**

J'ai mangé des Dragées surprises de Bertie Crochue, mais elles n'avaient malheureusement rien à voir avec celles du livre... Je suis tombée d'ailleurs sur un goût de navet : c'était plutôt écœurant ! Je préférerais goûter à de véritables Dragées, parfum cire d'oreille ou jus de poubelle. Et aussi aux Chocogrenouilles, pour collectionner les images des sorciers qui les accompagnent. Les sucettes au sang ne me diraient rien... Je n'aimerais pas non plus manger des Gnomes au poivre.

Je trouve les produits dérivés très laids. Même les petites figurines « Harry Potter » sont abominables. Si au moins elles étaient ressemblantes, je n'aurais rien contre le fait d'en avoir une sur mon bureau. Cependant, ce serait le seul objet qui m'attirerait : les peluches, les brosses à dents, les tee-shirts, c'est dommage que tout cela existe... Je suis plutôt *contre* les produits dérivés. Ils effacent toute la magie de *Harry Potter*, rappellent le côté commercial qui me déplaît. On en fait beaucoup trop de battage médiatique. Mais je ne pense pas qu'ils empêchent les lecteurs de se représenter l'histoire. Ils peuvent au contraire les aider à ancrer leur imagination... Ma petite sœur m'a confié : « Moi, maintenant, je vois les personnages dans ma tête » grâce aux produits dérivés.

> Ce sont des aventures riches en rebondissements, pleines de suspense et d'humour. L'atmosphère de l'école et les relations entre les élèves me rappellent de nombreux souvenirs. Je trouve que ce sont des livres formidables, parmi les meilleurs que j'aie lus... et je lis beaucoup !

Je pense que le film *Harry Potter* est une bonne idée pour encourager à lire les romans.

Si j'avais un détail à changer dans l'œuvre de Rowling, j'aurais aimé que l'on ne retrouve pas le corps mort de l'un des deux parents de Harry, et que celui-ci ressurgisse dans le sixième ou le septième tome alors que tout le monde le croyait disparu. Mais c'est peut-être ce qui va se produire ?

J'aurais bien aimé connaître exactement pourquoi Harry n'a pas été touché par le sortilège de Voldemort. C'est quand même la principale question qui demeure. Tout le monde se la pose ! Je voudrais savoir comment un enfant assez banal a pu survivre, uniquement grâce à l'amour de sa mère...

Je pense que Harry et Voldemort ont des gènes en commun. D'abord, ils parlent tous deux Fourchelang, ils se ressemblent physiquement, leurs deux baguettes s'assemblent... En tous cas, familial ou non, ils ont un lien.

Je retiens de *Harry Potter* qu'il constitue vraiment un livre universel, que l'on peut lire à tout âge. Quand je me plonge dans l'univers des sorciers, je pénètre dans un monde à part entière, et j'adore cela.

Et vous...
Quels sont vos goûts ?

Quels sont les personnages favoris des lecteurs de *Harry Potter* dont vous venez de lire les interviews ? ceux qu'ils aiment le moins ? à quels sports le Quidditch leur fait-il penser ?

Vous pourrez répondre vous-même aux questions et ainsi constater où vous vous situez par rapport aux interviewés...

COMMENT AVEZ-VOUS DÉCOUVERT *HARRY POTTER* ?

Par un membre de ma famille	31 %
Par un ami/un correspondant (sur Internet...)	21,4 %
Par un article de presse	11,9 %
À la bibliothèque/la médiathèque/au C.D.I.	9,5 %
Je suis tombé(e) dessus dans une librairie	7,1 %
C'est un cadeau que l'on m'a offert	7,1 %
À l'école (sur les conseils de mon instituteur...)	4,8 %
Par les médias (télévision, radio...)	4,8 %
Par l'Internet	2,4 %

On peut regrouper ces résultats en trois catégories : le bouche-à-oreille, le battage médiatique et le « hasard ». On s'aperçoit que le bouche-à-oreille englobe presque

60 % des réponses, contre seulement un peu moins de 20 % pour la publicité. Ce qui laisse à penser que le succès de *Harry Potter* n'est pas entièrement dû au matraquage publicitaire. Rappelons toutefois que la plupart des lecteurs interrogés ont connu *Harry Potter* avant son apothéose médiatique. On remarque que de nombreux lecteurs avouent s'être laissé tenter par *Harry Potter* car toute leur famille l'avait déjà lu. Certains adultes ont également décidé de découvrir cette histoire, intrigués par l'engouement que leurs enfants lui portaient.

Quel est votre personnage préféré ?

Harry Potter	27,4 %
Ron Weasley	15,7 %
Hermione Granger	15,7 %
Sirius Black	7,8 %
Minerva McGonagall	7,8 %
Severus Rogue	5,8 %
Remus Lupin	3,9 %
Hagrid	3,9 %
Albus Dumbledore	2 %
Neville Londubat	2 %
Barty Croupton	2 %
Ludo Verpey	2 %
Charlie Weasley	2 %
Fred et George Weasley	2 %

Harry Potter, le héros, est « obligatoirement » – comme ils disent – le personnage préféré des fans. Ron et Hermione, ses deux meilleurs amis, qui nous sont présentés à part égale et pour lesquels ni l'auteur ni Harry n'exprime de préférence, obtiennent curieusement tous les deux 15,7 % et arrivent en seconde place. Tous les « pères de substitution » de Harry Potter figurent aussi

ET VOUS... QUELS SONT VOS GOÛTS ?

parmi les personnages favoris : Lupin, Black, Dumbledore, Hagrid... Les farceurs apprécient les jumeaux Weasley ! Enfin, on observe que le professeur Rogue, pourtant présenté comme cruel, arrive en sixième position : il s'agit là de lecteurs qui aiment les personnages complexes et équivoques...

⚡ Quels personnages détestez-vous ?

Drago Malefoy	25,5 %
Voldemort	18,6 %
Crabbe et Goyle	9,3 %
Severus Rogue	7 %
Lucius Malefoy	7 %
Gilderoy Lockhart	4,7 %
Ron Weasley	4,7 %
Les Détraqueurs	4,7 %
Les Mangemorts	4,7 %
Peter Pettigrow (Queudver)	2,3 %
Quirrell	2,3 %
Argus Rusard	2,3 %
Colin Crivey	2,3 %
La famille Dursley	2,3 %
Dudley Dursley	2,3 %

Voldemort est incontestablement mauvais : les lecteurs n'ont pas le choix de l'aimer ou non. Aussi figure-t-il dans le peloton de tête des personnages détestés. Pourtant, il est détrôné par Drago Malefoy, qui a davantage la faculté d'agacer les lecteurs, sans doute parce qu'il vit au collège Poudlard directement au côté de Harry, qu'il est l'un de ses pairs, et parce qu'il n'est pas le véritable « méchant » de l'histoire. Ses deux auxiliaires, Crabbe et Goyle, sont eux aussi fort peu appréciés car ils ne sont que des figurants extrêmement manipulables. Quirrell, Pettigrow et

Maugrey/Croupton, bien qu'ils soient les trois principaux opposants des romans – outre Voldemort –, ne sont pas les personnages les plus détestés : le lecteur ne s'aperçoit de leur félonie qu'à la fin de chaque tome et n'a donc pas le temps de s'habituer à cette idée. De plus, Quirrell semble fade ; il apparaît peu dans le tome 1 et les lecteurs se désintéressent de lui. Ils se méfient davantage du professeur Rogue, puisque Harry, Ron et Hermione le croient coupable. Rogue arrive d'ailleurs en quatrième place des personnages les moins appréciés. Ron Weasley, toujours dans l'ombre de ses frères ou de ses camarades, paraît pitoyable à certains, ce qui le rend antipathique. Quant à Lockhart, professeur de défense contre les forces du Mal dans le tome 2, son caractère prétentieux, hypocrite, superficiel et égocentrique le rend insupportable aux yeux des lecteurs.

QUELS CRÉATURES OU ANIMAUX MAGIQUES PRÉFÉREZ-VOUS ?

Fumseck, le phénix de Dumbledore	18,2 %
Hedwige, la chouette de Harry	18,2 %
Les hiboux et les chouettes	14,5 %
Pattenrond, le chat d'Hermione	9,1 %
Buck l'hippogriffe	7,3 %
Coquecigrue, le hibou de Ron	7,3 %
Les phénix	5,5 %
Crockdur, le chien de Hagrid	5,5 %
Les licornes	3,6 %
Croûtard, le rat de Ron	3,6 %
Les hippogriffes	1,8 %
Les dragons	1,8 %
Les serpents	1,8 %
Norbert, le dragon de Hagrid	1,8 %

ET VOUS... QUELS SONT VOS GOÛTS ?

Quels créatures ou animaux magiques détestez-vous ?

Croûtard, le rat de Ron	27,6 %
Le Basilic, Roi des Serpents	13,8 %
Nagini, le serpent de Voldemort	10,4 %
Aragog, l'araignée géante	10,4 %
Les serpents	6,9 %
Les araignées	6,9 %
Touffu, le chien tricéphale	6,9 %
Pattenrond, le chat d'Hermione	6,9 %
Miss Teigne, la chatte de Rusard	3,4 %
Les Scroutts à pétard	3,4 %
Les rats	3,4 %

Quel tome de *Harry Potter* avez-vous préféré ?

Tome 4 : *Harry Potter et la Coupe de Feu*	41,7 %
Tome 3 : *Harry Potter et le prisonnier d'Azkaban*	27,1 %
Tome 1 : *Harry Potter à l'école des sorciers*	16,7 %
Pas de préférence	8,3 %
Tome 2 : *Harry Potter et la Chambre des Secrets*	6,2 %

Le tome 1 est celui qui a permis aux lecteurs de découvrir *Harry Potter*. Le troisième et le quatrième sont généralement leurs préférés car ils y trouvent une intrigue plus sombre, des rebondissements, des personnages qui évoluent. Certains lecteurs n'ont cependant pas de préférence. Pour eux, *Harry Potter* est un tout : les quatre tomes constituent une même histoire et sont indissociables. Peu de lecteurs favorisent le tome 2, sans doute parce qu'il leur paraît superflu. En effet, il n'est ni le pilier central de la « saga », ni le tome qui les a fait entrer dans l'aventure. De plus, son intrigue ne fait pas beaucoup progresser l'histoire, bien qu'elle apporte des éléments nouveaux sur le passé de Harry Potter.

Si vous étiez sorcier ou sorcière, quels sorts préféreriez-vous lancer, ou de quels pouvoirs magiques souhaiteriez-vous disposer ?

Accio	24 %
Autres sortilèges, non existant dans *Harry Potter*	15,2 %
Métamorphose/transformation	10,9 %
Expelliarmus	4,3 %
Impero	4,3 %
Stupéfix	4,3 %
Petrificus Totalus	4,3 %
Spero Patronum	4,3 %
Wingardium Leviosa	4,3 %
Transplanage	4,3 %
Incendio	2,2 %
Alohomora	2,2 %
Avada Kedavra	2,2 %
Lumos	2,2 %
Tarentallegra	2,2 %
Rictusempra	2,2 %
Riddikulus	2,2 %
Maléfice du Jambencoton	2,2 %
Sortilèges Impardonnables	2,2 %

ET VOUS... QUELS SONT VOS GOÛTS ?

⚡ **PARMI LES FRIANDISES, LES BOISSONS ET LA NOURRITURE DES SORCIERS, À QUOI AIMERIEZ-VOUS GOÛTER**[☆] **?**

Aux Chocogrenouilles	43,9 %
À la Bièraubeurre	26,9 %
Aux Dragées surprises de Bertie Crochue	14,7 %
Aux Fizwizbiz	7,3 %
Aux Pralines Longue Langue	2,4 %
Aux Gnomes au poivre	2,4 %
Au chocolat de chez Honeydukes	2,4 %

⚡

⚡ **PARMI LES FRIANDISES, LES BOISSONS ET LA NOURRITURE DES SORCIERS, À QUOI DÉTESTERIEZ-VOUS GOÛTER**[✪] **?**

Aux Dragées surprises de Bertie Crochue	53,5 %
Aux Pralines Longue Langue	14,3 %
Aux sucettes au sang	10,7 %
Aux Gnomes au poivre	7,1 %
Aux souris glacées	3,6 %
Aux pâtes de menthe en forme de crapaud	3,6 %
Aux crèmes Canari	3,6 %
À la cuisine de Hagrid	3,6 %

⚡

☆ Ne sont pas pris en compte les lecteurs qui disent vouloir goûter à toutes les friandises.

✪ Ne sont pas pris en compte les lecteurs qui disent ne vouloir goûter à aucune des friandises. J. K. Rowling a déjà répondu à cette question : « Je les mangerais presque toutes [*les Dragées surprises de Bertie Crochue*], excepté celles au goût de tripes ! »

ÊTES-VOUS PLUTÔT FAVORABLE OU DÉFAVORABLE AUX PRODUITS DÉRIVÉS DE *HARRY POTTER* ?

Je suis plutôt défavorable	52,8 %
Indifférent, avis partagé ou neutre	25 %
Je suis plutôt favorable	22,2 %

ÊTES-VOUS PLUTÔT FAVORABLE OU DÉFAVORABLE AU FILM ADAPTÉ DE *HARRY POTTER* ?

Je suis plutôt favorable	70,8 %
Je suis plutôt défavorable	16,7 %
Indifférent, avis partagé ou neutre	12,5 %

SELON VOUS, LE PROFESSEUR ROGUE EST-IL UN « BON » OU UN « MÉCHANT » ?

Il est plutôt bon	62,2 %
Il n'est ni bon ni méchant/il est à la fois bon et méchant	24,3 %
Il est plutôt méchant	13,5 %

Rares sont les lecteurs qui apprécient le professeur Rogue, et pourtant, la grande majorité considère qu'il est fondamentalement gentil et que sa méchanceté n'est que de façade. Étonnant !

ET VOUS... QUELS SONT VOS GOÛTS ?

À VOTRE AVIS, HARRY POTTER ET VOLDEMORT SONT-ILS DE LA MÊME FAMILLE OU, À DÉFAUT, ONT-ILS UN LIEN QUELCONQUE ?

Je ne pense pas/c'est impossible	45,2 %
Je pense/c'est possible	41,9 %
Je ne sais pas, j'hésite	12,9 %

Les avis sont très partagés. Si certains lecteurs sont catégoriques, d'autres émettent plus de réserves quant à une éventuelle parenté entre Harry et le mage noir. Les lecteurs jugeant qu'ils ne peuvent pas être de la même famille avancent généralement pour explication la transmission des pouvoirs de Voldemort sur Harry lorsque le mage noir a essayé de supprimer ce dernier. Quelques lecteurs suggèrent un « lien psychique »... En tout cas, J. K. Rowling est réellement parvenue à semer le doute dans les esprits !

AIMEZ-VOUS LE QUIDDITCH ?

Oui	87,5 %
Non, pas vraiment	10 %
Sans plus	2,5 %

SOUHAITERIEZ-VOUS JOUER AU QUIDDITCH ?

Oui	75 %
Non	25 %

Les rares lecteurs n'appréciant pas le Quidditch, cela va de soi, ne voudraient pas le pratiquer. Parmi ceux qui aiment ce sport, certains le trouvent néanmoins trop violent et n'auraient pas envie d'y jouer. D'autres se disent trop vieux, peu sportifs, pas doués pour les sports d'équipe, ou encore prétendent avoir peur du vide, des Cognards, de tomber de leur balai, etc. Enfin, certains semblent arrêtés par l'esprit de compétition.

Quel sport moldu le Quidditch vous évoque-t-il ?

Le base-ball	27,5 %
Le basket-ball	23,2 %
Le football	17,4 %
Le rugby	10,1 %
Le hockey	5,8 %
Le handball	4,3 %
Le voley-ball	2,9 %
Le polo	2,9 %
Aucun sport, il est unique !	2,9 %
Le cricket	1,5 %
Le horse-ball	1,5 %

Les Batteurs de Quidditch ne sont pas sans rappeler ceux du base-ball. Le football est comparable au Quidditch pour le vif succès que les deux sports remportent respectivement dans le monde des sorciers et dans celui des Moldus, mais aussi pour le poste commun de gardien. Mais le Quidditch évoque moult autres sports aux lecteurs de *Harry Potter*, ce qui le rend finalement unique ! Pourtant, J. K. Rowling déclare : « Le sport moldu auquel il ressemble le plus est le basket-ball, qui est probablement le sport que j'aime le plus regarder. »

ET VOUS… QUELS SONT VOS GOÛTS ?

DANS LE MONDE DE HARRY POTTER, IL EXISTE DE NOMBREUX OBJETS ET MOTS SORCIERS. AVEZ-VOUS UNE PRÉFÉRENCE POUR L'UN D'ENTRE EUX* ?

La baguette magique	15,4 %
L'Éclair de feu	10,3 %
Le Miroir du Risèd	7,7 %
La Pensine	5 %
« Quidditch »	5 %
Le Vif d'or	5 %
Les balais volants	5 %
« Moldus »	5 %
Les Multiplettes	2,6 %
Les Beuglantes	2,6 %
« Poudre de Cheminette »	2,6 %
Le Scrutoscope de poche	2,6 %
La Pierre philosophale	2,6 %
« Scroutt à pétard »	2,6 %
« Pré-au-Lard »	2,6 %
Les Animagi	2,6 %
« Cognard »	2,6 %
La cape d'invisibilité	2,6 %
La Glace à l'Ennemi	2,6 %
La carte du Maraudeur	2,6 %
« Chocogrenouille »	2,6 %
Les farces et attrapes	2,6 %
« Poudlard Express »	2,6 %
Le portrait de la grosse dame	2,6 %

* Les expressions entre guillemets désignent les *noms* sorciers, appréciés par les lecteurs pour leur sonorité, tandis que celles précédées d'un article sont les *objets*.

À QUEL POSTE PRÉFÉRERIEZ-VOUS JOUER AU QUIDDITCH ?

Attrapeur	39,5 %
Poursuiveur	26,3 %
Batteur	23,7 %
Gardien	7,9 %
À aucun des quatre : je voudrais être arbitre !	2,6 %

La carte d'identité
de Harry Potter

NOM :	POTTER
PRÉNOM :	HARRY
ÂGE :	14 ans dans *Harry Potter et la Coupe de Feu*
DATE DE NAISSANCE :	31 juillet 1980
ADRESSE :	4, Privet Drive, Little Whinging - Surrey - Angleterre
SIGNES PARTICULIERS :	Sorcier. Parle Fourchelang. Cicatrice en forme d'éclair sur le front
MÈRE :	Lily POTTER
PÈRE :	James POTTER
SITUATION FAMILIALE :	Orphelin
RESPONSABLES LÉGAUX :	Vernon & Pétunia DURSLEY
PARRAIN :	Sirius Black
PROFESSION :	Étudiant
MAISON AU COLLÈGE POUDLARD :	Gryffondor
CLASSE :	Quatrième année d'études dans *Harry Potter et la Coupe de Feu*
MEILLEURS AMIS :	Hermione Granger et Ron Weasley
PIRE ENNEMI :	Lord VOLDEMORT
ANIMAUX FAMILIERS :	Une chouette, Hedwige

L'ÂGE DE HARRY POTTER

Harry Potter a dix ans dans le tome 1 et en aura dix-sept dans le septième… Mais les aventures de Harry sont racontées au passé ! Quel est donc le véritable âge de Harry Potter ?

Nous connaissons la date de décès de Nick Quasi-Sans-Tête : le 14 octobre 1492. Dans le deuxième volume de *Harry Potter*, ce fantôme fête le cinq centième anniversaire de sa propre mort… Or, 1492 + 500 = 1992. On peut donc en déduire que le récit du tome 2 se situe en 1992.

Reste à faire un calcul fort simple : Harry ayant douze ans dans le tome 2, donc le 31 juillet 1992, il aura **vingt-deux ans** le 31 juillet 2002 ! Harry est donc né en 1980.

De tout cela, on peut déduire que, au 31 juillet 2002, le récit du tome 1 est postérieur de onze ans aux faits relatés, celui du tome 2 de dix ans, et ainsi de suite.

La carte d'identité des livres[*]

Difficile de résumer l'intrigue de *Harry Potter* du début à la fin, d'autant plus que nombre d'aventures annexes viennent s'y greffer, par exemple celles des matches de Quidditch, qui occupent une bonne partie des romans. L'œuvre de J. K. Rowling est très complexe, et si chaque tome voit débuter une nouvelle aventure, elle n'est jamais sans rapport avec les précédentes. Tout est lié, et les informations sur le passé de Harry Potter sont distillées au compte-gouttes. Voici néanmoins un aperçu de l'intrigue principale de chacun des quatre tomes parus à ce jour, avec quelques courts détours par certaines aventures annexes.

---

[*] Voir aussi, dans la rubrique consacrée aux produits dérivés (p. 271), les deux livres *Les Animaux fantastiques* et *Le Quidditch à travers les âges*, tirés des livres *Harry Potter*…

AUTEUR :	J. K. Rowling
ÉDITEUR DE LA VERSION ORIGINALE :	Bloomsbury Publishing
ÉDITEUR DE LA VERSION FRANÇAISE :	Gallimard Jeunesse, coll. "Folio Junior"
TRADUCTEUR ANGLAIS/ FRANÇAIS :	Jean-François Ménard
ILLUSTRATIONS DE COUVERTURE* (VERSION FRANÇAISE) :	Jean-Claude Götting
ILLUSTRATIONS DE COUVERTURE (VERSION ORIGINALE) :	Thomas Taylor

⚡

1. *Harry Potter à l'école des sorciers*

TITRE ORIGINAL :	Harry Potter and the Philosopher's Stone (littéralement : Harry Potter et la Pierre philosophale)
DATE DE SORTIE EN VERSION ORIGINALE :	1997
DATE DE SORTIE EN FRANCE :	1998 (octobre)
NOMBRE DE PAGES EN VERSION FRANÇAISE (édition de poche) :	308
NOMBRE DE CHAPITRES :	17

Harry Potter est un orphelin élevé par Vernon et Pétunia Dursley, un oncle et une tante qui le détestent et le maltraitent. Il vit une existence horrible et sert de souffre-douleur à son énorme et méchant cousin Dudley. À titre d'exemple, il dort dans le placard sous

---

* On notera que *Harry Potter* est un livre non illustré, exceptée l'édition de mai 1999, dont chaque chapitre débute par un dessin d'Emily Walcker.

l'escalier... Pourquoi Vernon et Pétunia Dursley le haïssent-ils autant ? Pour le savoir, il faut remonter quelques années plus tôt...

Un jour, les Dursley trouvent à leur porte un bébé dans un tas de couvertures, accompagné d'un mot expliquant que le nourrisson est le neveu de Pétunia Dursley, se nomme Harry Potter, et que ses parents, Lily et James Potter, sont morts. Mais Pétunia, qui est une Moldue, c'est-à-dire une personne dépourvue de pouvoirs magiques, n'a jamais porté dans son cœur sa sœur Lily, qui était une sorcière. Les Dursley se jurent néanmoins de garder le secret de Harry (en effet, la plupart des Moldus ne connaissent pas l'existence des sorciers) et de ne jamais lui révéler ses origines. Ainsi, Pétunia reporte sa haine sur son neveu Harry.

Le jour de ses onze ans, Harry reçoit la visite du géant Hagrid. Il lui révèle tout sur son passé et lui annonce qu'il est temps de commencer ses études de sorcellerie au collège des sorciers de Poudlard, dirigé par le sage professeur Dumbledore. Les Dursley s'y opposent, mais Hagrid sait avoir raison d'eux et Harry se retrouve bientôt dans le Poudlard Express, train qui l'emmène au collège Poudlard...

Il est inscrit dans la maison des Gryffondor, celle des hardis et des courageux. Au programme : cours de métamorphose, de défense contre les forces du Mal, d'histoire de la magie, de potions, de botanique... Harry découvre aussi le Quidditch, un sport très en vogue chez les sorciers, qui se joue à cheval sur des balais volants. Il fait la connaissance de l'espiègle Ron Weasley et de la studieuse Hermione Granger, qui deviennent rapidement ses meilleurs amis. Comme tout ne peut être rose, il rencontre aussi Drago Malefoy, un élève cruel et sadique qui s'en prend à lui, le méchant professeur Rogue et l'infâme Rusard, le concierge du collège.

Mais Harry n'est pas un sorcier comme les autres... Ses parents, qui étaient très célèbres, n'ont pas trouvé la mort dans un accident de voiture, comme le prétendaient les Dursley : ils ont été assassinés par un terrible mage du nom de Voldemort, auquel Harry a pu échapper – comment, là réside tout le mystère. Harry n'a conservé en témoignage de cet événement tragique qu'une cicatrice sur le front, trace du mauvais sort lancé contre lui par Voldemort. Est-il pour autant débarrassé de ce mauvais mage ? La suite de l'histoire prouvera que non... Harry, Ron et Hermione vont devoir déjouer de nombreux sortilèges et affronter Voldemort. Ils découvriront que le « méchant » n'était pas celui qu'ils croyaient...

2. *Harry Potter et la Chambre des Secrets*

TITRE ORIGINAL :	Harry Potter and the Chamber of Secrets
DATE DE SORTIE EN VERSION ORIGINALE :	1998
DATE DE SORTIE EN FRANCE :	1999 (mars)
NOMBRE DE PAGES EN VERSION FRANÇAISE (édition de poche) :	364
NOMBRE DE CHAPITRES :	18

L'intrigue de ce second volume est sans doute la plus complexe et la plus lugubre. Il faut en avoir lu la fin très attentivement pour tout comprendre parfaitement...

Harry fait sa deuxième rentrée au collège Poudlard dans une voiture volante qui s'écrase sur un arbre fou. Pourquoi ne pas avoir pris le train, comme tout le monde ? Parce qu'il ne le pouvait pas : Harry ayant refusé d'écouter son conseil, Dobby, un elfe de maison venu le prévenir de ne pas aller au collège cette année pour ne pas risquer sa vie, s'est débrouillé pour l'empêcher de prendre le Poudlard Express...

Dobby n'avait peut-être pas tort : Salazar Serpentard, l'un des quatre fondateurs du collège Poudlard, et dont l'une des quatre maisons porte le nom, se serait querellé avec les autres fondateurs et aurait créé une Chambre des Secrets. Celle-ci ne pourrait être ouverte que par l'Héritier de Serpentard.

Harry, Ron et Hermione apprennent que Hagrid, le garde-chasse du collège ami des bêtes féroces, a été renvoyé de Poudlard dans son jeune temps ; il aurait ouvert la Chambre des Secrets. Or, une étrange malédiction s'abat sur les élèves. Harry entend une voix mystérieuse qui se révèle être celle du monstre hantant la Chambre ; un message apparaît : « *La Chambre des Secrets a été ouverte, ennemis de l'Héritier, prenez garde.* » De nombreux élèves, une chatte et un fantôme sont pétrifiés. La terreur règne à Poudlard... Par ailleurs, comme si cela ne suffisait pas, Harry est harcelé par le nouveau professeur de défense contre les forces du Mal, Gilderoy Lockhart, un égocentrique jaloux de sa célébrité.

Comme Serpentard, Harry parle Fourchelang, la langue des serpents. Tous les élèves du collège le croient coupable des événements. Hagrid, en revanche, que l'on soupçonne d'avoir de nouveau ouvert la Chambre, est incarcéré à la prison des sorciers. La réalité est bien différente...

Quelques histoires de journal intime, d'envoûtement, de Polynectar, de monstre, de toilettes, de fantôme qui pleurniche, d'anagramme et d'araignées géantes plus tard, Harry percera le mystère de la Chambre des Secrets...

3. *Harry Potter et le Prisonnier d'Azkaban*

TITRE ORIGINAL :	Harry Potter and the Prisoner of Azkaban
DATE DE SORTIE EN VERSION ORIGINALE :	1999
DATE DE SORTIE EN FRANCE :	1999 (décembre)
NOMBRE DE PAGES EN VERSION FRANÇAISE (édition de poche) :	476
NOMBRE DE CHAPITRES :	22

Harry effectue sa troisième rentrée au collège Poudlard, après avoir fugué de la maison des Dursley. Quelques nouveautés au programme scolaire : cours de divination, de soins aux créatures magiques – avec dressage d'hippogriffes – et sorties au merveilleux village de Pré-au-Lard…

Harry apprend qu'un dénommé Sirius Black, son propre père (James Potter), le nouveau professeur de défense contre les forces du Mal (Remus Lupin), ainsi qu'un certain Peter Pettigrow, étaient des amis d'enfance. Lupin, qui était – et demeure – un loup-garou, devait s'enfermer les nuits de pleine lune pour ne mettre personne en danger. Ses amis sont alors devenus – illégalement – des Animagi, de façon à se transformer en animaux pour lui tenir compagnie les nuits de pleine lune.

Harry découvre également que Black serait devenu le « Gardien du Secret » des parents Potter, puisque le seul à savoir où ils se cachaient de Voldemort. Black aurait alors trahi son ami James Potter en donnant son adresse à Voldemort. Après que ce dernier eut assassiné Lily et

James puis se fut volatilisé sans avoir pu tuer Harry, Black aurait commis plusieurs meurtres, notamment celui de son ami Peter Pettigrow. Pour cette raison, il aurait été enfermé à la prison d'Azkaban, dont les gardiens sont les Détraqueurs (des créatures horribles qui enlèvent toute joie aux humains et aspirent leur âme), que Harry devra d'ailleurs combattre toute l'année...

Par ailleurs, Harry, que Sirius rechercherait, ne cesse de bénéficier de mystérieuses protections... Mais comment Black a-t-il fait pour résister aux Détraqueurs ? Pourquoi le ministère de la Magie ne parvient-il pas à le retrouver ? Qui est-il réellement ?

Le volume se referme sur un retournement de situation : le « mauvais », une fois encore, est imprévu, et la fin de l'histoire n'est qu'à moitié heureuse...

4. *Harry Potter et la Coupe de Feu*

TITRE ORIGINAL :	Harry Potter and the Goblet of Fire
DATE DE SORTIE EN VERSION ORIGINALE :	2000 (8 juillet)
DATE DE SORTIE EN FRANCE :	2000 (29 novembre)
NOMBRE DE PAGES EN VERSION FRANÇAISE (édition de poche) :	770
NOMBRE DE CHAPITRES :	37

Alors qu'il passe un horrible été chez les Dursley, Harry reçoit une lettre de Ron Weasley l'invitant à venir assister à la Coupe du Monde de Quidditch en sa compagnie. À force de ruses, Harry finit par obtenir des Dursley qu'ils le laissent partir...

Après quelques jours chez les Weasley (où Fred et George, les frères de Ron, conçoivent des farces et attrapes), Harry découvre le plus grand stade de Quidditch qu'il ait jamais vu. Il fait la connaissance de Barty Croupton et de Ludo Verpey, les principaux organisateurs de la Coupe du Monde, qui travaillent au ministère de la Magie. Le grand jour arrive enfin. Harry assiste au match Bulgarie/Irlande et applaudit aux prouesses du fameux joueur bulgare Viktor Krum, un jeune homme mince, au teint sombre et cireux.

Hélas ! les ennuis commencent : pendant la nuit, quelqu'un fait apparaître la Marque des Ténèbres, attribuée à Voldemort. La cicatrice de Harry lui fait de nouveau mal, il rêve de Voldemort et de Queudver (Peter Pettigrow). Harry, qui correspond régulièrement avec Sirius Black par hiboux interposés, l'informe de ces phénomènes étranges. La réponse de Sirius ne le rassure guère : rester vigilant et l'informer chaque fois qu'un événement inhabituel se produit.

Les vacances se terminent. Harry apprend que le Tournoi des Trois Sorciers va avoir lieu. Il s'agit d'un concours d'épreuves magiques, appelées « tâches », confrontant les trois grandes écoles de sorcellerie au monde : Poudlard, Beauxbâtons et Durmstrang. Chaque école est représentée par un « champion » âgé de dix-sept ans ou plus. Le champion de l'école gagnante se verra attribuer une récompense de mille Gallions ! Les élèves de Beauxbâtons et Durmstrang arrivent à Poudlard, où doivent se dérouler les trois « tâches ». Chaque candidat potentiel doit déposer son nom dans la Coupe de Feu qui désignera les trois champions... Or, le jour dit, la Coupe en désigne... quatre : Fleur Delacour pour Beauxbâtons, Viktor Krum (élève à Durmstrang) pour l'école du même nom, et deux champions pour Poudlard : Cédric Diggory et... Harry Potter. Harry n'ayant pas déposé son nom dans la Coupe, quelqu'un est donc parvenu à l'y mettre, malgré les protections de Dumbledore...

En attendant la première tâche, la vie à Poudlard va son train. Les matches de Quidditch sont suspendus pour cause de Tournoi des Trois Sorciers. Harry se fâche avec Ron, jaloux de l'intérêt qu'on porte au premier. Heureusement, ils se réconcilient peu après. Hermione apprend que des elfes de maison qui préparent les repas à Poudlard ne sont pas payés, excepté Dobby, engagé depuis peu au collège. Elle crée la S.A.L.E. (Société d'Aide à la Libération des Elfes), qui a pour but de leur attribuer un salaire... au grand dam de la plupart des elfes, qui considéreraient une telle mesure comme une humiliation !

Harry, Ron et Hermione font la connaissance du professeur Maugrey « Fol Œil », avec son œil magique et sa jambe de bois, qui dispense les cours de défense contre les forces du Mal. Apparition de la journaliste Rita Skeeter, qui rédige des articles mensongers sur Harry ou Hagrid qui sèment la discorde entre les gens. On apprend que Hagrid et Madame Maxime, directrice de Beauxbâtons, sont des demi-géants.

La première tâche demande bien du courage à Harry, qui doit affronter un dragon. Pour la deuxième, il résout une énigme et sauve Ron des eaux. On apprend que Barty Croupton, l'un des juges du Tournoi, a disparu...

Vient le jour de la troisième tâche. Harry et Cédric Diggory, qui ont jusque-là totalisé le plus grand nombre de points, pénètrent en premier dans un labyrinthe semé de différents obstacles : Épouvantards, Scroutts à pétard géants, sphinx, araignées gigantesques... Harry et Cédric aperçoivent le Trophée du Tournoi en même temps et décident de gagner le Tournoi ensemble en saisissant au même instant le Trophée...

Ce geste, pas de chance, précipite la suite des événements. Harry devra à nouveau affronter Voldemort, et un personnage va mourir. Le jeune sorcier aura également la possibilité de parler à ses parents un court instant. Il comprendra qu'un intrus au service du Seigneur des Ténèbres se trouve à Poudlard, et lui échappera... de justesse.

Des histoires à dormir debout !

Dans chaque tome de *Harry Potter* se produit un véritable retournement de situation. Ces revirements aussi inattendus qu'originaux rendent l'intrigue d'autant plus complexe !

	CE QUE CHACUN CROIT	CE QUI EST RÉELLEMENT
1. *Harry Potter à l'école des sorciers*	• Rogue ou Voldemort essaie de s'emparer de la Pierre philosophale.	• Le timide professeur Quirrell est en réalité un suppôt de Voldemort qui partage son corps. C'est lui qui désire trouver la Pierre pour la donner à son maître.
2. *Harry Potter et la Chambre des Secrets*	• Harry, Malefoy ou Hagrid est l'Héritier de Serpentard. L'un d'eux a ouvert la Chambre des Secrets. • *Annexe :* Lockhart a réalisé des prodiges en combattant les forces du Mal.	• Hagrid a été renvoyé à tort de Poudlard. Il n'a pas ouvert la Chambre. • L'héroïque Jedusor se révèle être Voldemort. Il a ouvert la Chambre des Secrets pour la seconde fois en se servant de Ginny Weasley. • *Annexe :* Lockhart s'est approprié les exploits des autres.

3. *Harry Potter et le Prisonnier d'Azkaban*	• Sirius Black est un tueur fou qui a fait de nombreuses victimes, dont le brave Peter Pettigrow. Il était le Gardien du Secret des Potter et les a trahis.	• Pettigrow (alias Queudver) est le véritable criminel ; c'était lui le Gardien du Secret. Il se cache à Poudlard sous l'apparence de Croûtard, le rat de Ron. • Black est innocent : il est le parrain de Harry.
4. *Harry Potter et la Coupe de Feu*	• Le professeur Maugrey enseigne à Poudlard. C'était un grand chasseur de Mangemorts. • Ce doit être Karkaroff ou Rogue qui a déposé le nom de Harry Potter dans la Coupe de Feu, pour que Harry soit tué pendant l'une des tâches du Tournoi des Trois Sorciers. • *Annexe :* Rita Skeeter parvient à pénétrer à Poudlard pour écrire ses articles à scandale, on ne sait de quelle manière.	• Le véritable professeur Maugrey est retenu prisonnier par Barty Croupton fils, qui a pris son apparence afin de livrer Harry à son maître : Voldemort. • C'est en fait Maugrey, alias Croupton, qui a déposé le nom de Harry dans la Coupe, pour qu'il soit transporté via un Portoloin auprès de Voldemort. • *Annexe :* Rita Skeeter est un Animagus non déclaré qui peut se transformer en scarabée pour entrer à Poudlard.

Galerie
de portraits

Pas facile de s'y retrouver parmi les nombreux personnages – amis, parents ou proches de Harry – sortis de l'imagination de J. K. Rowling. Voici de quoi y voir un peu plus clair…

LA FAMILLE DE HARRY POTTER

Voici, sous forme d'arbre généalogique, ce que le lecteur connaît de la famille de Harry à l'issue du quatrième tome :

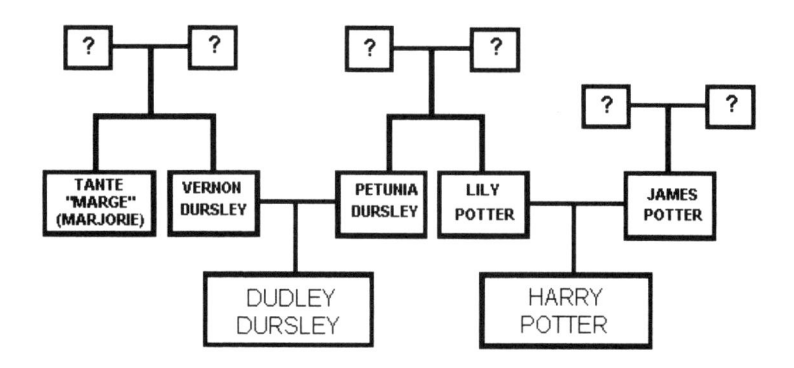

```
    [?]—[?]           [?]—[?]            [?]—[?]
      |                 |                   |
  ┌───┴───┐         ┌───┴───┐           ┌───┴───┐
TANTE   VERNON   PETUNIA   LILY       JAMES
"MARGE" DURSLEY  DURSLEY   POTTER     POTTER
(MARJORIE)
              |                 |
          DUDLEY             HARRY
          DURSLEY            POTTER
```

LE COLLÈGE POUDLARD

Sans doute le lieu où interviennent le plus grand nombre de protagonistes...

• Les professeurs et les matières enseignées

Mme BIBINE :	Vol sur balai
M. BINNS :	Histoire de la magie
M. BRÛLOPOT/M. HAGRID/ Mme GOBE-PLANCHE :	Soins aux créatures magiques
Mme CHOURAVE :	Botanique
M. DUMBLEDORE :	Directeur
M. FLITWICK :	Enchantements ou sortilèges
Mme McGONAGALL :	Métamorphose
Mr QUIRRELL/ Mr LOCKHART/Mr LUPIN/ Mr MAUGREY (CROUPTON Jr.) :	Défense contre les forces du Mal
M. ROGUE :	Art des potions
Mme SINISTRA :	Astronomie
Mme TRELAWNEY :	Divination
Mme VECTOR :	Arithmancie

• Les élèves

GRYFFONDOR Harry Potter, Hermione Granger, Ronald « Ron » Weasley, Fred Weasley, George Weasley, Ginny Weasley, Percival « Percy » Weasley, Neville Londubat, Dean Thomas, Seamus Finnigan, Lavande Brown, Parvati et Padma Patil (sœurs jumelles), Colin Crivey, Dennis Crivey, Nathalie McDonald...

SERPENTARD Drago Malefoy, Vincent Crabbe, Gregory Goyle, Pansy Parkinson, Millicent Bulstrode, Malcolm Baddock, Graham Pritchard...

POUFSOUFFLE	Hannah Abbot, Cédric Diggory, Justin Finch-Fletchley, Ernie MacMillan, Eleanor Branstone, Owen Cauldwell, Laura Madley, Kevin Whiby, Faucett…
SERDAIGLE	Terry Bott, Cho Chang, Pénélope Deauclaire, Stewart Ackerley, Orla Quirke, Stebbins…

• Les joueurs des équipes de Quidditch de Poudlard

GRYFFONDOR	Olivier Dubois (capitaine et Gardien), Harry Potter (Attrapeur), Fred Weasley et George Weasley (Batteurs), Alicia Spinet, Katie Bell et Angelina Johnson (Poursuiveuses).
SERPENTARD	Marcus Flint (capitaine et Gardien), Terrence Higgs dans le tome 1 et Drago Malefoy à partir du tome 2 (Attrapeurs), Derrick et Bole (Batteurs), Adrian Pucey, Montague et Warrington (Poursuiveurs).
POUFSOUFFLE	Cédric Diggory (capitaine et Attrapeur), tué à la fin du tome 4…
SERDAIGLE	Roger Davies (capitaine), Cho Chang (Attrapeuse)…

Commentaires des matches : Lee Jordan
Arbitre officiel : Mme Bibine

• Et tous les autres !

LES FANTÔMES	Sir Nicholas de Mimsy Porpington (dit « Nick Quasi-Sans-Tête »), *fantôme de la tour des Gryffondor* ; le Baron Sanglant, *fantôme de la tour des Serpentard* ; le Moine Gras, *fantôme de la tour des Poufsouffle* ; Peeves (dit « l'esprit frappeur ») ; Mimi Geignarde…

LES PRÉFETS	Percival « Percy » Weasley, Pénélope Deauclaire, Cédric Diggory...
LE PERSONNEL	Mme Pomfresh (infirmière), Irma Pince (bibliothécaire), Argus Rusard (concierge) et sa chatte Miss Teigne, Rubeus Hagrid (garde-chasse et gardien des clefs), les elfes de maison (cuisiniers et serviteurs)...

AUTRES PERSONNAGES IMPORTANTS

SIRIUS BLACK	Animagus (sous le pseudonyme de Patmol) et parrain de Harry. A réussi à s'évader de la prison d'Azkaban où il avait été enfermé à tort.
BARTEMIUS « BARTY » CROUPTON	Homme d'affaires – qu'il n'hésite pas à faire passer avant la famille ou les sentiments – au passé difficile. Organisateur de la Coupe du Monde de Quidditch avec Ludo Verpey. Ce vieil homme impeccable, raide et droit, toujours très organisé, parle plus de deux cents langues, dont la langue des sirènes, la langue de bois et la langue des trolls.
BARTY CROUPTON	Fils de Bartemius Croupton, Mangemort échappé de la forteresse d'Azkaban. Espion à la solde de Voldemort au collège Poudlard dans le tome 4. Désormais décédé.
FLEUR DELACOUR	Très jolie demoiselle, à moitié Vélane. « Championne » au Tournoi des Trois Sorciers pour le collège Beauxbâtons, dans le quatrième tome.
CORNELIUS FUDGE	Ministre britannique de la Magie. Les cheveux gris, de petite taille, corpulent, il est peu compétent.

GALERIE DE PORTRAITS

LA GROSSE DAME — Ce n'est pas vraiment un personnage réel, mais celui d'un tableau. La grosse dame, dont on ne connaît pas le nom réel (on sait en revanche celui de son amie : Violette !), demande un mot de passe. S'il lui est correctement donné, son tableau pivote et laisse l'accès à la salle commune des Gryffondor.

BERTHA JORKINS — Ancienne employée du Département des jeux et sports magiques. Supposée s'être perdue en Albanie, elle a en réalité été tuée par Voldemort, dans *Harry Potter et la Coupe de Feu*.

IGOR KARKAROFF — Ancien Mangemort, membre du jury du Tournoi des Trois Sorciers et directeur du collège Durmstrang.

VIKTOR KRUM — Attrapeur de l'équipe nationale bulgare de Quidditch, amoureux d'Hermione Granger et « champion » au Tournoi des Trois Sorciers pour le collège Durmstrang, dans le quatrième tome.

WALDEN MACNAIR — Ami de Lucius Malefoy, bourreau. Il tue Buck, l'hippogriffe de Hagrid, dans le troisième tome, mais Harry Potter et Hermione Granger remontent le temps pour sauver la créature…

LUCIUS MALEFOY — Mangemort et père de Drago Malefoy. Intime de Voldemort dont il conserve certaines fournitures scolaires chez lui.

OLYMPE MAXIME — Demi-géante et directrice du collège français Beauxbâtons. Membre du jury lors du Tournoi des Trois Sorciers.

PETER PETTIGROW — Serviteur de Voldemort. Animagus (sous le pseudonyme de Queudver) ayant pris l'apparence du rat de Ron Weasley, Croûtard, pour ne pas se faire repérer. Il a en effet tué de nombreuses personnes et Sirius Black s'est fait accuser à sa place.

Mme Rosmerta	Jolie et sympathique serveuse du bar des *Trois Balais* de Pré-au-Lard.
Rita Skeeter	Animagus non déclarée. Cette journaliste de presse à scandale, âgée de quarante-trois ans, rédige des articles mensongers qui sèment la discorde, parfois illustrés par les clichés de Bozo, son photographe.
Ludovic « Ludo » Verpey	Membre du ministère de la Magie (responsable du Département des jeux et sports magiques), politiquement incorrect. Organisateur de la Coupe du monde de Quidditch avec Barty Croupton. Ancien joueur professionnel de Quidditch. Possède un visage rond et rose et des « grands yeux bleus de bébé* ».
Voldemort	De son nom réel Tom Elvis Jedusor, le Seigneur des Ténèbres a grandi dans le village de Little Hangleton. Voldemort est craint de tous et rares sont les sorciers qui osent prononcer son nom. La majorité des sorciers l'appellent donc « Vous-Savez-Qui », « Tu-Sais-Qui », « Celui-Dont-On-Ne-Doit-Pas-Prononcer-Le-Nom » ou encore « Celui-Dont-Le-Nom-Ne-Doit-Pas-Être-Prononcé ». Visage livide et squelettique, nez plat « avec deux fentes en guise de narines✩ », des mains pareilles à des araignées et des pupilles verticales, Voldemort ressemble à un serpent, reptile dont il sait parler la langue. Ancien mage noir, tyran et dictateur, il est le pire ennemi de Harry Potter, qu'il a tenté de tuer bébé avant de se volatiliser, devenant une créature « ombre et vapeur » à demi morte. Les circonstances de la disparition de Voldemort

---

* *Harry Potter et la Coupe de Feu*, éditions Gallimard Jeunesse.
✩ *Ibid.*

FAMILLE WEASLEY

restent mystérieuses. L'un de ses principaux objectifs est de vaincre la mort, et il s'apprête à reprendre le pouvoir à la fin du tome 4, bien décidé à tuer Harry.

Outre Ron, Ginny, Percy, Fred et George Weasley évoqués plus haut, la famille Weasley compte quatre autres membres : Molly et Arthur (les parents), Bill et Charlie (les frères aînés ayant quitté Poudlard). Arthur travaille au ministère de la Magie, au service des Détournements de l'Artisanat moldu. Il se passionne pour les Moldus et leurs inventions. Bill travaille pour la banque Gringotts et Charlie étudie les dragons en Roumanie.

La salle des profs de Poudlard

Si un jour vous avez l'occasion de visiter le collège de sorcellerie de Poudlard, mieux vaudrait que vous connaissiez ses différents professeurs, pour savoir à quoi, ou plutôt à qui vous attendre. Bien sûr, certains profs ne sont plus au collège... mais vous entendrez sûrement parler d'eux.

C'est devenu une coutume : il semble aussi que, chaque année, le professeur de défense contre les forces du Mal change... On dit que le poste serait maudit.

Les anciens professeurs, de défense contre les forces du Mal ou non, ont tenu à se présenter eux-mêmes...

PROFESSEUR ALBUS DUMBLEDORE

« Je suis **Albus Dumbledore**, ex-professeur de métamorphose, commandeur du Grand-Ordre de Merlin, docteur en Sorcellerie, Enchanteur-en-Chef et Manitou Suprême de la Confédération Internationale des Mages et Sorciers, successeur d'Armando Dippet au poste de directeur du collège Poudlard...

Vous avez peut-être déjà vu ma photo sur la carte d'un paquet de Chocogrenouilles ? Ah oui, c'est vrai, vous êtes un Moldu et vous ne mangez pas de Chocogrenouilles ! En parlant de carte... Si jamais vous êtes perdu dans Londres, envoyez-moi un hibou : le plan exact du métro de Londres est gravé au-dessus de mon genou gauche. Enfin, si vous rencontrez des problèmes pour converser avec des êtres de l'eau, faites appel à mon aide : je parle couramment les langues aquatiques.

On dit que je me suis rendu célèbre en 1945, lorsque j'ai anéanti le mage Grindelwald. J'ai travaillé avec Nicolas Flamel sur le secret de la Pierre philosophale, et l'on me doit la découverte des propriétés du sang de dragon. Mes goûts ? J'aime le bowling et la musique de chambre. J'ai un frère prénommé Abelforth, et un très beau phénix : Fumseck.

Comment me décrire... ? Je suis grand, mince et très vieux. Mes robes de sorcier sont généralement vert foncé et brodées d'étoiles et de lune... J'ai une très grande barbe et des cheveux argentés... Non, non, je ne suis pas le Père Noël, voyons ! J'ai aussi les yeux bleus et des lunettes en demi-lune, ainsi qu'un long nez crochu. Non, je ne suis pas non plus la fée Carabosse ! D'ailleurs, elle n'existe que dans les contes de Moldus... Ne m'énervez pas davantage car je peux aussi me mettre en colère, et je vous garantis que mes yeux ne pétilleront plus de malice ! Au contraire, mon regard sera plutôt terrifiant... Vous comprendrez pourquoi je suis le seul sorcier que Voldemort eût jamais craint... Je m'appelle Albus Dumbledore, retenez bien ce nom. »

PROFESSEUR BIBINE

« Je suis **Mme Bibine**, professeur de vol, à votre service ! Mes cheveux sont courts et gris, mes yeux jaunes "comme ceux d'un faucon", à ce qu'on dit. Je suis aussi chargée d'arbitrer les matches de Quidditch. »

PROFESSEUR BINNS

« J'enseigne l'histoire de la magie et je suis le seul professeur fantôme du collège*. »

PROFESSEUR BRÛLOPOT

« J'étais chargé des cours de soins aux créatures magiques, mais j'ai pris ma retraite à la fin de la deuxième année scolaire de Harry Potter et j'ai été remplacé par Rubeus Hagrid. Que dire de plus ?... »

PROFESSEUR CHOURAVE

« Je suis le professeur **Chourave**, petite sorcière potelée, coiffée d'un chapeau rapiécé sur mes cheveux gris en désordre. Mes vêtements sont souvent maculés de terre et mes ongles sales... Mais j'ai une excuse : je m'occupe des cours de botanique ! Je crois que je suis généralement de bonne humeur... Je suis aussi la directrice de la maison de Poufsouffle ».

PROFESSEUR FLITWICK

« Je suis un minuscule sorcier (il faut bien l'avouer) à la chevelure blanche, et j'enseigne les sortilèges, ou enchantements. »

---

* *Note du professeur Dumbledore :* « On dit que le professeur Binns ne s'est jamais rendu compte qu'il était mort ! De plus, ses cours sont monotones et ses élèves s'ennuient... »

Professeur Gobe-Planche

« On peut dire que j'ai simplement été de passage à Poudlard, puisque j'ai été nommé en remplacement de Hagrid (indisposé) pour assurer ses cours de soins aux créatures magiques pendant un court laps, dans *Harry Potter et la Coupe de Feu*. Physiquement, je suis une vieille sorcière aux cheveux gris coupés court et j'ai un long menton recourbé. »

Professeur Hagrid

« Je m'appelle **Rubeus Hagrid**. Je suis avant tout le garde-chasse du collège Poudlard, le fidèle assistant du professeur Dumbledore. Celui-ci a entièrement confiance en moi. Il m'a d'ailleurs confié la mission d'aller trouver Harry chez les Dursley pour l'emmener au collège Poudlard. C'est ainsi que je suis rapidement devenu son ami.

Ma mère est la géante Fridluva, mais comme mon père était assez petit de taille, je ne suis qu'un demi-géant. On me décrit comme étant à peu près deux fois plus grand que la moyenne et au moins cinq fois plus large, et on dit que mes mains sont de la taille d'un couvercle de poubelle... merci pour la comparaison ! Mes longs cheveux noirs en broussaille et ma barbe noire et hirsute cachent presque entièrement mon visage.

Ma mère m'a abandonné lorsque j'avais trois ans, et mon père est mort pendant ma deuxième année d'études au collège Poudlard. Heureusement que le professeur Dumbledore était là pour m'aider et me soutenir. Un grand homme, Dumbledore !

J'aime beaucoup les animaux, et plus ils sont gros et dangereux, mieux c'est ! J'ai élevé un dragon, par exemple... mais chut ! il ne faut pas le répéter... Devinez pourquoi j'ai accepté de reprendre le poste de cours de soins aux créatures magiques, après le départ en retraite du professeur Brûlopot... »

PROFESSEUR LOCKHART

[*Le professeur Lockhart ayant perdu la mémoire, c'est le professeur Dumbledore lui-même qui nous le présente :*] « Le professeur **Gilderoy Lockhart** a les cheveux dorés et ondulés et les yeux bleu myosotis ; il est toujours impeccable. Détenteur de l'Ordre de Merlin (troisième classe) et membre honoraire de la Ligue de défense contre les forces du Mal, il n'apparaît que dans *Harry Potter et la Chambre des Secrets*. Pendant cette période, il enseigne les cours de défense contre les forces obscures. Il a écrit de nombreux livres qui racontent "ses" triomphes sur des créatures maléfiques (*Flâneries avec le spectre de la mort, Vadrouilles avec les goules, Voyages avec les vampires, Une année avec le Yeti...*), ainsi qu'une autobiographie (*Moi le magicien*), entre autres publications. Il ne veut aucun obstacle à sa popularité et n'hésite pas à rappeler qu'il a remporté cinq fois de suite le prix du sourire le plus charmeur (décerné par les lectrices de *Sorcière-Hebdo*, s'il vous plaît !)... Mais la seule chose que Lockhart sache faire, sinon se vanter de ses exploits, c'est lancer des sortilèges d'amnésie... Et voici tout le mystère : Lockhart n'a jamais réalisé les exploits qu'il raconte. Il s'est contenté de retrouver les gens qui les avaient réalisés, leur a demandé de lui raconter ce qui s'était passé, et leur a lancé un sortilège d'Amnésie. Il s'est donc approprié leurs prouesses ! À la fin du deuxième tome des aventures de Harry, il perd lui-même la mémoire... et ce n'est pas plus mal. »

PROFESSEUR LUPIN

« Mon nom est **Remus J. Lupin**. Détenteur du poste de défense contre les forces du Mal dans *Harry Potter et le prisonnier d'Azkaban*, je n'apparais que dans le tome du même nom. On dit que j'ai toujours l'air malade et épuisé... Peut-être est-ce parce que je porte des vêtements miteux et rapiécés, et que mes cheveux châtains sont parsemés de mèches blanches ? Je suis un loup-garou, et je me transforme les nuits de pleine lune. J'étais très ami avec James Potter et Sirius Black lorsque j'étais jeune et mon aide fut précieuse à Harry pour percer le mystère du "prisonnier d'Azkaban" et pour combattre les Détraqueurs. »

PROFESSEUR MCGONAGALL

« **Minerva McGonagall**, directrice de la maison de Gryffondor. Je dispense les cours de métamorphose, et je suis moi-même un Animagus, puisque je peux me transformer en chat. Les gens disent de moi que je suis gentille, mais aussi très sévère quand il le faut. C'est en effet l'idée que je m'étais faite de ma personne. Des lunettes carrées encadrent mes yeux perçants. Je suis plutôt grande. Mes cheveux noirs sont tirés en un chignon serré. »

PROFESSEUR MAUGREY, OU PLUTÔT BARTY CROUPTON

[*Barty Croupton Jr étant mort, il nous a paru difficile de l'interroger. Cependant, nous avons réussi à interroger le professeur Maugrey – le vrai :*] « **Alastor Maugrey, dit Maugrey "Fol Œil"**, le fameux grand Auror, c'est moi. J'ai les cheveux gris sombre et mon visage tordu et couturé est marqué de nombreuses cicatrices.

On le dirait taillé dans un vieux morceau de bois usé. Il me manque une bonne partie de mon nez, ma bouche a l'air d'une entaille tracée en diagonale. J'ai une jambe de bois pourvue de griffes. Mes yeux me font paraître effrayant : l'un d'eux, l'œil normal, est petit, sombre et perçant. L'autre, grand et rond comme une pièce de monnaie, est d'un bleu vif ; il est indépendant du premier et peut rouler dans son orbite pour voir ce qui se passe n'importe où, même derrière moi ou à travers les capes d'invisibilité. Mais venons-en plutôt à ce qui nous intéresse...

Je devais assurer les cours de défense contre les forces du Mal dans *Harry Potter et la Coupe de Feu*... Malheureusement, Barty Croupton fils, Mangemort et donc partisan de Voldemort, m'a enfermé dans une malle et m'a arraché les cheveux tout au long de l'année scolaire, afin de les ajouter à son Polynectar, potion qui lui permet de prendre mon apparence. Le vrai Maugrey n'a donc jamais enseigné à Poudlard, puisque c'est Barty Croupton fils qui a pris sa place et a donné les cours afin de garantir la victoire de Harry au Tournoi des Trois Sorciers. Lisez le tome 4 pour plus de précisions ! À la fin de ce volume, Croupton fils n'a eu que ce qu'il méritait : il est mort. Et moi, le vrai Maugrey "Fol Œil", j'ai été enfin délivré. Nous n'avons plus qu'à attendre que mes cheveux repoussent ! »

PROFESSEUR QUIRRELL

[*Quirrell n'étant plus lui non plus de nos mondes – celui des sorciers et celui des Moldus –, il a fallu de nouveau demander au professeur Dumbledore de bien vouloir nous le présenter :*] « Le professeur **Quirrell** n'apparaît que dans *Harry Potter à l'école des sorciers*. Tout au long du roman, on croit que ce "jeune homme au teint pâle et aux paupières agitées★" est inoffensif. Il bégaye et il est ridicule avec son turban violet. Qui aurait bien pu soupçonner le "p… p… pauvre et bé… bégayant p… p… professeur Quirrell✪" ? Voldemort, n'étant plus qu'"ombre et vapeur", ne reprend forme qu'en partageant le corps de quelqu'un d'autre… Et c'est le cas avec Quirrell. Heureusement, ce dernier meurt à la fin du livre, grâce au jeune Potter et à ses amis. »

PROFESSEUR ROGUE

« Mon nom est **Severus Rogue***. La matière que je dispense est l'art des potions, bien que mes cornichons d'élèves n'en comprennent pas les subtilités. Je préférerais nettement devenir professeur de défense contre les forces du Mal. Je suis aussi le directeur de la maison des Serpentard. »

PROFESSEUR SINISTRA

« Je suis le professeur **Sinistra**, une sorcière qui enseigne l'astronomie à ses élèves. J'ai une g… Oh, excusez-moi, mais si je continue à vous parler, le magasin de télescopes va fermer et j'en ai à tout prix besoin pour demain ! »

★ *Harry Potter à l'école des sorciers*, éditions Gallimard Jeunesse.
✪ *Harry Potter à l'école des sorciers*, éditions Gallimard Jeunesse.
* *Note du professeur McGonagall :* « Le professeur Rogue est sans aucun doute celui que les élèves détestent le plus (exceptés ceux de Serpentard, bien sûr). Ses cheveux sont noirs et gras, il a un nez crochu, un teint cireux et ses yeux sont noirs. Severus se donne l'air cruel et sarcastique, mais en réalité il n'est pas si mauvais. Harry Potter ne l'aime vraiment pas… et il semblerait que cette haine soit réciproque. Elle serait due aux différends entre James Potter (le père de Harry) et Rogue, du temps qu'ils étaient jeunes. »

PROFESSEUR TRELAWNEY*

« Je me prénomme **Sibylle**. Mon nom est **Trelawney**, et j'apprends à mes charmants élèves l'art de la divination. Écoutez, chéri, même si j'ai souvent la manie de prédire des choses atroces à mes élèves, ce n'est que pour leur rendre service... Même si ces prédictions ne se réalisent pas toujours... Au fait, mon cher, votre hamster va mourir demain. Selon le professeur McGonagall, les voyants véritables sont extrêmement rares et je n'ai pas de grandes facultés. Elle raconte vraiment n'importe quoi, celle-ci ! Je suis très mince, mes yeux sont agrandis par de grosses lunettes, et je suis toujours parée de bijoux. Il ne me reste plus qu'à vous souhaiter un bon rétablissement car vous tomberez malade bientôt. »

Nous remercions tous les professeurs et en particulier Albus Dumbledore pour avoir accepté de se prêter au jeu de nos interviews.

---

* On remarque que le professeur le plus méchant se prénomme « Rogue », ce qui signifie « arrogant », « méprisant », « dédaigneux », voire « insolent ». Son prénom est d'ailleurs « Severus » qui pourrait provenir de l'adjectif « sévère ». Notons aussi que le professeur Trelawney se prénomme Sibylle. Son prénom désignait, dans l'Antiquité, une femme qui prédisait l'avenir et transmettait les oracles des dieux... Et Sibylle Trelawney enseigne la divination !

QUELQUES MATIÈRES
ENSEIGNÉES AU COLLÈGE POUDLARD

MÉTAMORPHOSE — Commencez par transformer une allumette en aiguille, et un jour vous saurez métamorphoser votre Strutoscope de poche en crapaud ! Les cours de métamorphose, comme leur nom l'indique, ont pour but d'apprendre à transformer tout en rien, et rien en tout. Une pratique très courante de la magie.

DÉFENSE CONTRE LES FORCES DU MAL — Si jamais vous devenez Auror, espérons que vous vous souviendrez de votre programme de défense contre les forces du Mal ! En effet, cette matière est très utile pour se défendre contre les puissances des Ténèbres, pour vaincre les créatures magiques – Épouvantards et autres loups-garous – et les monstres effrayants, au moyen de formules magiques ou diverses méthodes.

POTIONS — Dans votre chaudron, vous apprendrez à préparer différentes mixtures réalisées avec des ingrédients plus étranges les uns que les autres. Si elles sont réussies, elles seront très utiles pour guérir, agrandir, transformer, ratatiner…
Citons les potions Tue-Loup, de Vieillissement, d'Aiguise-Méninges, de Sommeil, d'Enflure, pour Soigner les furoncles, de Ratatinage… sans oublier la potion capillaire Lissenplis et le fameux Polynectar !

LA SALLE DES PROFS DE POUDLARD

SOINS AUX CRÉATURES MAGIQUES — Soignez et observez toutes sortes de créatures magiques. Étudier les licornes, nourrir les Scroutts à pétard ou dresser les hippogriffes sont autant d'activités qui vous attendent ! Cette matière n'est accessible qu'à partir de la troisième année d'études.

SORTILÈGES — Les cours de sortilèges (appelés aussi « enchantements ») vous apprendront à vous servir de votre baguette magique pour lancer des sorts en tous genres. À vous de savoir quelle formule prononcer ! Seuls les plus doués parviendront à faire voler leur plume à l'aide du sortilège *« Wingardium Leviosa »*.

BOTANIQUE — Les cours de botanique feront de vous le plus grand jardinier de tous les temps ! Dans des serres, étudiez différentes plantes et prélevez des substances pour fabriquer des potions magiques, rempotez des mandragores ou des Bulbes sauteurs, récoltez du pus de Bubobulb... Appétissant !

DIVINATION — Lisez l'avenir dans une boule de cristal, dans le marc de café, dans le mouvement des étoiles et des planètes, dans les lignes de la main et même dans les feuilles de thé. Mais attention : il faut avoir le don de double vue pour posséder un troisième œil... Le plus difficile des arts magiques ; option accessible à partir de la troisième année.

VOL — Pour ne pas avoir l'air ridicule en plein air, apprenez à voler dans le ciel sur un balai. Tendez la main droite au-dessus

	du manche, dites « debout » et accrochez-vous pour ne pas tomber en plein ciel. Une discipline très utile pour ceux qui veulent devenir de grands champions de Quidditch !
HISTOIRE DE LA MAGIE	Les Moldus apprennent l'Histoire de France, les sorciers apprennent celle de la magie. Sûrement le plus ennuyeux des cours.
ASTRONOMIE	Étudiez l'univers, les astres, les constellations... Apprenez les noms des étoiles et le mouvement des planètes.
ARITHMANCIE	On ne sait pas vraiment ce qu'est l'arithmancie... Peut-être s'agit-il d'apprendre l'arithmétique en magie ? Toujours est-il que l'on y fait quantité de calculs, « très compliqués » selon Harry Potter... D'après Allan et Elizabeth Kronzek*, l'arithmancie serait un synonyme de « numérologie », sorte de « divination mathématique » qui consiste à lire l'avenir dans les noms et les nombres...
ÉTUDE DES RUNES ÉTUDE DES MOLDUS	L'étude des runes permet d'étudier les runes – caractères d'un ancien alphabet germanique – et l'étude des Moldus s'intéresse à la vie des Moldus... Est-ce que tout le monde suit ? En tout cas, ces deux matières, ainsi que la précédente, sont des options facultatives accessibles à partir de la troisième année scolaire.

---

* Allan et Elizabeth Kronzek, *Le Livre de l'apprenti sorcier,* éd. de l'Archipel, 2002.

Parlez-vous Potter ?

Si vous croisez dans la rue un sorcier qui vous dit : « Il paraît qu'un Animagus non déclaré a été envoyé à Azkaban », ou bien : « Je reviens de Pré-au-Lard, j'y ai bu une grande chope de Bièraubeurre avec quelques Patacitrouilles aux Trois Balais », saurez-vous de quoi il parle ?

Les noms « sorciers » abondent dans l'univers de Harry Potter. Débordante d'imagination, J. K. Rowling leur crée de nombreuses définitions, plus farfelues les unes que les autres, ou les emprunte à d'anciennes croyances.

Beaucoup d'objets ou créatures magiques sont des reflets de notre monde moldu. Par exemple, les Vélanes, comme le remarque M. Weasley, illustrent que l'on ne doit pas se fier à l'apparence extérieure des gens. Et peut-être la Pensine joue-t-elle le rôle d'un psy ? Jean de La Fontaine transposait la société de son temps en fables animalières... J. K. Rowling se sert-elle de la magie pour traduire la nôtre ?

Ce lexique des mots sorciers présente de nombreux termes exclusivement tirés des quatre premiers tomes des aventures de Harry Potter. Un bon moyen de réviser ou de découvrir la magie de ces mots, dont le non-lecteur de *Harry Potter* – espérons-le – jugera la qualité d'invention !

A

Allée des Embrumes : Sombre artère peu fréquentable, endroit douteux et très mal famé, proche du Chemin de Traverse.
Animagus *(pluriel : Animagi)* : Sorcier ou mage ayant la faculté de se transformer en animal. Il existe un registre répertoriant tous les Animagi et indiquant quelle forme le sorcier ou le mage peut prendre, ainsi que les signes particuliers et les caractéristiques permettant de les reconnaître.
Araignée géante : Comme son nom l'indique, cette créature est une gigantesque araignée. Elle aime le calme et l'obscurité, se nourrit d'hommes et redoute le Basilic. Lorsqu'elle est excitée, ses pattes produisent un cliquetis évoquant des applaudissements.
Armoise : Voir *Goutte du mort vivant*.
Asphodèle : Voir *Goutte du mort vivant*.
ASPIC : Diplôme obligatoire pour entrer au ministère de la Magie, qu'un sorcier peut obtenir après sept ans d'études, à la fin de sa dernière année scolaire.
Attrapeur : Voir *Quidditch*.
Auror : Chasseur de mages noirs.
Axminster : Tapis volant pouvant transporter jusqu'à douze personnes.
Azkaban : Forteresse-prison gardée par les Détraqueurs, dont personne n'a jamais réussi à s'échapper, exceptés Sirus Black et Barty Croupton (fils).

B

Baguette magique : ① Ustensile, que tous les sorciers se doivent de posséder, qui sert à jeter des sorts. De différentes longueurs, les baguettes peuvent être taillées dans de nombreuses essences d'arbres. On trouve ainsi des baguettes en bois de rose, de charme, de houx, de saule, de chêne ou encore d'if, parfois pourvues d'un cheveu de Vélane, d'un nerf de cœur de dragon ou d'une plume de phénix... C'est la baguette qui choisit son sorcier ; à chacun celle qui lui convient le mieux ! Elles sont confectionnées sur mesure (prix : environ sept Gallions). ② Friandise au réglisse que mangent les sorciers.

Baiser du Détraqueur : Voir *Détraqueur*.

Balai magique : Balai doté de pouvoirs surnaturels sur lequel on peut s'envoler et que l'on peut diriger pour se déplacer. Pour dresser le balai, il suffit de lui dire « debout ! », puis de bien enfourcher le manche, sans glisser. On distingue différents types de balais : L'Éclair de feu, le Nimbus... Des balais de course sont utilisés dans le jeu de Quidditch.

Ballongommes de Bullard : Friandises de sorciers.

Barjow & Beurk : Boutique de l'Allée des Embrumes.

Basilic : « De tous les monstres et créatures qui hantent nos contrées, il n'en est guère de plus étrange ni de plus mortel que le Basilic, connu également sous le nom de Roi des Serpents. Ce reptile, qui peut atteindre une taille gigantesque et vivre plusieurs centaines d'années, naît d'un œuf de poulet couvé par un crapaud. Pour tuer ses victimes, la créature recourt à une méthode des plus singulières : outre ses crochets venimeux, le Basilic possède en effet des yeux meurtriers qui condamnent à une mort immédiate quiconque croise son regard. Il répand également la terreur parmi les araignées dont il est sans nul doute le plus mortel ennemi. Le monstre, quant à lui, redoute plus que tout le chant du coq, qui lui est fatal si d'aventure il lui parvient aux oreilles★. »

★ *Harry Potter et la Chambre des Secrets*, éditions Gallimard Jeunesse.

Bataille explosive : Jeu de cartes sorcier.
Batteur : Voir *Quidditch*.
Beauxbâtons (académie) : Collège français de sorcellerie dirigé par Mme Maxime. L'une des trois grandes écoles de sorcellerie du monde.
Beuglante : Missive – souvent contenue dans une enveloppe rouge vif – qui hurle des reproches à son destinataire et « explose » si celui-ci ne l'ouvre pas assez rapidement.
Bézoard : Pierre située dans l'estomac des chèvres, qui constitue un antidote à la plupart des poisons.
Bièraubeurre : Délicieuse boisson magique, extraordinairement réchauffante.
Bizzarr'Sisters : Groupe musical féminin très renommé parmi les sorciers. Les chanteuses ont des cheveux très longs et un look pour le moins insolite.
Bombabouses : Boules puantes.
Bombe bleue : « Un balai pour toute la famille – sûr, stable, fiable, avec sirène antivol intégrée*. »
Boule de cristal : Ustensile de divination. Comme son nom l'indique, il s'agit d'une boule en cristal qui permet de lire l'avenir. Cependant, cette capacité n'est pas donnée à tout le monde.
Branchiflore : Plante aquatique visqueuse et caoutchouteuse ressemblant à une boule enchevêtrée de queues de rats grises et gluantes. Quiconque la mâche se voit pourvu de branchies sous les oreilles, de nageoires et de palmes, et se transforme presque en poisson, capable de respirer sous l'eau et d'y nager sans difficulté.
Brossdur : Marque de balai volant.
Bubobulb : Plante qui ressemble à une grosse limace noire et épaisse et qui se tortille légèrement. Les bubobulbs sont couverts de grosses pustules brillantes remplies d'un pus épais, vert jaunâtre, dégageant une forte odeur

---

* *Harry Potter et la Coupe de Feu*, éditions Gallimard Jeunesse.

d'essence. Il constitue un excellent remède contre les formes les plus persistantes d'acné.

Bulle baveuse : Chewing-gum produisant des bulles mauves qu'il est impossible de faire éclater avant plusieurs jours.

B.U.S.E. (Brevet Universel de Sorcellerie Élémentaire) : Examen que les élèves du collège Poudlard doivent passer à l'âge de quinze ans, c'est-à-dire à la fin de leur cinquième année d'études.

C

Cabane hurlante (la) : Voir *Pré-au-Lard*.
Canons de Chudley (les) : Célèbre équipe de Quidditch.
Cape d'invisibilité : Cape qui, revêtue, permet de devenir invisible.
Capteur de Dissimulation : Objet en or ressemblant à une antenne de télévision, émettant un léger bourdonnement, qui se met à vibrer dès qu'il décèle mensonge ou trahison.
Carte du Maraudeur : Carte conçue par Lunard, Queudver, Patmol et Cornedrue, elle représente le collège Poudlard tout entier, y compris les raccourcis et passages secrets, et indique la présence de quiconque s'y trouve sous forme de minuscules points accompagnés du nom de la personne.
Centaure : Créature mi-homme, mi-cheval, qui vit notamment dans la Forêt interdite, près du collège Poudlard. Les centaures ont un goût commun pour les étoiles : aborder ce sujet leur permet souvent de détourner la conversation.
Cérémonie de l'Examen des Baguettes : Vérification du bon fonctionnement des baguettes magiques des candidats du Tournoi des Trois Sorciers.
Cérémonie de la Répartition : Cérémonie au cours de laquelle les nouveaux élèves du collège Poudlard sont répartis dans l'une des quatre maisons (Gryffondor,

Serdaigle, Serpentard ou Poufsouffle) par le Choixpeau magique.

Chambre des Secrets : Longtemps considérée comme relevant de la légende, on est maintenant certain de l'existence d'une Chambre des Secrets au collège Poudlard. Elle a été créée par Salazar Serpentard avant qu'il quitte l'école, suite à une dispute avec Godric Gryffondor. Seul son héritier pouvait ouvrir la Chambre, dont l'entrée se trouve dans les toilettes des filles du collège Poudlard. Le monstre gardien de la Chambre des Secrets était un Basilic, mais il a été tué dans le tome 2 des aventures de Harry Potter.

Chaudron : Sorte de grande marmite, généralement en étain, dans laquelle on prépare des potions magiques.

Chaudron Baveur : Minuscule pub sorcier, d'aspect misérable, mais très célèbre puisqu'il donne accès au Chemin de Traverse et relie ainsi le monde des Moldus à celui des sorciers. Le barman du Chaudron Baveur se prénomme Tom.

Chemin de Traverse : Quartier de Londres, inconnu des Moldus, dont l'entrée secrète se trouve au *Chaudron Baveur*. Il accueille, entre autres, la banque Gringotts et de nombreux magasins où les jeunes sorciers se rendent pour acheter leurs fournitures scolaires.

Chocoballe : Friandise de sorcier, fourrée de mousse à la fraise.

Chocogrenouille : Friandise au chocolat en forme de grenouille, prisée des sorciers. Dans chaque paquet de Chocogrenouille, il y a une carte sur un sorcier ou une sorcière célèbre.

Choixpeau magique : Chapeau conservé par le professeur Dumbledore qui répartit les nouveaux élèves du collège Poudlard dans leur maison à chaque début d'année scolaire, au cours de la cérémonie de la Répartition. Le Choixpeau invente une chanson différente chaque année, qu'il interprète avant de remplir sa tâche.

Chouette : Voir *Hibou*.

Chrysope : Ingrédient entrant dans la composition du Polynectar.

Club des Chasseurs sans tête : Club, dont les membres sont des fantômes décapités, proposant diverses activités telles que le lancer de tête à cheval et la course sans tête. Le président du club des Chasseurs sans tête est Sir Patrick Delaney-Podmore.

Code international du secret magique : Sans doute un code visant à fixer les règles destinées à cacher aux Moldus l'existence des sorciers et à garder secrètes les activités magiques.

Cognard : Voir *Quidditch*.

Comète : Marque de balai volant.

Conseil de la justice magique : Tribunal des sorciers.

Corne de bicorne : Ingrédient qui, réduit en poudre, entre dans la composition du Polynectar.

Cornedrue : Ancien surnom de James Potter.

Coupe de Feu : Grande coupe de bois grossièrement taillé d'où jaillit une gerbe de flammes bleues dansantes. La Coupe est un juge impartial qui désigne les champions pour le Tournoi des Trois Sorciers.

Coupe des Quatre Maisons : Au collège Poudlard, coupe décernée à la maison (Gryffondor, Serdaigle, Serpentard ou Poufsouffle) qui a obtenu le plus de points au cours de l'année scolaire. Un élève obtient des points s'il a fait une bonne action pour le collège ou a obtenu de bons résultats.

Cracmol : Personne née dans une famille de sorciers mais qui ne possède aucun pouvoir magique. Les Cracmols sont relativement rares.

Crème Canari : Crème caramel ensorcelée, inventée par Fred et George Weasley, qui transforme pendant quelques instants la personne qui la mange en canari. La crème Canari coûte sept Mornilles pièce.

D

Dégnomer : Enlever, chasser des gnomes, d'un jardin généralement. L'exercice consiste à attraper les gnomes, à les faire tournoyer au-dessus de sa tête pour les étourdir, et enfin à les projeter très loin. Les créatures ainsi expulsées sont théoriquement dans l'incapacité de retrouver le chemin de leurs trous à gnomes.

Demi-géant : Personne ayant un père humain et une mère géante, ou vice-versa. Le demi-géant mesure environ deux mètres cinquante à l'âge de onze ans.

Département : Voir *Ministère de la Magie*.

Derviche et Bang : Voir *Pré-au-Lard*.

Désartibulé : Pendant le transplanage, il faut faire très attention à ne pas se trouver désartibulé, c'est-à-dire laisser la moitié de son corps derrière soi, et ne plus pouvoir bouger.

Détraqueur : Redoutable gardien de la forteresse d'Azkaban. Les Détraqueurs sont des créatures aveugles qui se nourrissent du bonheur humain et obligent leurs victimes à se remémorer leurs plus mauvais souvenirs en les plongeant dans leur propre désespoir. Le Baiser du Détraqueur est son arme ultime : il vide l'âme de ses victimes.

Dragée surprise de Bertie Crochue : Friandise de sorcier en forme de dragée, au goût aléatoire. On ne sait jamais sur lequel on va tomber : parfum chocolat, menthe, orange, épinards, foie, tripes, sang de Gobelin ou chou de Bruxelles, etc.

Dragon : Gigantesque créature crachant le feu dont il existe plusieurs espèces : Magyar à pointes, Vert gallois commun, Suédois à museau court, Boutefeu chinois, Norvégien à crête... Le dragon naît d'un œuf sur lequel sa mère a soufflé en guise de couvaison. Après éclosion, le jeune dragon doit être nourri régulièrement avec du cognac mélangé à du sang de poulet.

Durmstrang (institut) : Collège de sorcellerie. L'une des trois grandes écoles de sorcellerie du monde.

E

Éclair de feu : « Avec sa ligne aérodynamique et son manche en bois de frêne recouvert d'un vernis garanti inattaquable, ce balai de course représente le dernier cri en matière de technologie. […] Avec des accélérations de 0 à 240 km/h en dix secondes, un sortilège de freinage à toute épreuve, l'éclair de feu offre les meilleures performances et les meilleures conditions de sécurité actuellement disponibles sur le marché*. »

Elfe de maison : Petite créature aux doigts et orteils très longs, dotée de grandes oreilles semblables à celles d'une chauve-souris, d'yeux globuleux de la taille d'une balle de tennis, d'un nez en forme de crayon ou de tomate écrasée et pourvue d'une voix aiguë. (Cet aspect physique varie selon l'elfe.) Il est toujours difficile de distinguer un mâle d'une femelle. L'elfe de maison se doit de servir à tout jamais le même foyer et la même famille. Il a la manie de se taper dessus pour se punir quand il a eu de mauvaises pensées ou quand il a agi contre son (ou ses) maître(s). L'elfe s'habille avec des taies d'oreillers ; il s'affranchit si son maître lui fait don d'un vêtement. Or les elfes, à l'exception de quelques-uns, ne souhaitent pas être libérés ; ils préfèrent vivre en esclavage et ne veulent pas être payés pour travailler, ce qu'ils considéreraient comme une humiliation.

Épouvantard : Créature capable de prendre l'apparence de ce qui fait le plus peur aux individus qu'elle rencontre. Elle peut changer d'aspect à volonté. Le seul moyen de lutter contre les Épouvantards est de les imaginer affublés

---

* *Harry Potter et le prisonnier d'Azkaban*, éditions Gallimard Jeunesse.

d'habits ridicules en prononçant une formule magique. Les Épouvantards apprécient les endroits sombres et confinés, tels les armoires, les penderies ou les placards sous les éviers.

Éteignoir : Briquet en argent qui permet d'éteindre les réverbères en confisquant leurs boules lumineuses, et de les rallumer en les leur rendant.

Étoile filante : Marque de balai volant.

Êtres de l'eau : Nom désignant différentes créatures aquatiques tels les tritons ou les sirènes. Lorsqu'ils s'expriment à l'air libre, les êtres de l'eau émettent des cris perçants. Le chef des êtres de l'eau est la sirène Murcus.

Examen des Baguettes : Voir *Cérémonie de l'examen des baguettes*.

F

Farces pour sorciers facétieux : Ensemble de farces et attrapes inventées par Fred et George Weasley, parmi lesquelles on trouve les fausses baguettes magiques, les bonbons farceurs, les Pralines Longue Langue...

Farfadet : Petit bonhomme barbu, vêtu d'un gilet rouge et portant une minuscule lanterne verte ou dorée.

Filet du Diable : Plante dont les nombreux tentacules s'enroulent autour de tout ce qui se trouve à proximité d'elle. Le Filet du Diable aime l'humidité et l'obscurité, craint la chaleur et la lumière.

Fizwizbiz : Sorbets de sorciers, permettant de s'élever au-dessus du sol.

Fleury & Bott : Librairie du Chemin de Traverse.

Fondants du Chaudron : Friandises de sorciers.

Forêt interdite : Forêt située autour du collège Poudlard, comme son nom l'indique interdite d'accès aux élèves. En effet, de nombreuses créatures magiques y cohabitent, tels les licornes, les centaures, les araignées géantes...

Formule magique : Paroles ou mot qu'un sorcier prononce, muni de sa baguette magique, pour lancer un sortilège.
Fourchelang : ① Langage des serpents. ② Personne parlant et comprenant le langage des serpents, comme Harry Potter et Lord Voldemort. Le Fourchelang est considéré comme une pratique de magie noire.
Frelons de Wimbourne : Célèbre équipe de Quidditch d'Angleterre.

G

Gaichiffon : Voir *Pré-au-Lard*.
Gallion : Monnaie d'échange des sorciers. La valeur d'un Gallion d'or est supérieure à celle d'une Mornille et à celle d'une Noise. Il faut dix-sept Mornilles pour un Gallion. On estime la valeur d'un Gallion à 8,28 € (environ 54,30 francs).
Gardien (de Quidditch) : Voir *Quidditch*.
Gardien du Secret : Personne désignée pour garder un secret lors d'un sortilège de Fidélitas*.
Gazette du sorcier (la) : Journal très populaire parmi les sorciers. Prix : cinq Noises.
Géant : Créature très désagréable, brutale, aimant tuer. Beaucoup de géants sont morts à cause des Aurors ou se sont entretués. Nombre d'entre eux servaient Voldemort lorsqu'il était au pouvoir. En voie de disparition, les géants qui subsistent encore se cachent surtout dans les montagnes.
Glace à l'Ennemi : Miroir qui ne reflète rien, mais où l'on voit des silhouettes non dessinées. Lorsque ces silhouettes apparaissent distinctement, elles représentent un (ou plusieurs) opposant(s) du possesseur de la Glace à l'Ennemi.

---

* Voir rubrique des formules magiques, p. 225.

Gnome au poivre : Friandise de sorciers, qui leur fait souffler de la fumée et cracher du feu.
Gnome de jardin : Petite créature des jardins haute d'une vingtaine de centimètres et ressemblant à une pomme de terre boueuse dotée de pattes fourchues. Le gnome possède une grosse tête chauve couverte de verrues et sa peau est semblable au cuir.
Gobelbabil : Langage des Gobelins.
Gobelin : Petite créature au teint sombre, aux extrémités longues et fines, aux yeux en amande, et dotée d'une barbe en pointe. Intelligents et très habiles à jeter des sorts, les Gobelins dirigent notamment la banque de Gringotts. D'après Ron Weasley, ils possèdent tous des noms comme « Boborg le Barbu » ou « Eûrk le Crasseux ».
Godric's Hollow : Ancien lieu d'habitation de la famille Potter.
Goule : Créature magique désagréable qui grogne et tape sur les tuyaux et habite notamment dans les greniers.
Goutte du mort vivant : Somnifère très puissant qui résulte du mélange d'asphodèle et d'armoise.
Gringotts : L'unique banque des sorciers, située sur le Chemin de Traverse. Elle est dirigée par des Gobelins. On dit que c'est un dragon qui garde la salle des coffres.
Grosse dame (portrait de la) : Tableau représentant la grosse dame qui garde l'accès à la salle commune de Gryffondor*.
Gryffondor : Voir *Poudlard*.
Guipure (Madame) : Voir *Madame Guipure*.

---
* Voir Galerie de portraits, p. 160.

H

Hibou : Les hiboux et les chouettes sont des animaux de compagnie des sorciers, mais servent surtout à acheminer le courrier – plus ou moins rapidement selon leurs forces. Il existe plusieurs espèces de chouettes et de hiboux : chouettes lapones, hiboux grand duc, moyen duc, petit duc, etc.

Hippogriffe : Créature volante dont le corps, les pattes arrière et la queue ressemblent à ceux d'un cheval, mais dont les ailes et la tête semblent provenir d'aigles monstrueux dotés d'un long bec couleur gris acier. Les yeux de l'hippogriffe sont orange et ses pattes pourvues de serres redoutables d'une quinzaine de centimètres de long.

Honeydukes : Voir *Pré-au-Lard*.

Hôpital Ste Mangouste : Hôpital spécialisé dans le traitement des maladies et blessures magiques.

Horloge de Grand-Mère des Weasley : Horloge appartenant à la famille Weasley, qui ne donne pas l'heure, mais désigne l'endroit où se trouvent les membres de la famille Weasley. L'horloge peut indiquer « à la maison », « au travail », « à l'école », « perdu », « à l'hôpital », « en prison », ou « en danger de mort ».

Hymne du collège Poudlard : Chanson-phare des élèves du collège Poudlard, qu'ils entonnent à chaque début d'année scolaire.

I

Incartable : Se dit d'un édifice insituable sur une carte, grâce à certains sortilèges.

K

King's Cross : Voir *Poudlard Express*.

L

Langue-de-plomb : Membre du département des Mystères, dont les activités sont top secret.
Licorne : Animal symbole de pureté. Boire son sang argenté permet de rester en vie. Le poulain de licorne est de couleur or et ne prend de teinte argentée qu'à l'âge de deux ans ; une corne lui pousse au milieu du front à quatre ans. Ce n'est qu'à l'âge adulte – sept ans environ – que la licorne devient définitivement blanche et ressemble alors à un cheval immaculé. La licorne est un animal très rapide et très beau que l'on trouve notamment dans la Forêt interdite près du collège Poudlard. Elle préfère les filles aux garçons. La corne et les crins de la queue des licornes entrent dans la composition de certaines potions magiques.
Limite d'Âge : Trace délimitant une zone inaccessible à toute personne d'un âge inférieur à celui requis pour passer la limite.
Little Hangleton : Village dans lequel a grandi Tom Jedusor, alias Voldemort.
Loup-garou : Humain se transformant en loup enragé chaque nuit de pleine lune.
Lunard : Ancien surnom de Remus Lupin.
Lutin de Cornouailles : Lutin d'un bleu électrique, haut d'environ vingt centimètres, à tête pointue. Les lutins de Cornouailles ont une voix suraiguë, grimacent, gigotent et s'agitent dans tous les sens.

M

Madame Guipure : Magasin de prêt-à-porter pour mages et sorciers, situé sur le Chemin de Traverse.
Magicobus : Bus violet à double impériale qui sert de transport d'urgence pour les sorciers et sorcières en

perdition et les emmène où ils souhaitent. Le contrôleur se nomme Stan Rocade et le chauffeur Ernie Danlmur.

Magyar à pointes : Dragon noir et gigantesque dont la silhouette rappelle celle d'un dinosaure. Le Magyar à pointes émet un hurlement aigu et lugubre et peut cracher du feu jusqu'à douze mètres.

Main de la Gloire : Main desséchée dans laquelle on peut placer une bougie, mais qui ne fait bénéficier de sa lumière que celui qui la tient, les autres personnes demeurant dans l'obscurité.

Mandragore : Plante possédant de puissantes propriétés curatives. On l'utilise pour rendre leur forme d'origine ou leur santé aux victimes de métamorphoses ou de sortilèges. Son cri est mortel pour quiconque l'entend.

Mangemort : Nom que se donnent les partisans de Voldemort. La plupart ont été enfermés à Azkaban.

Marque des Ténèbres : Forme immense, verte et brillante, composée de petites lumières semblables à des étoiles d'émeraude, représentant une tête de mort avec un serpent qui sort de la bouche comme une langue. La Marque des Ténèbres est le signe de Voldemort.

Médicomage : Médecin de secours pour les joueurs blessés lors d'un match de Quidditch.

Mère Grattesec (Nettoie-Tout magique de la) : Voir *Nettoie-tout magique de la mère Grattesec*.

Miamhibou : Biscuits pour hiboux.

Ministère de la Magie : Haute administration employant des sorciers et dont la fonction est de régler les différends entre sorciers et Moldus, de superviser diverses activités magiques et de garder secrète l'existence des sorciers à la connaissance des Moldus. Le ministère de la Magie est divisé en sept départements, eux-mêmes divisés en différents services composés de plusieurs bureaux.

Miroir du Riséd : Miroir qui fait apparaître le désir le plus profond, le plus cher de la personne qui le contemple. Il est surmonté d'une inscription : « *riséd elrue ocnot edsi amega siv notsap ert nomen ej* » qui, retournée comme un reflet, signifie : « Je ne montre pas ton visage mais de ton cœur le désir. »

Moldu : ① *Nom :* Personne dépourvue de pouvoirs magiques, membre de la communauté non magique. ② *Adjectif :* Qui appartient au monde des Moldus, qui ne possède pas de don magique. Contrairement à l'adjectif, le nom s'écrit avec une majuscule : les Dursley sont des Moldus – le football est un sport moldu.

Mornille : Monnaie d'échange des sorciers. La valeur d'une Mornille d'argent est supérieure à celle d'une Noise, mais inférieure à celle d'un Gallion. Il faut vingt-neuf Noises pour une Mornille. On estime la valeur d'une Mornille à 0,49 € (environ 3,20 francs).

Multiplette : Objet semblable à des jumelles de cuivre, doté de toutes sortes de boutons et de cadrans, qui permet de revoir une action, de faire des ralentis et de détailler image par image n'importe quel moment d'un match de Quidditch.

N

Nettoie-Tout Magique de la Mère Grattesec : « Faites votre ménage sans peine grâce au Nettoie-Tout Magique de la Mère Grattesec : les taches parties, plus de soucis[*] ! »

Niffleur : Animal à fourrure noire, à long museau, pourvu de pattes avant plates comme des pelles. Les niffleurs se rencontrent principalement dans les mines car ils aiment tous les objets qui brillent. Ils sont par conséquent très utiles pour découvrir des trésors.

---

[*] *Harry Potter et la Coupe de Feu,* éditions Gallimard Jeunesse.

Nimbus 2000 & 2001 : Après l'Éclair de feu, ce sont les deux balais de course les plus rapides et les plus sophistiqués ; le Nimbus 2001 est encore plus performant que le Nimbus 2000.

Noise : Monnaie d'échange des sorciers. La valeur d'une Noise de bronze est inférieure à celle d'une Mornille et à celle d'un Gallion. On estime la valeur d'une Noise à 0,017 € (environ 11 centimes de francs).

O

Ollivander : Magasin de baguettes magiques, situé sur le Chemin de Traverse. Son propriétaire, M. Ollivander, fabrique des baguettes magiques depuis 382 avant J.-C.

Or de farfadet : Or que produisent les farfadets, et qui disparaît après quelques heures.

Oubliator : Membre de la Brigade de réparation des accidents de sorcellerie.

P

Patacitrouille : Friandise de sorciers.

Patmol : Ancien surnom de Sirius Black.

Patronus : Seule créature capable de combattre et de repousser les Détraqueurs.

Peau de serpent d'arbre du Cap : Ingrédient entrant dans la composition du Polynectar.

Pendule des Weasley : Pendule ne possédant qu'une seule aiguille et aucun chiffre, mais un cadran pourvu d'inscriptions telles que : « Heure du thé », « Heure de nourrir les poulets », « Tu es en retard »…

Pensine : Bassine de pierre peu profonde dont les bords sont gravés de signes étranges. On peut extraire de son esprit et déverser dans la Pensine des pensées et des souvenirs qui nous tourmentent, pour les examiner plus tard à loisir. Dans la Pensine, les souvenirs prennent l'aspect d'une substance brillante, de couleur argent tirant sur le blanc, qui remue et ne ressemble à rien de connu.

Pétards mouillés du Dr Flibuste : Pétards qui produisent un véritable feu d'artifice d'étoiles rouges et bleues qui rebondissent sur les murs et le plafond pendant une bonne demi-heure. Explosion garantie sans chaleur.

Phénix : Très bel oiseau de la taille d'un cygne, au magnifique plumage rouge et or, qui renaît de ses cendres après s'être enflammé en trépassant. On observe néanmoins que les phénix ont l'air « d'une dinde à moitié plumée » avant leur combustion ; le phénix nouveau-né est un petit oisillon également très laid. Le phénix peut transporter des charges très lourdes. Ses larmes soignent les blessures.

Pierre philosophale : Pierre légendaire dotée de pouvoirs convoités : elle peut transformer n'importe quel métal en or pur et produit l'élixir de longue vie qui rend immortel celui qui le boit. Elle a été mise au point, notamment, par l'alchimiste Nicolas Flamel.

Pimentine : Potion fabriquée par Mme Pomfresh, très efficace contre le rhume, mais ayant pour effet secondaire de faire fumer les oreilles pendant plusieurs heures.

Pitiponk : Petite créature dotée d'une seule patte, dont le corps et les bras ont l'air constitués de filets de fumée entrelacés, qui semble inoffensive, mais ne l'est pas : le Pitiponk, une lanterne à la main, attire les voyageurs vers les marécages en sautant sur sa patte.

Plante à Pipaillon : Plante magique qui se taille.

Plume à Papote : Longue plume d'un vert criard qui écrit toute seule ce qu'on lui dicte en déformant les propos.

Polygonum : Ingrédient entrant dans la composition du Polynectar.

Polynectar : Potion qui permet de prendre l'apparence d'autrui. Elle est relativement complexe à préparer et nécessite chrysopes, sangsues, sisymbre, polygonum, corne de bicorne en poudre, peau de serpent d'arbre du Cap et un élément (morceau de peau, cheveu...) de la personne dont on veut prendre l'apparence.

Portoloin : Objet qui permet de transporter un ou plusieurs sorcier(s) d'un point à un autre, à une heure fixée d'avance. Les Portoloins peuvent ressembler à n'importe quoi, mais il est préférable qu'ils aient la forme d'un objet qui passe inaperçu.

Potion magique : Substance fabriquée, généralement dans un chaudron, à partir d'ingrédients magiques. Selon sa composition, elle permet, après absorption, de soigner les gens, de les ratatiner, de leur faire prendre l'apparence de quelqu'un d'autre, de les rendre différents, etc.

Poudlard (collège ou école) : Château situé en Écosse, fondé il y a plus de mille ans, siège d'un collège de sorcellerie dans lequel Harry Potter fait ses études. Les élèves sont répartis dans quatre maisons : Gryffondor, Serpentard, Serdaigle et Poufsouffle (du nom des fondateurs du collège : Godric Gryffondor, Helga Poufsouffle, Rowena Serdaigle et Salazar Serpentard). C'est l'une des trois grandes écoles de sorcellerie du monde. L'actuel directeur du collège est le très célèbre Albus Dumbledore.

Poudlard Express : Train magique reliant le monde des Moldus au collège Poudlard. Départ à Londres, gare de King's Cross, quai $9^3/_4$.

Poudre de Cheminette : Poudre qui, lancée dans un feu de cheminée, renforce les flammes et leur donne une couleur vert émeraude. Si une personne entre alors dans la cheminée et prononce clairement l'adresse d'un lieu, elle disparaît pour réapparaître à l'endroit énoncé.

Poufsouffle : Voir *Poudlard*.

Poursuiveur : Voir *Quidditch*.

Poussoss : Bouteille contenant une substance qui fait grandir*.

Pouvoir magique : Faculté que possèdent les sorciers, contrairement aux Moldus, de jeter des sorts à l'aide d'une baguette et en prononçant une formule.

Praline Longue Langue : Friandise inventée par Fred et George Weasley qui allonge la langue de celui qui la mange.

Pré-au-Lard : Village qui compte de nombreux lieux et magasins surprise. On y trouve notamment : Derviche et Bang, magasin d'objets magiques ; Zonko, boutique de farces et attrapes ; les Trois Balais, bar où l'on sert des chopes mousseuses de Bièraubeurre ; Honeydukes, confiserie ; la Cabane hurlante, maison hantée ; Gaichiffon, magasin de Prêt-à-Sorcier. La poste est constituée d'environ deux cents hiboux perchés sur des étagères de couleurs différentes pour le courrier urgent et le courrier lent.

Pus de Bubobulb : Voir *Bubobulb*.

Q

Quai 9¾ : Voir *Poudlard Express*.

Queudver : Surnom de Peter Pettigrow.

Quidditch : Sport très populaire chez les sorciers, qui se joue sur des balais volants. Il oppose deux équipes de sept joueurs, constituées de trois Poursuiveurs, de deux Batteurs, d'un Attrapeur et d'un Gardien. Le but du jeu est de marquer le maximum de points en envoyant une balle, le Souafle, dans l'un des trois cercles d'or (qui constituent les buts) de l'équipe adverse, ou en capturant

---

* Drago Malefoy croyait que Hagrid avait avalé une bouteille de Poussoss lorsqu'il était petit, ce qui aurait expliqué sa grande taille... Doit-on y voir un clin d'œil à Obélix qui était tombé dans la marmite de potion magique lorsqu'il était jeune ?

une autre balle, nommée Vif d'or. Il convient d'éviter – ou de dévier si l'on est Batteur – les deux Cognards, balles chargées de « cogner » les joueurs. Chaque but rapporte dix points. La capture du Vif d'or par un Attrapeur fait gagner cent cinquante points à son équipe et met fin au match.

R

Rapeltout : Boule de verre de la taille d'une grosse bille, remplie de fumée, qui devient rouge lorsque l'on a oublié de faire quelque chose.
Ratconfortant : Tonique pour ratbougris.
Retourneur de Temps : Sablier permettant de remonter le temps. Un retournement du sablier correspond à un retour en arrière d'une heure, deux retournements correspondent à deux heures, etc.
Révélateur : Grosse gomme rouge vif qui révèle l'encre invisible.
Riséd (Miroir du) : Voir *Miroir du Riséd*.
R.I.T.M. : Radio Indépendante à Transmission Magique.
Roi des serpents : Voir *Basilic*.

S

S.A.L.E. (Société d'Aide à la Libération des Elfes) : Mouvement de libération des elfes de maison, fondé par Hermione Granger, en vue de garantir aux elfes des salaires décents et des conditions de travail honorables. À long terme, la S.A.L.E. se propose d'obtenir la révision de la loi sur l'interdiction des baguettes magiques pour les elfes, ainsi qu'une meilleure représentation de ceux-ci au Département de contrôle et de régulation des créatures magiques. On observera que la S.A.L.E. aurait dû s'intituler : « Arrêtons les Mauvais Traitements Scandaleusement Infligés à nos Amies les Créatures Magiques et Luttons pour un Changement de leur Statut. »

Salut les Sorciers : Émission radiophonique sorcière.
Sang-de-Bourbe : Injure odieuse désignant un sorcier ayant un ou des ascendants moldu(s).
Sang pur : Se dit d'un sorcier né dans une famille de sorciers, dont les parents et ascendants sont « purement » sorciers. Cette appellation est en réalité absurde, puisque la plupart des sorciers ont du sang moldu dans les veines.
Saule cogneur : Arbre qui attaque les personnes à sa portée. Il est capable de pencher son tronc en avant et en arrière, et ses branches ont l'épaisseur d'un gros python. Il peut faire très mal et a déjà réduit une voiture en miettes.
Scouthibou : Hibou du collège Poudlard, toujours prêt à porter le courrier en cas de besoin.
Scroutt à pétard *(nom donné par Rubeus Hagrid à un croisement entre des Manticores et des crabes de feu)* : À sa naissance, cette créature ressemble à un homard difforme, dépourvu de carapace, d'une pâleur horrible, d'aspect gluant, avec des petites pattes qui dépassent aux endroits les plus inattendus. Les Scroutts à pétard naissent petits, mais ils grossissent énormément et acquièrent une force exceptionnelle. Il arrive que certains explosent. Adultes, ils ne sont plus mous et incolores, mais ressemblent à des scorpions géants longs de trois mètres, pourvus d'une épaisse carapace grise et d'un long dard recourbé sur le dos. Les Scroutts dégagent une forte odeur de poisson pourri. Ils n'ont ni tête ni yeux visibles. De temps à autre, des étincelles jaillissent à leur extrémité caudale ; ils sont alors propulsés de plusieurs centimètres en avant. Les mâles présentent des dards et les femelles des ventouses sur le ventre pour sucer le sang.
Scrutoscope de poche : Sorte de toupie qui s'allume et se met à tourner (en théorie) lorsqu'une personne indigne de confiance se trouve dans les parages.

Serdaigle : Voir *Poudlard*.
Serpentard : Voir *Poudlard*.
Sinistros : Gigantesque chien fantôme qui hante les cimetières. Voir le Sinistros est, paraît-il, un présage de mort.
Sisymbre : Ingrédient entrant dans la composition du Polynectar.
Sniffle : Dans le tome 4 des aventures de Harry Potter, surnom par lequel Sirius Black désire être appelé pour ne pas se faire repérer.
Sorcier : Personne pourvue de pouvoirs magiques, par opposition au Moldu.
Sortilèges Impardonnables✩ : Les puissants sortilèges *Avada Kedavra*, Imperium et Doloris sont appelés Sortilèges Impardonnables. Utiliser l'un d'eux contre un autre être humain est passible d'une condamnation à vie à la prison d'Azkaban.
Souafle : Voir *Quidditch*.
Souris glacée : Friandise de sorciers, censée faire couiner les dents.
Spectre de la mort : Être verdâtre et squelettique qui pousse une longue plainte stridente.
Sphinx : Créature à tête de femme et au gigantesque corps de lion. Ses grandes pattes sont dotées de griffes et sa longue queue jaunâtre se termine par une touffe de crins marron. Ce monstre pose des énigmes et n'attaque qu'en cas de mauvaise réponse.
Strangulot : Répugnante créature verdâtre grimaçante. Démon des eaux hérissé de petites cornes pointues, pourvu de doigts longs et fins, puissants mais fragiles, et de dents pointues.
Surprise de Bertie Crochue : Voir *Dragée surprise de Bertie Crochue*.

✩ Voir la rubrique des formules magiques, p. 220.

T

Tantacula vénéneuse : Plante épineuse à tentacules.
Tapis volant : Moyen de transport sorcier utilisé dans la plupart des pays d'Orient, bien que l'ensorcellement des tapis soit désormais prohibé. On préférera le balai volant.
Tournoi des Trois Sorciers : Tournoi d'épreuves magiques (ou « tâches ») opposant les trois grandes écoles de sorcellerie du monde : Poudlard, Beauxbâtons et Durmstrang. Chaque école est représentée par son « champion », âgé de dix-sept ans ou plus.
Transplanage : Exercice très difficile consistant à disparaître d'un endroit pour réapparaître presque instantanément à un autre. Pour transplaner, il faut être majeur et avoir son permis, au risque d'être désartibulé.
Transplaner : Pratiquer le transplanage.
Trois Balais (les) : Voir *Pré-au-Lard*.
Troll : Créature magique féroce, haute de quatre mètres environ, dont le corps gris et terne est couvert de verrues. Le troll ressemble à un énorme rocher surmonté d'une petite tête chauve de la taille d'une noix de coco. Les trolls possèdent des jambes courtes, épaisses comme des troncs d'arbres, et des pieds plats hérissés de pointes. Ils dégagent une odeur pestilentielle et tiennent toujours une gigantesque massue.

V

Vélane : Cette créature présente l'apparence d'une très belle femme à la peau scintillante comme un clair de lune, a des cheveux d'or blanc voletant derrière elle... mais n'est pas humaine. Lorsqu'elle agit de son charme magique, la Vélane plonge l'individu qui la regarde dans un état de transe et de totale félicité. Cependant, lorsqu'elle est en colère, sa beauté s'efface : sa tête rappelle alors un oiseau au bec cruel, des ailes couvertes d'écailles jaillissent de ses épaules et elle perd totalement le contrôle d'elle-même.

Veracrasse : Créature magique fort ennuyante dépourvue de dents et se nourrissant de laitue.

Véritaserum : Sérum de vérité très puissant.

Vif d'or : Voir *Quidditch*.

Vitmagic : Organisme qui propose aux Cracmols des cours rapides d'apprentissage de magie par correspondance.

Z

Zonko : Voir *Pré-au-Lard*.

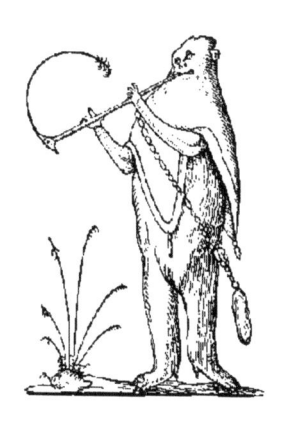

Décryptage
et traduction

« *Malheur aux faiseurs de traductions littérales, qui en traduisant chaque parole énervent les sens ! C'est bien là qu'on peut dire que la lettre tue et que l'esprit vivifie.* »

VOLTAIRE

Si le succès de *Harry Potter* est essentiellement redevable à J. K. Rowling, n'oublions pas Jean-François Ménard, son traducteur en français, qui s'est efforcé de respecter au mieux les jeux de mots créés par J. K. Rowling. Comme il le dit lui-même, « le carillon de Big Ben [*doit sonner*] typiquement français ». Ce souci n'a pas été celui de nombre d'autres pays, qui ont préféré faire apparaître la majorité des expressions « potteriennes » dans leur langue d'origine : l'anglais. C'est ainsi que les lecteurs espagnols – entre autres – sont purement et simplement privés des jeux de mots de J. K. Rowling – à moins d'être parfaitement bilingues.

À ce mérite, J.-F. Ménard ajoute celui de devoir traduire rapidement... car les lecteurs s'impatientent ! *Harry Potter et la Coupe de Feu* ne lui a demandé que soixante-trois jours de travail, à raison d'une dizaine de pages traduites par jour.

Certains lecteurs bilingues – quelques professeurs d'anglais notamment – persistent à dire que la traduction française est mauvaise. Il suffit pourtant de « décrypter » le processus de traduction de certains termes anglais en français pour mesurer le travail exemplaire fourni par J.-F. Ménard, dont le dessein était de renouveler sur le public français le charme opéré par *Harry Potter* sur ses lecteurs anglais.

TRADUCTION DE QUELQUES TERMES ET EXPRESSIONS TIRÉS DES *HARRY POTTER*

ANGLAIS	FRANÇAIS
Acromantula	Araignée géante
Bagman, Ludovic	Verpey, Ludovic
Bagshot, Bathilda	Tourdesac, Bathilda
Basilisk	Basilic
Beater	Batteur
Bertie Bott's Every-Flavour Bean	Dragée surprise de Bertie Crochue
Blast-Ended Skrewt	Scroutt à pétard
Bloody Baron	Baron Sanglant
Bluebottle	Bombe bleue
Bludger	Cognard
Boggart	Épouvantard
Buckbeak	Buck
Burrow (the)	Terrier (le)
Butterbeer	Bièraubeurre
Chaser	Poursuiveur
Chocolate Frog	Chocogrenouille
Clearwater, Penelope	Deauclaire, Pénélope
Creevey, Colin	Crivey, Colin

DÉCRYPTAGE ET TRADUCTION

Crookshanks	Pattenrond
Crouch, Bartemius	Croupton, Bartemius
Daily Prophet	Gazette du sorcier
Dark Mark	Marque des Ténèbres
Death Eater	Mangemort
Defence Against the Dark Arts	Défense contre les forces du Mal
Dementor	Détraqueur
Devil's Snare	Filet du Diable
Diagon Alley	Chemin de Traverse
Duddydums	Dudlynouchet
Dungbomb	Bombabouse
Fang	Crockdur
Fat Friar (the)	Moine Gras (le)
Fat Lady (the)	Grosse dame (la)
Fawkes	Fumseck
Filch, Argus	Rusard, Argus
Firebolt	Éclair de feu
Fizzing Whizzbee	Fizwizbiz
Flobberworm	Veracrasse
Floo powder	Poudre de cheminette
Flourish & Botts	Fleury et Bott
Fluffy	Touffu
Forbidden Forest	Forêt Interdite
Galleon	Gallion
Gillyweed	Branchiflore
Gladrags	Gaichiffon
Goblet of Fire (the)	Coupe de Feu (la)
Golden Snitch	Vif d'or
Goshawk, Miranda	Fauconnette, Miranda
Grim	Sinistros
Grindylow	Strangulot
Griphook	Gripsec
Grubby-Plank, Pr	Gobe-Planche, Pr
Gryffindor	Gryffondor
Hag	Harpie

207

He Who Must Not Be Named	Celui-Dont-On-Ne-Doit-Pas-Prononcer-Le-Nom
Hedwig	Hedwige
Hinkypunk	Pitiponk
Hippogriff	Hippogriffe
Hogsmead	Pré-au-Lard
Hogwarts	Poudlard
Hogwarts Express	Poudlard Express
Hooch, Pr	Bibine, Pr
House-elf	Elfe de maison
Howler	Beuglante
Hufflepuff	Poufsouffle
Invisibility Cloak	Cape d'invisibilité
Jigger, Arsenius	Beaulitron, Arsenius
Keeper	Gardien
Kettleburn, Pr	Brûlopot, Pr
Knight Bus	Magicobus
Knockturn Alley	Allée des Embrumes
Knut	Noise
Kwikspell	Vitmagic
Leaky Cauldron	Chaudron baveur
Longbottom, Neville	Londubat, Neville
Malfoy, Draco	Malefoy, Drago
Mandrake	Mandragore
Marauder's Map	Carte du Maraudeur
Ministry of Magic	Ministère de la Magie
Mirror of Erised	Miroir du Riséd
Moaning Myrtle	Mimi Geignarde
Moody « Mad Eye », Alastor	Maugrey « Fol Oeil », Alastor
Moony	Lunard
Mrs Shower's All-Purpose Magical Mess-Remover	Nettoie-Tout magique de la Mère Grattesec
Mudblood	Sang-de-Bourbe
Muggle	Moldu
Nearly Healdless Nick	Nick-Quasi-Sans-Tête
N.E.W.T.	ASPIC
Niffler	Niffleur

DÉCRYPTAGE ET TRADUCTION

Norris, Mrs	Teigne, Miss
Norwegian Ridgeback	Norvégien à crête
Omnioculars	Multiplettes
O.W.L.	BUSE
Padfoot	Patmol
Parseltongue	Fourchelangue
Pensieve	Pensine
Peperup	Pimentine
Pettigrew, Peter	Pettigrow, Peter
Philosopher's Stone	Pierre philosophale
Pidwidgeon	Coquecigrue
Polyjuice	Polynectar
Pomfrey, Mrs	Pomfresh, Mme
Portkey	Portoloin
Prongs	Cornedrue
Quaffle	Souaffle
Quick quote quill	Plume à papote
Ravenclaw	Serdaigle
Remembrall	Rapeltout
Scabbers	Croûtard
Scamander, Newt	Dragonneau, Norbert
Shrieking Shack	Cabane hurlante
Sickle	Mornille
Sir Cadogan	Le chevalier du Catogan
Slytherin	Serpentard
Snape, Pr	Rogue, Pr
Sneakoscope	Strutoscope
Sorting Ceremony	Cérémonie de Répartition
Sorting Hat	Choixpeau Magique
S.P.E.W.	S.A.L.E
Sprout, Pr	Chourave, Pr
Squib	Cracmol
Tom Marvolo Riddle	Tom Elvis Jedusor
Ton-tongue toffee	Praline Longue Langue
Trelawney, Sybill	Trelawney, Sibylle
Triwizard Tournament	Tournoi des Trois Sorciers
Unplottable	Incartable

Uric the Oddball	Ulric le Follingue
Veela	Vélane
Waffling, Adalbert	Lasornette, Adalbert
Warbeck, Celestina	Moldubec, Célestina
Whomping willow	Saule cogneur
Witching Hour	Salut les Sorciers
Wood, Oliver	Dubois, Olivier
Wormtail	Queudver
You-Know-Who	Vous-Savez-Qui/Tu-Sais-Qui

ANALYSE DE QUELQUES TERMES ET DE LEUR TRADUCTION

Le plus souvent, Jean-François Ménard a traduit les mots littéralement, sans altérer leur sens exact. Très logiquement, *Keeper* est devenu « Gardien », *Shrieking Shack* « Cabane hurlante », *House-elf* « Elfe de maison », *The Burrow* « Le Terrier », *Fat Lady* « grosse dame », ou encore *Forbidden Forest* « Forêt interdite »…

D'autres mots anglais ont simplement été francisés. Ainsi, le *Basilisk* est devenu « Basilic », *Hippogriff* s'est pourvu d'un « e » final pour donner « Hippogriffe », le *Niffler* s'est transformé en « Niffleur », *Colin Creevey* en « Colin Crivey », *Draco Malfoy* en « Drago Malefoy », etc.

Quelquefois, il a fallu adapter la traduction de certains mots pour « faire plus joli », ou conserver l'esprit des jeux de mots. Voici l'interprétation que je vous propose de quelques-unes de ces transpositions…

Poudlard/*Hogwarts*

On pourrait se demander, à première vue, quel est le rapport entre « Poudlard » et *Hogwarts*. Un indice se trouve dans l'hymne du collège Poudlard (tome 1, p. 131 en édition de poche) : « Poudlard, Poudlard, Pou du Lard de Poudlard, apprends-nous ce qu'il faut savoir », traduction de : « *Hogwarts, Hogwarts, Hoggy Warty Hogwarts, teach us something please* »... Le mot *hog*, que l'on retrouve dans *Hoggy*, se traduit par « cochon » ou « porc » : d'où le « lard » de « Poudlard ». De même, *wart* se traduit par « verrue » et se retrouve dans *Warty*, qui signifie « verruqueux ». Littéralement, *Hogwarts* pourrait donc se traduire par « verrues de porc », mais J.-F. Ménard, préférant le pou à la verrue, a traduit par « Poudlard », d'où le « pou du lard » dans la chanson des nouveaux élèves !

Moldu/*Muggle*
Jean-François Ménard l'explique lui-même : « En anglais, le mot exact est *muggle*. Il s'agit d'un mot extraordinaire car il existe bel et bien dans le très complet *Oxford Dictionary*. Pourtant, la définition précise est... qu'on ne sait pas du tout ce que veut dire ce terme. On apprend que le mot a été employé par un certain Thomas Middleton au XVIIe siècle. Mais aucun sens précis ne s'en dégage. En fait, le terme *muggle* donne l'impression de mollesse. Par extension, les Moldus sont devenus, pour moi, des gens un peu "mous du bulbe", incapables de percevoir le monde de la magie derrière l'apparence des choses❖. » Ailleurs, J.-F. Ménard précise : « On trouve ce mot dans un texte du XVIIIe siècle ; ce serait la queue d'un personnage du folklore du Kent. Je pense que J. K. Rowling s'est servie de ce mystère. En argot américain, cela désigne aussi la marijuana. Bref, c'est un mot qui évoque quelque chose d'un peu fumeux, de difficile à appréhender, d'inconsistant✾. »

Celui-Dont-On-Ne-Doit-Pas-Prononcer-Le-Nom/ *He Who Must Not Be Named*
Traduit mot à mot, *He Who Must Not Be Named* signifie « Celui qui ne doit pas être nommé », d'où « Celui-Dont-On-Ne-Doit-Pas-Prononcer-Le-Nom ». La tournure passive n'a pas été conservée : c'est « on » qui ne doit pas prononcer le nom,

---
❖ *Le Figaro*, 27 novembre 2000.
✾ *Le Cinéma*, 5-11 décembre 2001.

et non pas le « nom » qui ne doit pas *être* prononcé... L'anglais soulignait ainsi la soumission à Voldemort. On observera cependant que certains personnages comme Dobby l'elfe de maison utilisent tout de même, dans la version française, la tournure passive, en appelant Voldemort « Celui-Dont-Le-Nom-Ne-Doit-Pas-Être-Prononcé », ce qui s'accorde bien à son rôle de serviteur soumis.

📖 **Neville Londubat/*Neville Longbottom***
La traduction la plus fidèle de Longbottom serait « long derrière ». Il faut donc comprendre « long du bas » pour interpréter le jeu de mot français.

📖 **Miroir du Riséd/*Mirror of Erised***
Le Miroir du Riséd montre le *désir* le plus profond, le plus cher que nourrit la personne qui le contemple au fond de son cœur. Or, le « reflet » du mot « désir » (c'est-à-dire le mot que l'on découvre si l'on écrit « désir » à l'envers) est « riséd ». En anglais, « désir » s'écrit « *desire* », sans accent et avec un « e » final, d'où : *Mirror of Erised...*

📖 **Tom Elvis Jedusor/*Tom Marvolo Riddle***
Tom Elvis Jedusor n'est autre que Voldemort lui-même. Il s'agit d'une anagramme de son nom. En effet, il suffit de changer l'ordre des lettres de « Tom Elvis Jedusor » pour lire la phrase : « Je suis Voldemort. » Soit, dans la version anglaise : « *I am Lord Voldemort* », qui par anagramme devient *Tom Marvolo Riddle*, le véritable nom anglais de Voldemort. On observera aussi que *riddle* signifie « énigme », « devinette », et que J.-F. Ménard a fait d'une pierre deux coups en se prêtant à l'anagramme, mais aussi en traduisant *Riddle* par « Jedusor » (= jeu du sort).

📖 **Professeur Chourave/*Professeur Sprout***
En anglais, *sprout* désigne différents termes de botanique (discipline enseignée par le professeur Chourave) et signifie également « choux de Bruxelles », d'où « Chourave ».

Mme Bibine/*Mrs Hooch*

Hooch est l'équivalent anglais de « gnôle », terme familier signifiant « eau-de-vie ». Quel rapport avec Bibine ? Eh bien ! la « bibine » est, familièrement, un infâme breuvage !

Dragée surprise de Bertie Crochue/ *Bertie Bott's Every-Flavour Bean*

Littéralement, *Bertie Bott's Every-Flavour Bean* pourrait se traduire par « Haricot à tous les goûts de Bertie Bott ».

Chocogrenouille/*Chocolate Frog*

Littéralement : « grenouille au chocolat ». Le traducteur aura préféré le mot-valise « Chocogrenouille » !

Crockdur/*Fang*

En français, *fang* signifie « croc ». Mais, s'il est vrai que *Fang* sonne bien en anglais, « Crockdur » sonne mieux que « croc » en français… Et le chien de Hagrid a sûrement les crocs durs !

Touffu/*Fluffy*

Fluffy signifie littéralement « duveteux », « en peluche »…

Sinistros/*Grim*

En français, *grim* signifie « sinistre », mais là encore, « le Sinistre » sonne moins bien que « le Sinistros ». De plus, le suffixe « os » nimbe de mystère le présage de mort qu'est le Sinistros.

Pré-au-Lard/*Hogsmead*

Hogs signifie « cochons » ou « porcs » ; *mead*, abréviation de *meadow*, se traduit par « pré » ou « prairie ». D'où : « Pré-au-Lard ».

Noise/*Knut*

Nut, en anglais, désigne les noix, les noisettes et autres fruits à écale. J. K. Rowling, en ajoutant un « k » au début du mot, en a modifié l'orthographe – mais pas la prononciation. Quoi de plus normal alors de déformer « noix » en « Noise » ? D'autant que *knot*, le mot anglais le plus proche de *knut*, signifie « nœud » ; or, « chercher noise », n'est-ce pas rechercher les embrouilles et les sacs de nœuds ?

Lunard/*Moony*

Moon signifie « lune », d'où « Lunard », le « y » final faisant fonction, comme le « ard » français, de diminutif un brin péjoratif.

Serdaigle/*Ravenclaw*

Le mot *raven* correspond au « corbeau » français ; et *claw* signifie « griffe ». La « griffe de corbeau » a été transformée en « serre d'aigle », plus évocatrice et plus facile à prononcer, d'où : « Serdaigle ».

Poufsouffle/*Hufflepuff*

Pour cette traduction, Ménard se serait inspiré de la *sonorité* du mot « Hufflepuff ».

Croûtard/*Scabbers*

Scab, que l'on retrouve dans *Scabbers*, signifie « croûte ». Pas étonnant que le rat de Ron se nomme Croûtard dans la version française !

Rapeltout/*Remembrall*

Remembrall est composé du verbe *remember* (« rappeler »)dont le « e » final, qui se prononce à peine, est tombé, et de *all* (« tout »). De même, le verbe français « rappeler », qui perd quelques lettres au passage, adjoint à « tout » donne « Rapeltout »...

Nettoie-Tout magique de la Mère Grattesec/ *Mrs Shower's All-Purpose Magical Mess-Remover*

Ce produit nettoyant dont on fait la publicité dans le stade de Quidditch lors de la Coupe du Monde au début du tome 4 pourrait se traduire littéralement : « Détachant de saleté magique tout usage de Mme Douche »… La solution retenue par J.-F. Ménard a le mérite de la clarté.

ASPIC, BUSE et S.A.L.E/N.E.W.T, O.W.L. et S.P.E.W.

Le sigle *N.E.W.T.* (*Nastily Exhausting Wizarding Tests*) peut se traduire littéralement par : « Examens sorciers désagréablement épuisants. » Il est l'équivalent français de l'ASPIC : « Accumulation de Sorcellerie Particulièrement Intensive et Contraignante. » En outre, le mot *newt* signifiant « triton » (batracien proche de la salamandre), J.-F. Ménard aura voulu rester dans le registre zoologique en donnant à son équivalent français le nom d'une vipère venimeuse : l'aspic. Les lecteurs les plus attentifs auront constaté que le nom français de Newt Scamander (auteur de *Vie et Habitat des animaux fantastiques*) est Norbert Dragoneau ! Quant au sigle *O.W.L.*, il est l'abréviation de *Ordinary Wizardings Levels*, mot à mot : « Niveaux sorciers ordinaires », et équivaut à la BUSE : « Brevet universel de sorcellerie élémentaire. » Précisons, de plus, que *owl* signifie « hibou », et qu'une buse est un rapace diurne qui s'y apparente ; J.-F. Ménard, en fin traducteur, a donc préservé l'effet produit par le sigle O.W.L. ! Chez nos voisins britanniques, enfin, la S.A.L.E. s'appelle la *S.P.E.W.*, ou *Society for the Promotion of Elfish Welfare*, c'est-à-dire : « Société (ou Association) pour la promotion du bien-être elfique » – si l'on peut se permettre un néologisme… Mais le mot *spew* signifie « vomir ». Il est donc logique que, dans la version française, Harry et Ron confondent le sigle S.A.L.E. (Société d'Aide à la Libération des Elfes) avec l'adjectif « sale », qui n'est guère plus ragoûtant !

MACARONISMES[+], LATINISMES ET HELLÉNISMES

Nombre de termes sortis de l'imagination de J. K. Rowling présentent une ressemblance frappante avec la

---

[+] Macaronisme (ou latin de cuisine) : terme plus ou moins fantaisiste, imité du latin.

langue latine. Par exemple, le nom « Animagus » et son pluriel « Animagi », avec leur désinence en « us » et « i », obéissent à la deuxième déclinaison latine des noms masculins.

D'autres mots sont purement et simplement empruntés au latin.

De nombreuses formules magiques sont également imitées du latin avec des terminaisons en « us » *(Petrificus Totalus, Expelliarmus...)*, en « um » *(Apparecium)*, en « a » *(Alohomora)*, en « is » *(Locomotor Mortis, Avis)*...

Les traductions françaises des formules magiques demeurent donc pour la plupart identiques, même si J.-F. Ménard en a modifié quelques-unes. Par exemple, la formule *Expecto Patronum* donne en français « *Spero Patronum* ». *Spero*, qui signifie en latin « j'espère », est un synonyme plus transparent de *expecto* (ou *exspecto*), qui signifie en outre « j'attends » ou « j'appréhende », et qui se retrouve dans l'expression française « être dans l'expectative ».

NOBODY'S PERFECT * !

Peut-on chercher des poux (de lard !) à J.-F. Ménard, on dénichera bien quelques incohérences d'un volume à l'autre. Menues négligences du traducteur, ou souci de rectifier ?

Dans le tome 1, p. 76 en édition de poche, Hagrid explique à Harry que le ministre de la Magie se nomme Cornelius **Lafadaise**. Ce même personnage réapparaît au chapitre 14 du tome 2 sous le nom, cette fois, de... Cornelius **Fudge**, nom qu'il conserve dans les tomes suivants.

---

* Personne n'est parfait !

DÉCRYPTAGE ET TRADUCTION

Dans *Harry Potter à l'école des sorciers*, un certain **Brown Lavender** est appelé par le Choixpeau magique à rejoindre la maison des Gryffondor. Dès le tome 2, nous « entendons parler » de **Miss Lavande Brown**... qui a changé de sexe au passage !

Le prénom de **George Weasley** (frère de Ron) s'écrit normalement sans « s », à l'anglaise... sauf dans le tome 1 ! Dans le même ordre d'idée, **Ernie Macmillan** (tome 2), élève à Poufsouffle, change très légèrement son nom de famille en... **MacMillan** dans le tome 4 !

Le terme d'**Attrapeur** (de Quidditch) est employé pour les filles tantôt au masculin, tantôt au féminin (**Attrapeuse**). Enfin, les majuscules au début des mots sorciers changent constamment au fil des tomes : on écrira « **Basilic** » dans le tome 2 et « **basilic** » dans le tome 4, « **coupe du monde** » dans le tome 3 et « **Coupe du Monde** » dans le tome 4...

Ces rares imperfections ne doivent pas faire oublier l'habileté de Jean-François Ménard que l'on peut féliciter pour ses astucieuses traductions. Pour autant, on peut regretter que quelques passages de la version originale de *Harry Potter* soient restés ignorés et n'aient pas été traduits dans les premières publications françaises. Il semble que ces oublis aient été réparés dans les dernières rééditions.

Abracadabrantesque !

Si certaines personnes hésitent encore à lire *Harry Potter*, c'est parfois qu'elles s'attendent à découvrir une classique histoire de magie : une sorcière au nez crochu complote un projet diabolique et prépare sa potion magique à base de bave de crapaud, sous l'œil attentif de son chat noir.

Mais *Harry Potter* n'est pas de ces contes que les parents lisent à leurs enfants avant de dormir, farcis de formules magiques du type abracadabra-sésame-ouvre-toi-un-deux-trois-nous-irons-au-bois.

Certes, les formules magiques sont d'usage courant dans les aventures de l'apprenti sorcier. Mais elles diffèrent un peu des incantations classiques. Il faut d'abord les apprendre, ensuite les mettre en pratique (ce qui n'est pas toujours facile : seuls les bons élèves y réussissent), savoir les utiliser à bon escient (certains sortilèges sont même impardonnables !)... Ces formules sont cependant très secondaires par rapport à l'intrigue, et c'est peut-être aussi pour cette raison que *Harry Potter* n'est pas un livre de sorcellerie comme les autres.

Quelles différences existe-t-il entre un sortilège, un enchantement, un charme et un maléfice ? À ces questions, *Harry Potter* n'apporte encore aucune réponse claire. On peut supposer le charme positif, le maléfice nuisible, les sorts ou sortilèges, termes génériques neutres, désignant indifféremment l'un ou l'autre... Ou bien tous ces termes sont-ils plus ou moins synonymes ?

Voici un inventaire des sortilèges relevés dans les quatre premiers tomes de *Harry Potter*. On prendra en considération que le lecteur ne connaît pas toujours l'effet général d'une formule, mais parfois seulement sa conséquence dans un cas particulier.

SORTS DONT ON CONNAÎT
LA FORMULE MAGIQUE ET PARFOIS LE NOM

Accio	**Sortilège d'Attraction.** Parfois suivie du nom de la chose à attirer (« *Accio Éclair de feu* »), cette formule permet de faire voler un objet à distance jusqu'à soi.
Alohomora	Permet d'ouvrir les portes ou les fenêtres verrouillées.
Amplificatum	Sert à augmenter le volume, la taille d'un objet ou d'un individu.
Aparecium	Fait apparaître un texte écrit à l'encre invisible.
Avada Kedavra	Le pire des trois **Sortilèges Impardonnables.** Souvent utilisé par Voldemort, il fait apparaître « un éclair aveuglant de lumière verte », produit « un bruit semblable à une rafale de vent* » et tue sur le coup. Seule une personne a résisté à ce sortilège : Harry Potter.
Avis	Fait jaillir de petits oiseaux d'une baguette magique.
Cracbadabum	Permet de déchirer les sacs en deux.

---

* *Harry Potter et la Coupe de Feu*, éditions Gallimard Jeunesse.

ABRACADABRANTESQUE !

Dentesaugmento — Fait grandir et s'allonger les dents considérablement.

Destructum — Annule le sortilège *Prior Incanto*.

Dissendium — Fait glisser latéralement la statue de la sorcière borgne du collège Poudlard et ouvre ainsi l'un des passages secrets qui mènent à Pré-au-Lard.

Endoloris — **Sortilège Doloris.** L'un des trois **Sortilèges Impardonnables.** Inflige des douleurs atroces à un individu et provoque d'horribles convulsions.

Enervatum — Annule l'effet du sortilège de Stupéfixion, et remet ainsi en mouvement un individu stupéfixé.

Expelliarmus — **Sortilège de Désarmement.** Fait sauter la baguette magique ou quelque autre objet de la main de son propriétaire pour le désarmer.

Ferula — Permet de bander une partie du corps telle que la jambe et de la fixer à une attelle.

Finite Incantatem — Met fin à un ou plusieurs sortilège(s).

Furunculus — **Sortilège de Furonculose.** Couvre le visage et le corps d'horribles furoncles.

Impedimenta — **Maléfice d'Entrave**, limité dans le temps. Fige un individu. Effet proche du sortilège de Stupéfixion.

Impero — **Sortilège de l'Imperium** ; l'un des trois **Sortilèges impardonnables.** Permet de prendre le contrôle de l'esprit d'un individu et de le soumettre à sa volonté.

Impervius — Formule utilisée par Hermione sur les lunettes de Harry afin qu'elles repoussent l'eau de pluie.

Incendio — Cette formule permet d'allumer un feu de cheminée, mais peut probablement créer un brasier n'importe où.

Lashlabask — Cette formule est prononcée par Harry pour chasser un Strangulot ; on ne connaît pas son effet général.

Locomotor Mortis	**Maléfice** (ou sortilège) **du Bloque-jambes**. Colle les deux jambes d'une personne l'une à l'autre.
Lumos	Fait apparaître à l'extrémité d'une baguette magique une petite lumière de faible éclairage.
Mobiliarbus	Utilisé par Hermione pour soulever un sapin et le déplacer de quelques centimètres, ce sortilège permet de déplacer les végétaux et peut-être toutes sortes d'objets. Cependant, si l'on décompose sa formule, on suppose que ce sort ne sert à rendre *mobiles* que les *arbustes*.
Mobilicorpus	Immobilise les corps et les fait léviter pour les déplacer en flottant au-dessus du sol.
Morsmordre	Formule qui fait apparaître la Marque des Ténèbres.
Mutinlutin Malinpesti	Censée immobiliser des lutins de Cornouailles, cette formule est prononcée par Gilderoy Lockhart. Elle se révèle inefficace ; on ne sait même pas s'il s'agit d'une véritable formule ou d'une invention du professeur.
Nox	Annule l'effet de *Lumos* ; éteint la lumière apparue au bout de la baguette magique grâce au sortilège *Lumos*.
Orchideus	Fait jaillir un bouquet de fleurs (des orchidées ?) à l'extrémité d'une baguette magique.
Oubliettes	**Sortilège d'Amnésie**. Fait perdre totalement et définitivement la mémoire.
Petrificus Totalus	**Maléfice du Saucisson**. Pétrifie tout le corps d'une personne comme si elle était ligotée, bâillonnée. Ses sens et sa conscience restent cependant en éveil, bien que seuls ses yeux puissent encore bouger.
Pointe au nord	**Enchantement des Quatre-Points**. Cette formule permet à la baguette magique d'un sorcier d'indiquer le nord et de l'aider à s'orienter.

ABRACADABRANTESQUE !

Prior Incanto — Permet de réitérer le dernier sort jeté d'une baguette magique, et de connaître ainsi le dernier sort qu'une baguette a lancé.

Priori Incantatum — **Remontée des sortilèges.** Lorsqu'une baguette magique lance un sort à sa « sœur jumelle », elles ne peuvent se combattre l'une l'autre. L'une des deux baguettes doit contraindre l'autre à « régurgiter les sortilèges qu'elle a jetés en remontant le cours du temps[*] ».

Reducto — **Sortilège de Réduction.** Sort opposé à l'*Amplificatum*. Réduit ou redonne sa taille normale à une chose, à un individu, ou encore élimine un objet. N'a d'effet que sur les objets solides.

Reparo — Permet de reconstituer une vitre fracassée à partir de ses débris ; et sans doute, plus généralement, de réparer un objet cassé.

Rictusempra — **Sortilège de Chatouillis.** Fait jaillir de la baguette magique une lumière argentée qui atteint le ventre de la personne visée, la plie en deux et lui inflige un fou rire inextinguible.

Riddikulus — Pour neutraliser un Épouvantard, il faut l'imaginer dans une posture désopilante et prononcer cette formule magique.

Serpensortia — Formule permettant de faire jaillir un serpent de la baguette magique qui lance le sort.

Sonorus — Amplifie le son de la voix pour se faire entendre dans le tumulte ou à des kilomètres.

Sourdinam — Annule l'effet du sortilège *Sonorus* : redonne à la voix dont le son a été amplifié son intensité normale.

---

[*] *Harry Potter et la Coupe de Feu*, éditions Gallimard Jeunesse.

Spero Patronum	Sortilège qui permet de faire apparaître un Patronus, seule créature apte à repousser des Détraqueurs. Prononcer la formule ne suffit pas : il faut se concentrer simultanément sur un événement très heureux.
Stupéfix	**Sortilège de Stupéfixion.** Ce charme permet de figer quelqu'un, de le rendre immobile, « fixe ». On dit qu'il est « stupéfixé ».
Tarentallegra	Permet de faire perdre à autrui le contrôle de ses jambes. Mises en mouvement, elles « s'agitent en une danse effrénée* ».
Waddiwasi	On ne connaît pas l'effet général de ce sort. Le professeur Lupin l'emploie pour décoller une boule de chewing-gum coincée dans une serrure de porte, laquelle boule s'enfonce « avec la force d'une balle de fusil* » dans la narine gauche de Peeves, l'esprit frappeur du collège Poudlard.
Wingardium Leviosa	Pour faire voler une plume – et sûrement tout objet – à l'aide de sa baguette magique.

**SORTS DONT LE NOM SEUL NOUS EST CONNU
MAIS PAS LA FORMULE MAGIQUE**

Les effets des sortilèges suivants ne sont pas toujours décrits dans *Harry Potter*. Bien que l'on puisse deviner leurs conséquences d'après leur nom, nous ne les avons pas toujours précisées.

---

* *Harry Potter et la Chambre des Secrets*, éditions Gallimard Jeunesse.
* *Harry Potter et le prisonnier d'Azkaban*, éditions Gallimard Jeunesse.

ABRACADABRANTESQUE !

Sortilège d'Allégresse	Procure « une durable sensation de contentement* ».
Charme du Bouclier	Dresse provisoirement autour d'une personne « un mur invisible pour détourner les sortilèges mineurs✣ ».
Maléfice de Catapultage	
Sortilège de Confusion	Pour semer le doute, la confusion, « embrouiller » l'esprit de quelqu'un ou... de quelque chose, comme la Coupe de Feu.
Sortilège de Conjonctivite	
Sortilège Coupe-Griffes	
Sortilège de Découpe	
Sortilège d'Empiffrement	
Sortilège d'Engorgement	
Sortilège d'Expulsion	L'opposé du sortilège d'Attraction. Sert à repousser, à éloigner.
Sortilège d'Extinction	
Sortilège de Fidélitas	« Il s'agit d'un procédé magique destiné à cacher un secret au cœur d'un être unique. L'information est dissimulée à l'intérieur même de la personne choisie, qu'on appelle le Gardien du Secret. Le secret devient alors impossible à découvrir, sauf bien sûr si le Gardien décide de le divulguer*. »
Sortilège de Foloreille	Rend les oreilles folles : les fait s'agiter dans tous les sens.
Sortilège de Gavage	Permet de faire pousser la flore, comme le ferait un engrais très puissant.
Sortilège de Gèle-Flamme	

---

* *Harry Potter et le prisonnier d'Azkaban*, éditions Gallimard Jeunesse.
✣ *Harry Potter et la Coupe de Feu*, éditions Gallimard Jeunesse.
* *Harry Potter et le prisonnier d'Azkaban*, éditions Gallimard Jeunesse.

Maléfice de Jambencoton	
Sortilège de Métamorphose	Pour métamorphoser, transformer quelque chose ou quelqu'un.
Sortilège de Récurage	Pour récurer les ongles sales.
Sortilège Repousse-Moldu	Pour occulter certains lieux à la vue des Moldus. Lorsqu'un Moldu s'en approche de trop près, il se rappelle soudain un rendez-vous urgent et s'éloigne.
Sortilège de Sécheresse	Pour assécher les flaques et les mares.
Sortilège de Têtenbulle	Pour respirer sous l'eau.
Sortilège de Transfert	Comme son nom l'indique, ce sortilège permet de transférer un objet sur un corps quelconque.

AUTRES FORMULES

La carte du Maraudeur	La phrase magique : « *Je jure solennellement que mes intentions sont mauvaises* » fait apparaître la carte du Maraudeur ; la formule « *Méfait accompli !* » l'efface.
« Les os, la chair, le sang »	Pour faire renaître son maître Voldemort, Queudver prononce l'incantation suivante, en ajoutant les « ingrédients » nécessaires dans un chaudron au fur et à mesure : « *Que les ossements du père, donnés en toute ignorance, fassent renaître son fils ! Que la chair du serviteur donnée volontairement fasse revivre son maître. Que le sang de l'ennemi… pris par la force… ressuscite celui qui le combat*[‡]. »

[‡] *Harry Potter et la Coupe de Feu*, éditions Gallimard Jeunesse.

La bibliothèque
des sorciers

Les sorciers de *Harry Potter* ne sont pas si différents de nous, Moldus. Les apprentis sorciers vont au collège, leurs parents travaillent dans des bureaux – du ministère de la Magie ou encore de *La Gazette du sorcier*. Tous sont aussi fanatiques du Quidditch que les Moldus le sont du football... Encore ce fameux parallèle entre notre univers et celui des sorciers !

Mais dans *Harry Potter*, au diable les vieux grimoires, place à un monde nouveau : les sorciers possèdent, tout comme les Moldus, leurs guides Michelin, leurs livres pour étudier, cuisiner, ou encore élever... des dragons !

Tous les livres qu'ont pu lire Harry, et surtout Hermione, au cours de leurs quatre premières années scolaires sont ici répertoriés. Leurs titres originaux (anglais) sont donnés sur la colonne de droite, pour les anglophones curieux de connaître les subtilités des traductions.

LIVRES ET MANUELS DEMANDÉS POUR LES ÉTUDES À POUDLARD

Première année

- Phyllida AUGIROLLE, *Mille herbes et champignons magiques*
  One Thousand Magical Herbs and Fungi, by Phyllida Spore

- Arsenius BEAULITRON, *Potions magiques*
  Magical Drafts and Potions, by Arsenius Jigger

- Emeric G. CHANGÉ, *Manuel de métamorphose à l'usage des débutants/ Guide des débutants en métamorphose* ✢
  A Beginners' Guide to Transfiguration, by Emeric Switch

- Norbert DRAGONNEAU, *Vie et habitat des animaux fantastiques*
  Fantastic Beasts and Where to Find Them, by Newt Scamander

- Miranda FAUCONNETTE, *Le Livre des sorts et enchantements (niveau 1)*
  The Standard Book of Spells (Grade 1), by Miranda Goshawk

- Quentin JENTREMBLE, *Forces obscures : comment s'en protéger*
  The Dark Forces : A Guide to Self-Protection, by Quentin Trimble

- Adalbert LASORNETTE, *Magie théorique*
  Magical Theory, by Adalbert Waffling

- Bathilda TOURDESAC, *Histoire de la magie*
  A History of Magic, by Bathilda Bagshot

✢ On relève ici une bénigne erreur du traducteur : *Manuel de métamorphose à l'usage des débutants* et *Guide des débutants en métamorphose* sont deux traductions différentes d'un seul et même livre dans la version anglaise : *A Beginners'Guide to Transfiguration.*

LA BIBLIOTHÈQUE DES SORCIERS

Deuxième année

- Miranda FAUCONNETTE, *Le Livre des sorts et enchantements (niveau 2)*

  The Standard Book of Spells (Grade 2), by Miranda Goshawk

- Gilderoy LOCKHART, *Flâneries avec le Spectre de la mort*

  Break with a Banshee, by Gilderoy Lockhart

- Gilderoy LOCKHART, *Vadrouilles avec les goules*

  Gadding with Ghouls, by Gilderoy Lockhart

- Gilderoy LOCKHART, *Vacances avec les harpies*

  Holidays with Hags, by Gilderoy Lockhart

- Gilderoy LOCKHART, *Randonnées avec les trolls*

  Travels with Trolls, by Gilderoy Lockhart

- Gilderoy LOCKHART, *Voyages avec les vampires*

  Voyages with Vampires, by Gilderoy Lockhart

- Gilderoy LOCKHART, *Promenades avec les loups-garous*

  Wanderings with Werewolves, by Gilderoy Lockhart

- Gilderoy LOCKHART, *Une année avec le Yéti*

  Year with the Yeti, by Gilderoy Lockhart

Troisième année

- Miranda FAUCONNETTE, *Le Livre des sorts et enchantements (niveau 3)*

  The Standard Book of Spells (Grade 3), by Miranda Goshawk

- Cassandra VABLATSKY, *Lever le voile du futur*

  Unfogging the Future, by Cassandra Vablatsky

- *Manuel du cours moyen de métamorphose*

  Intermediate Transfiguration

- *Le Monstrueux Livre des Monstres*

  The Monster Book of Monsters

Quatrième année

- Miranda FAUCONNETTE, *Le Livre des sorts et enchantements (niveau 4)* — *The Standard Book of Spells (Grade 4),* by Miranda Goshawk

Septième année

- *Manuel de métamorphose avancée* — *A Guide to Advanced Transfiguration*

LIVRES SUR LES CRÉATURES FANTASTIQUES ET ANIMAUX MAGIQUES

- Gilderoy LOCKHART, *Le Guide des créatures nuisibles* — *Guide to Household Pests,* by Gilderoy Lockhart

- *Créatures abominables des profondeurs* — *Dreadful Denizens of the Deep*

- *Les Différentes Espèces de dragon d'Angleterre et d'Irlande* — *Dragon Species of Great Britain and Ireland*

- *L'Élevage des dragons pour l'agrément ou le commerce* — *Dragon-Breeding for Pleasure and Profit*

- *Le Guide de l'amateur de dragons* — *A Dragon Keeper's Guide*

- *Les hommes qui aimaient trop les dragons* — *Men Who Love Dragons Too Much*

- *De l'œuf au brasier* — *From Egg to Inferno*

LIVRES SUR L'HISTOIRE DE LA MAGIE ET DE LA SORCELLERIE

- Adalbert LASORNETTE, *Histoire de la magie**

  A History of Magic, by Bathilda Bagshot

- *Anthologie des enchantements au XVIIIe siècle*

  An Anthology of Eighteenth-Century Charms

- *Grandeur et décadence de la magie noire*

  The Rise and Fall of the Dark Arts

- *Les Grands Événements de la sorcellerie au XXe siècle*

  Great Wizarding Events of the Twentieth Century

- *Guide de la sorcellerie médiévale*

  A Guide to Medieval Sorcery

- *Histoire de la magie moderne*

  Modern Magical History

LIVRES DE FORMULES ET POTIONS, ENCHANTEMENTS, SORTILÈGES ET MALÉFICES MAGIQUES

- *Magie maboule pour sorciers sonnés*

  Madcap Magic for Wacky Warlocks

---

* Nouvelle bévue du traducteur : il s'agit en effet du même livre que celui nécessaire à Harry pour sa première année d'études à Poudlard, à savoir l'*Histoire de la magie* de Bathilda Tourdesac. Adalbert Lasornette est l'auteur de *Magie théorique* – d'où la confusion, pour le lecteur français, qui croit avoir deux *Histoire de la magie* différentes..

- *Maléfices de base pour sorciers pressés et contrariés* — Basic Hexes for the Busy and Vexed
- *Potions de grands pouvoirs* — Moste Potente Potions
- *Les Pouvoirs que vous avez toujours eus sans le savoir et comment les utiliser maintenant que vous êtes un peu plus sage* — Powers You Never Knew You Had and What to do With Them Now You've Wised Up
- *Propriétés des plantes aquatiques magiques du bassin méditerranéen* — Magical Mediterranean Water-Plants and Their Properties
- *Roueries et fourberies pour sorciers hardis* — Saucy Tricks for Tricky Sorts
- *Sorts et enchantements anciens et oubliés* — Olde and Forgotten Bewitchments and Charmes
- *Tant qu'il y a de la magie, il y a de l'espoir* — Where There's a Wand, There's a Way

LIVRES DE CUISINE OU INGRÉDIENTS MAGIQUES

- *Comment ensorceler son fromage* — Charm Your Own Cheese
- *Encyclopédie des champignons vénéneux* — Encyclopedia of Toadstools
- *Festin minute en un coup de baguette* — One Minute Feasts – It's Magic!
- *La Pâtisserie magique* — Enchantment in Baking

LIVRES PÉDAGOGIQUES

- *Le Guide des écoles de sorcellerie en Europe*
- *L'Histoire de Poudlard*
- *Les Sites historiques de la sorcellerie*
- *Vie et mœurs des Moldus en Grande-Bretagne*

An Appraisal of Magical Education in Europe
Hogwarts : A History
Sites of Historical Sorcery
Home Life and Social Habits of British Muggles

LIVRES SUR LE QUIDDITCH ET LES BALAIS DE COURSE

- *En vol avec les Canons*
- *Les Équipes de Quidditch de Grande-Bretagne et d'Irlande*
- *Manuel d'entretien des balais* (fourni dans le *Nécessaire à balais*)
- *Quel balai choisir* ✪ ?
- *Le Quidditch à travers les âges*

Flying with the Cannons
Quidditch Teams of Britain and Ireland
Handbook of Do-it-Yourself Broomcare
Which Broomstick
Quidditch Through the Ages

LIVRES DIVERS

- Gilderoy LOCKHART, *Moi, le magicien*

Magical Me, by Gilderoy Lockhart

✪ Voir note suivante.

- *Dilemmes de la sorcellerie insolite et leurs solutions* Weird Wizarding Dilemmas and Their Solutions
- *Histoire des préfets célèbres* Prefects Who Gained Power
- *Indispositions et affections magiques les plus communes* Common Magical Ailments and Afflictions
- *Présages de mort : que faire lorsque l'on sent venir le pire* Death Omens : What to Do When You Know the Worst Is Coming
- *Sonnets d'un Sorcier* Sonnets of a Sorcerer

N'OUBLIONS PAS QUE LES SORCIERS LISENT AUSSI LA PRESSE...

- *Balai-Magazine** Which Broomstick
- *La Gazette du sorcier* The Daily Prophet
- *Le Mensuel de la Métamorphose* Transfiguration Today
- *Sorcière-Hebdo* Witch Weekly

... ET MÊME DES BANDES DESSINÉES !

- *Martin Miggs, le Moldu fou* The Adventures of Martin Miggs, the Mad Muggle

On observera que les sorciers lisent des histoires de Moldus pour se divertir, contrairement à nous, Moldus, qui lisons des histoires de sorciers !

---

* Encore une confusion : *Balai-Magazine* et *Quel balai choisir ?* sont la traduction du même titre anglais : *Which Broomstick*. Pourquoi cette distinction ?

Madame Harry Potter

Tout comme Harry Potter et Daniel Radcliffe, Joanne Kathleen Rowling est née le 31 juillet. Officiellement, c'était en 1965 à Chipping Sodbury (près de Bristol, dans le South Gloucestershire), en Angleterre. Mais il semblerait que Rowling ait en réalité vu le jour et vécu à Yate, une ville voisine, et non à Chipping Sodbury*.

À neuf ans, elle déménage dans le sud du Pays de Galles. Une quinzaine d'années plus tard, dont quatre passées à l'université d'Exeter, on la retrouve enseignant l'anglais à Paris pendant un an. Secrétaire de formation – une excellente école de dactylographie ! – et diplômée en littérature et langue françaises (elle aurait cependant préféré étudier la littérature anglaise), elle trouve un emploi au sein d'Amnesty International.

C'est en attendant un train, en 1990, qu'elle a l'idée de construire une histoire de sorciers. Dans le compartiment, elle commence à imaginer les personnages, les lieux, le nombre de tomes à écrire…

Partie s'installer à Manchester, elle décide de déménager de nouveau, au Portugal cette fois. Elle y enseigne

---

* Dans les premières éditions des livres de *Harry Potter*, les indications biographiques concernant J. K. Rowling, présentées en fin de volume, sont erronées sur certains points (lieu de naissance, entre autres) : fautes minimes, rectifiées dans les rééditions ultérieures.

l'anglais « à des élèves de huit à soixante-deux ans✢ ». C'est là qu'elle établit le plan des sept tomes de *Harry Potter* et rédige les premiers chapitres.

Survient sa rencontre, puis son mariage avec un journaliste, dont elle a, à vingt-sept ans, une petite fille : Jessica. Mais leur union est un échec. J. K. Rowling retourne vivre en Grande-Bretagne, à Édimbourg (Écosse), avec sa petite fille qu'elle « épuise » dans des promenades à seule fin de l'endormir, pour se précipiter ensuite dans les cafés écrire tranquillement son roman ! C'est dans le café de son beau-frère qu'elle met un point final à *Harry Potter à l'école des sorciers*. L'agent auquel elle envoie ce premier manuscrit, Christopher Little, essuie d'abord de nombreux refus pendant un an, avant d'intéresser un éditeur... Le succès est immédiat. Redevenue enseignante, J. K. Rowling décide de devenir écrivain à temps complet. Elle publie *Harry Potter et la Chambre des Secrets*, puis *Harry Potter et le prisonnier d'Azkaban*, chaque fois stupéfaite de son triomphe : elle, qui avait à peine de quoi payer son loyer et gâter sa fille (« les jouets de Jessica tenaient dans une boîte à chaussures✴ »), se voit rapidement propulsée au rang des personnalités les plus fortunées de Grande-Bretagne !

Aujourd'hui, J. K. Rowling vit toujours à Édimbourg avec Jessica. Elle s'est remariée secrètement, le 26 décembre 2001, avec son ami le médecin Neil Murray, trente ans, dont elle attend un nouvel enfant pour le printemps 2003. Désormais obligée d'enfermer ses manuscrits dans le coffre-fort d'une banque pour que personne ne puisse les lui dérober, elle se consacre à l'écriture des derniers tomes de *Harry Potter* – sept au total, un pour chaque année scolaire de Harry, jusqu'à ce qu'il quitte Poudlard.

✢ *Rencontre avec J. K. Rowling*, éditions Gallimard.
✴ *Ibid.*

Et après ? « Je suis certaine que je continuerai à écrire, affirme J. K. Rowling ; au moins tant que les gens voudront bien me lire*. »

---

* *Ibid.*

Des faits et des chiffres

- J. K. Rowling a été élue femme de l'année par le magazine *Glamour*.
- Elle a été faite Officier de l'Empire britannique.
- Sa fortune est considérée comme la troisième du Royaume-Uni, après la romancière Barbara Taylor Bradford et Sa Majesté la reine d'Angleterre.
- En un an, elle aurait gagné environ 33 millions d'euros, soit près de 215 millions de francs.
- Fait rare, *Harry Potter* a figuré à la fois en tête des ventes de livres pour enfants *et* pour adultes.
- *Harry Potter* a été traduit en une quarantaine de langues – on parle de 47 !
- *Harry Potter* s'est vendu dans plus de 200 pays.
- *Harry Potter* a occupé les trois premières places de la top-list du *New York Times* pendant 100 semaines.
- *Harry Potter* a obtenu 42 prix littéraires (certains disent plus de 50), dont, en France, le Prix Tam-Tam du livre de jeunesse et le Prix Sorcières du roman 1999.
- Aux États-Unis, le premier tirage de *Harry Potter et la Coupe de Feu* a été de 3,8 millions de volumes (en France : 450 000).

- Environ 500 000 exemplaires de *Harry Potter et la Coupe de Feu* se sont écoulés en Allemagne le jour même de sa parution ! En France, ce même tome s'est vendu en deux jours et demi à 68 000 exemplaires.
- En dix-huit mois, les trois premiers tomes auraient trouvé entre 19 et 28 millions d'acheteurs, selon les sources.
- Jusqu'au mois de décembre 2000, les quatre premiers tomes de *Harry Potter* se seraient vendus à 41 millions d'exemplaires. D'autres sources indiquent que 66 millions d'exemplaires des quatre premiers volumes auraient été achetés dans le monde au 29 novembre 2000, et 90 millions à l'automne 2001. Fin décembre 2001, on estimait ce même nombre à 100 millions et, quatre mois plus tard, à 147 millions... Il reste cependant très difficile d'estimer les ventes cumulées de *Harry Potter* qui, selon les méthodes de calcul, présentent des différences allant jusqu'à 27 millions d'exemplaires !
- En 2002, J. K. Rowling a été attaquée en justice par Nancy Stouffer, auteur de *The Legend of Rah and the Muggles*, dont le personnage principal s'appellerait Larry Potter, et dont J. K. Rowling se serait inspirée pour créer le personnage de Harry. L'accusation de plagiat a été rejetée et Stouffer a été condamnée à verser la somme de 50 000 dollars de dommages et intérêts à l'auteur des aventures de l'apprenti sorcier. Cette péripétie serait-elle l'une des raisons du retard de la publication du tome 5 ?

Dis-moi, Harry...

Si vous rencontriez **Harry Potter** dans la rue et que vous n'aviez qu'une question à lui poser...

Nelson, 13 ans
« *Dis, Harry, tu pourrais me faire visiter le monde des sorciers ?* »

Sonia, 15 ans
« *Harry, veux-tu me montrer ta baguette magique ?* »

Céline, 30 ans
« *S'il te plaît, est-ce que tu pourrais m'emmener sur le Chemin de Traverse ?* »

Simon, 12 ans
« *Est-ce que je pourrai devenir un sorcier, un jour ?* »

Christine, 42 ans
« *Harry, explique-moi... Qu'est-ce que tu lui trouves, à cet idiot de Ron ?* »

Claire, 14 ans
C'est difficile à imaginer, mais je pense que je demanderais à Harry : « Est-ce que tu ne regrettes pas d'être aussi célèbre ? »

Guillaine, 19 ans
« Harry, comment fais-tu pour toujours t'attirer les pires ennuis de la terre ? »

Baptiste, 6 ans
« Harry, est-ce que tu voudrais bien m'apprendre des formules magiques ? »

Johanna, 14 ans
« As-tu réussi à sortir avec Cho Chang ? »

Joël, 21 ans
« Harry, puis-je faire un tour sur ton balai volant ? »

Micheline, 61 ans
Tout d'abord, je dirais sans doute à Harry : « Courage, petit ! Tu gagneras ! » Ma question serait : « As-tu déjà imaginé quelle est la prochaine épreuve qui t'attend ? »

Clara, 11 ans
« Harry, pourquoi tu n'aimes pas Ginny ? »

Mathias, 13 ans
Je demanderais à Harry : « Aimerais-tu être dans la peau de quelqu'un d'autre ? »

Mathilde, 16 ans
Si je voyais Harry Potter, je serais super-contente ! Je penserais que l'univers décrit dans ses livres est bien réel, et je lui demanderais immédiatement : « Est-ce que tout ton monde existe ? »...

Jean-François, 50 ans
« Harry, que cherches-tu dans la vie ? »

Clémentine, 15 ans
Imaginons que je rencontre Harry : « Haaarrryyy !... Est-ce que je peux te demander une chose ? Tu m'emmènes à Poudlard ? Dis oui, s'il te plaît ! »

Sylvain, 18 ans
Si je tombais sur Harry Potter dans la rue, je lui dirais : « Apprends-moi à voler ou bien parle-moi de Rogue ! »

Audrey, 13 ans
« Est-ce que je peux toucher ta cicatrice ? »

Marie, 10 ans
J'aurais envie de connaître les élèves de Poudlard, alors je demanderais à Harry : « Est-ce que tu pourrais me présenter Hermione et tous tes amis ? »

Catherine, 54 ans
« Hello, Harry, how are things at Hogwarts ? »
(« Salut, Harry, comment ça se passe à Poudlard ? »)

Charlotte, 14 ans
« Harry, quand es-tu libre que nous puissions nous voir ? »

Pierre, 13 ans
« Comment fait-on pour devenir élève à l'école magique de Poudlard ? J'aimerais bien suivre les mêmes cours que toi et devenir un sorcier ! »

Josette, 73 ans
Harry est heureux chez les Weasley, il y a passé de bons moments, et j'aimerais le savoir de nouveau là-bas. Aussi je

lui demanderais : « Toutes tes épreuves sont-elles bientôt terminées, pour que tu puisses enfin reprendre une vie normale et retourner chez les Weasley ? »

Thomas, 21 ans
« Harry, tu peux me signer un autographe ? »

Charlotte, 11 ans
« Peux-tu m'apprendre des sorts ? »

Célia, 15 ans
« Tu crois que je pourrais aller étudier au collège Poudlard ? »

Christine, 41 ans
Ma question pour Harry serait : « Veux-tu me faire partager tes pouvoirs ? » J'ajouterais : « Reste toi-même ! »

Benjamin, 6 ans
« Est-ce que tu pourrais me dire où habite Hagrid... et où il se trouve en ce moment ? »

Louise, 15 ans
« Connais-tu un moyen pour que je devienne sorcière, ou bien pour que je sois en contact avec le monde de la sorcellerie ? »

Nicolas, 21 ans
« Ça te dirait de venir habiter chez moi, Harry ? »

Liliane, 13 ans
« Tu n'en as pas assez d'être célèbre, Harry ? »

Sandrine, 39 ans
« Harry, pourrais-tu m'emmener voler ? »

Laurane, 13 ans
« Est-ce possible d'être une Moldue comme moi et d'aller quand même dans ton monde, Harry ? Si oui, comment ? »

Brian, 12 ans
« Harry, tes lunettes, tu les as trouvées où ? Chez Afflelou ? »

Annick, 22 ans
Ce n'est pas très malin comme question, mais je dirais à Harry : « Il y a une fête chez moi ce soir... Ça te dirait de venir avec Ron et Hermione ? »

Juliette, 13 ans
« Pourrais-je t'accompagner à Poudlard, Harry ? »

Anne-Coralie, 16 ans
« Harry, je voudrais savoir : tu es heureux ? » Je trouve que c'est important.

Marc-Antoine, 13 ans
« Pourrais-tu demander à Ron si je peux aller chez lui ? »

Patricia, 48 ans
« Est-ce que tu peux m'emmener dans ton monde, Harry ? »

Aude, 20 ans
Ce n'est pas une question que je poserais à Harry ; je lui dirais plutôt : « Raconte-moi tout ! »

Dites-moi, J. K. Rowling...

Si vous rencontriez **J. K. Rowling** dans la rue et que vous n'aviez qu'une question à lui poser...

Laurane, 13 ans
« *Pourquoi ne comptez-vous écrire que sept tomes de Harry Potter ?* »

Célia, 15 ans
« *Comment avez-vous imaginé les aventures de Harry Potter ?* »

Guillaine, 19 ans
« *Pourrai-je venir vous voir quand j'irai à Édimbourg ?* »

Pierre, 13 ans
Je lui demanderais une dédicace, et je lui poserais ensuite cette question : « Pensez-vous à écrire les mêmes aventures de Harry Potter, mais du point de vue d'Hermione ou de Ron ? »

Catherine, 54 ans
« Why did you copy a story which already existed, though you did it well ? »
(« Pourquoi avoir copié une histoire déjà existante, fût-ce avec talent* ? »)

Adélaïde, 12 ans
« Si vous comptez faire mourir Harry ou l'un de ses proches dans l'un des prochains tomes, comment vous persuader de changer d'avis ? »

Clara, 11 ans
Si j'avais une demande à faire à J. K. Rowling, ce serait : « Pourriez-vous faire revivre Cédric Diggory ? »

Thomas, 21 ans
« L'intrigue de votre histoire est-elle entièrement ficelée, ou l'inventez-vous au fur et à mesure ? »

Louise, 15 ans
« Pourrais-tu écrire plus de sept tomes de Harry Potter ? »

Anne-Coralie, 16 ans
« Vous êtes-vous inspirée de l'un de vos proches pour créer le personnage de Harry Potter ? »

Sandrine, 39 ans
« Où trouvez-vous donc toutes vos idées, qui sont d'ailleurs fort bonnes ? »

Simon, 12 ans
Je lui demanderais simplement : « Est-ce que je pourrais avoir un autographe ? »

---

* Sur cette accusation de plagiat, dont J. K. Rowling a été lavée devant les tribunaux, voir p. 240.

Sonia, 15 ans
« Toute cette histoire est-elle vraie, ou n'est-ce que le fruit de votre imagination ? »

Aude, 20 ans
« Que comptez-vous écrire après que le septième tome de Harry Potter sera paru ? Toujours un livre "pour enfants" ou plutôt un livre "pour d'adulte" ? »

Josette, 73 ans
« Quand Harry sera-t-il enfin heureux ? »

Mathias, 13 ans
« Pourquoi n'écririez-vous pas plus de sept tomes des aventures de Harry ? »

Mathilde, 16 ans
L'emplacement de la cicatrice de Harry Potter sur son front est différente sur les dessins, sur la couverture du livre et dans le film... Je demanderais donc à J. K. Rowling : « De quel côté est censée se trouver la cicatrice de Harry ? » Mais avant, je la complimenterais pour ses livres et son courage... Elle n'a pas eu beaucoup de joies dans sa vie avant de devenir célèbre !

Claire, 14 ans
« Où avez-vous trouvé l'imagination nécessaire pour écrire toutes vos histoires ? »

Annick, 22 ans
« Est-ce que vous ne voudriez pas écrire plus de sept tomes de Harry Potter ? Même pour une importante somme d'argent ? »

Marie, 10 ans
Je féliciterais J. K. Rowling pour ses livres géniaux, mais je n'aurais pas de question particulière à lui poser. Je

n'aurais même pas envie de lui demander quelle sera la suite des histoires de Harry Potter. Je préfère laisser du suspense !

Jean-François, 50 ans
« Votre succès influence-t-il votre style d'écriture ? »

Clémentine, 15 ans
Si je rencontrais J. K. Rowling, il faudrait bien que j'utilise mon anglais de cuisine et mon fort accent français... « Do you want to... to... euh... to... "dedicace" me a book, please ? If you want to go to France, my address is... and my telephone number is... You can write to me, too ! I LOVE YOU ! » Puis, je m'évanouirais et je passerais pour une folle à lier ! (« Voulez-vous me... me... euh... me "dédiquer" un livre, s'il vous plaît ? Si vous voulez venir en France, mon adresse est... et mon numéro de téléphone est... Vous pouvez aussi m'écrire ! JE VOUS ADORE ! »)

Juliette, 13 ans
« Pourquoi Harry n'a-t-il ni frère ni sœur ? »

Christine, 42 ans
« Veux-tu venir dîner à la maison ? Nous pourrions discuter... »

Charlotte, 14 ans
Si je rencontrais J. K. Rowling, je l'implorerais : « Pourriez-vous écrire davantage de tomes de Harry Potter ? »

Joël, 21 ans
« Harry Potter va-t-il arrêter de pratiquer le Quidditch, avant que son caractère ne devienne celui d'un joueur de football* ? »

---

* Voir l'interview de Joël, p. 51.

Johanna, 14 ans
Je n'ai pas vraiment envie de connaître la suite de l'histoire car cela gâcherait la surprise. Je préfère attendre les prochains livres ! Mais si je n'arrivais pas à résister à la tentation, je demanderais à J. K. Rowling : « Harry survivra-t-il ? »

Niki, 55 ans
Si je rencontrais J. K. Rowling, je lui demanderais peut-être : « Comment vous sentez-vous face à un tel succès ? N'empêche-t-il pas trop votre imagination ? » Après tout, Harry Potter a été créé au temps des vaches maigres !

Christine, 41 ans
« Dans votre vie de tous les jours, avez-vous la tête sur les épaules ou dans les nuages ?... Surtout continuez ce que vous faites. »

Brian, 12 ans
« Pourrez-vous me faire lire les tomes 5, 6 et 7 en exclusivité ? »

Patricia, 48 ans
« Comment vivez-vous ce triomphe ? l'envolée de votre héros ? les produits dérivés ? le film ? Ne pensez-vous pas que ce succès vous a appris quelque chose de personnel ? » Je crois que je souhaiterais aussi savoir qui Harry Potter représente dans sa vie. Je sais, cela fait plus d'une question !

Audrey, 13 ans
« Mais d'où vous vient cette merveilleuse imagination ? »

Nicolas, 21 ans
« Pouvez-vous m'expliquer pourquoi Voldemort s'acharne tant à vouloir tuer Harry ? »

Micheline, 61 ans

Je ne poserais aucune question à J. K. Rowling ; je ne lui demanderais rien. Je la regarderais et, d'une certaine façon, je serais en admiration pour son imagination. Je me la représente d'ailleurs très jolie !

Harry Potter
à l'école des Moldus

Plusieurs enseignants ont choisi de faire étudier *Harry Potter* en classe, que ce soit à l'école primaire, au collège ou même au lycée, puisque dans certaines classes – comme la mienne – les professeurs ne dédaignent pas faire lire à leurs élèves le premier tome de la série... mais dans la langue de Shakespeare, bien entendu ! D'autres, plus classiques, feront décortiquer les figures de style dans *Germinal* ou les champs lexicaux dans *Lancelot du Lac* – ce qui, cela va de soi, passionne les élèves...

Cependant, certains professeurs perspicaces qui ont aimé l'œuvre de J. K. Rowling, et dont le désir est avant tout de donner le goût de la lecture à leurs élèves, se servent de *Harry Potter* comme livre de « lecture suivie » pour de nombreuses leçons de français. Ils éveillent la curiosité des jeunes lecteurs, mesurent leur compréhension du texte et discutent avec eux en parlant « potterien ».

Harry Potter peut aussi servir de support pour des « expressions écrites », telle cette institutrice qui, suite à la projection du film *Harry Potter à l'école des sorciers*, a proposé à ses élèves le sujet de rédaction suivant : « Toi et Harry Potter », les invitant à coucher noir sur blanc leurs impressions personnelles, à expliquer s'ils avaient préféré le long-métrage au livre, et à indiquer quelle serait leur réaction s'ils découvraient demain qu'ils étaient des sorciers...

Dans une classe de CM1 d'une petite ville de Normandie, une autre institutrice a, elle aussi, fait connaître à ses élèves *Harry Potter à l'école des sorciers*. Avant d'entamer le deuxième chapitre, chaque élève devait avoir lu le premier à voix haute pour la classe. Le professeur leur a posé oralement des questions sur le chapitre, leur a demandé quels étaient leurs goûts, leurs préférences quant aux personnages... À chaque fin de chapitre, elle a distribué à ses élèves des « fiches-questions ». Ils y ont répondu à l'aide du livre (ou non) et ont dessiné une scène du chapitre telle qu'ils se l'étaient imaginée. Le professeur notait leur travail et le leur rendait au cours suivant...

Voici quelques-unes de ces « fiches-questions ». Toutes renvoient au premier tome de la série. Elles sont illustrées par Marie, 10 ans, élève de cette classe de CM1. Chers professeurs, si le cœur vous en dit... Et merci à Marie et à son institutrice pour leur concours à la réalisation de cette rubrique.

DESSINE LA COUVERTURE DE
HARRY POTTER À L'ÉCOLE DES SORCIERS.

CHAPITRE 1

Qui sont M. et Mme Dursley pour Harry Potter ?

....

....

Que fabrique l'entreprise de M. Dursley ?

....

Qui sont les Moldus ?

....

....

Qui a tué les parents de Harry ?

....

....

Pourquoi Harry est-il déjà célèbre ?

....

....

Choisis une scène tirée de ce chapitre et dessine-la.

CHAPITRE 2

Pourquoi est-ce un jour important pour la famille Dursley ?
....
....

Fais la description de Harry.
....
....

Fais la description de Dudley.
....
....

Pourquoi les Dursley sont-ils obligés de prendre Harry avec eux au zoo ?
....
....

Avec quel animal Harry communique-t-il ?
....

Dessine Dudley et Harry

CHAPITRE 7

Donne le nom des « maisons ».

....

....

Quelles sont les quatre qualités requises pour être admis dans chacune de ces maisons ?

....

....

Quel est le mot de passe du jour ?

....

....

Qui choisit la « maison » de chaque nouvel élève ?

....

....

Dessine les professeurs autour de la grande table.

CHAPITRE 8

Qui est Rusard ?

....

....

Quel est le nom de sa chatte ?

....

Comment fabrique-t-on la « Goutte du Mort vivant » ?

....

....

Qu'est-ce qu'un bézoard ?

....

....

Il y en a cent quarante-deux à Poudlard : qu'est-ce que c'est ?

....

Le chaudron de Seamus a fondu pendant le cours du professeur Rogue.
Dessine ce qui se passe.

CHAPITRE 10

Que reçoit Harry dans un paquet ?
....

Combien de joueurs composent une équipe de Quidditch ?
....

Qu'est-ce qu'un Souafle ?
....

Pourquoi est-ce difficile d'attraper un Vif d'or ?
....
....

Quand la partie se termine-t-elle ?
....

Où se cache Hermione et pourquoi ?
....
....

Que fait Hermione pour que Harry ne se fasse pas disputer ?
....
....

Dessine le troll.

CHAPITRE 11

Que fait Hermione pour se réchauffer pendant la récréation ?

....

....

Que lit Harry pour se préparer au match ?

....

Pourquoi Rogue a-t-il une blessure à la jambe ?

....

D'après Hermione, pourquoi le balai de Harry se dérègle-t-il ?

....

....

Comment s'appelle le chien à trois têtes ?

....

Dessine Harry pendant le match de Quidditch.

CHAPITRE 12

Quel cadeau magique Harry reçoit-il ? Décris-le.
....
....

Qu'est-ce qui est écrit au-dessus du miroir ?
....
....

Sauras-tu trouver le code de ce message ? Que veut-il dire ?
....
....

Que voit Ron dans le miroir ?
....
....

Dessine ce que voit Harry dans le miroir.

CHAPITRE 17

Pourquoi Harry veut-il regarder dans le miroir ?
....
....

Quelle est donc cette mauvaise odeur qui provient du turban de Quirrell ?
....
....

Pourquoi Quirrell n'arrive-t-il pas à attraper Harry ?
....
....

Pourquoi Dumbledore hésite-t-il à manger des Dragées surprises ?
....
....

Est-ce que le livre t'a plu ? Pourquoi ?
....
....

Harry voit Voldemort. Dessine cette scène.

Harry-Quiz

Testez vos connaissances sur *Harry Potter* ! Si vous pensez avoir lu attentivement les quatre tomes, faites le quiz « facile ». Mais si vous êtes vraiment fan, si vous avez relu trente fois chaque tome, ou si vous prétendez vous souvenir de la couleur de la robe du professeur McGonagall le soir d'Halloween, vous n'aurez sans doute aucun mal à répondre au quiz « plus difficile »…

Quiz facile

1. Quel est le nom du chat d'Hermione Granger ?
2. Quel est le nom du balai de course le plus performant ?
3. Qui a ouvert la Chambre des Secrets pour la première fois ?
4. Dans quelle friandise trouve-t-on des cartes sur des sorciers célèbres ?
5. Quelle est la formule magique du sortilège d'Attraction ?
6. Quel est le prénom du professeur Trelawney ?
7. Comment se nomment les gardiens de la forteresse d'Azkaban ?

8. Combien y a-t-il de joueurs dans une équipe de Quidditch ?
9. Sous quel autre nom est connu le « Roi des Serpents » ?
10. Comment appelle-t-on un sorcier ou un mage ayant la faculté de se transformer en animal ?
11. Quel est le lien entre Sirius Black et Harry Potter ?
12. Que signifie S.A.L.E. ?
13. Lorsqu'il était bébé, grâce à quoi Harry Potter aurait-il résisté au sortilège « *Avada Kedavra* » lancé contre lui par Voldemort ?
14. Quelle créature magique possède un dard chez les mâles et une ventouse chez les femelles ?
15. Quelle carte a été crée par Lunard, Queudver, Patmol et Cornedrue ?

Quiz plus difficile

1. Comment s'appelle le contrôleur du Magicobus ?
2. Quel est le premier mot de passe qu'utilisent les élèves de Gryffondor dans *Harry Potter à l'école des sorciers* ?
3. Qu'est-ce qu'un Cracmol ?
4. Quels sont les noms des quatre chats de Mrs Figg ?
5. Comment appelle-t-on les fameux sorbets qui permettent de s'élever au-dessus du sol ?
6. Pourquoi Tom Elvis Jedusor a-t-il choisi le pseudonyme de Voldemort ?
7. Quel est le nom du riche promoteur immobilier que les Dursley reçoivent à dîner au début de *Harry Potter et la Chambre des Secrets* ?
8. Au total final, combien les Gryffondor ont-ils obtenu de points pour la Coupe des Quatre Maisons dans le tome 1 ?

9. De quelle matière était composée la baguette magique de James Potter et quelle était sa taille ?
10. Quelle est la différence d'âge entre Nicolas Flamel et Pernelle, son épouse ?
11. Quel est le nom de l'ancien concierge du collège Poudlard, qui occupait ce poste avant Rusard ?
12. Laquelle de ces quatre propositions ne désigne pas une race de dragon : le Boutefeu chinois ? le Suédois à museau court ? le Malarménien écossais ? le Norvégien à crête ?
13. Combien coûtent deux paires de Multiplettes à la Coupe du Monde de Quidditch, dans *Harry Potter et la Coupe de Feu* ?
14. Quel produit l'entreprise de Vernon Dursley fabrique-t-elle ?
15. De quel personnage cette phrase est-elle la « devise » : « Ne jamais se fier à quelque chose capable d'agir et de penser tout seul si l'on ne voit pas où se trouve son cerveau » ?

Réponses

Vous n'espériez tout de même pas qu'on allait vous donner les réponses ! En tant que fan de *Harry Potter*, vous vous devez de connaître ce b.a.-ba sur l'apprenti sorcier ! Dans notre extrême indulgence, nous vous donnons malgré tout quelques indices...

Quiz facile

1. Vous ne vous souvenez pas ? Hermione a acheté cet énorme chat orange aux **pattes arquées** à la ménagerie magique, dans le **chapitre 4 du tome 3**.

2. C'est le balai magique le plus en vogue du moment, encore plus puissant que le Nimbus 2001... **Sirius Black en offre un exemplaire anonymement à Harry.** Cherchez donc sa description dans le **chapitre 4 du tome 3** !

3. Il est vrai que Hagrid fut accusé à tort d'avoir ouvert la Chambre des Secrets... Mais jetez donc un œil au **chapitre 17 du tome 2**. Vous apprendrez que **celui-là même qui envoûta Ginny Weasley** pour ouvrir la Chambre la deuxième fois l'avait déjà ouverte lui-même une fois auparavant.

4. On trouve une carte sur un sorcier ou une sorcière illustre dans des friandises au chocolat dont tous les sorciers raffolent. Cependant, **prenez garde qu'elles ne coassent pas dans votre estomac** ! Vous ne voyez pas ? Cherchez dans le **tome 1, chapitre 6.**

5. Harry **prononce cette formule dans *Harry Potter et la Coupe de Feu***, pour amener jusqu'à lui son Éclair de feu afin de vaincre le Magyar à pointes... Vérifiez dans le **tome 4, chapitre 20.**

6. Le prénom du professeur Trelawney **évoque une Devineresse**, femme qui prédisait l'avenir. Les autres professeurs de Poudlard l'appellent bien entendu par celui-ci, comme dans le **chapitre 11 du tome 3**...

7. Les gardiens de la prison d'Azkaban sont des créatures dont on ne peut se débarrasser qu'**en créant un Patronus**... Le **chapitre 5 du tome 3** porte leur nom !

8. **Une équipe de Quidditch compte deux Batteurs, trois Poursuiveurs, un Gardien, un Attrapeur.** Si avec cela vous ne trouvez pas la réponse... Pas encore convaincu ? Reportez-vous au **chapitre 10 du tome 1.**

9. Le « Roi des Serpents » porte **le même nom qu'une herbe de Provence**... mais il est légèrement plus dangereux que celle-ci ! Si vous en doutez, référez-vous au **chapitre 16 du tome 2.**

10. Un sorcier apte à se métamorphoser en animal est à la fois un **animal** et un **mage**... Cela ne vous dit rien ? Allez relire **le chapitre 6 du tome 3** !

11. **Sirius Black était très ami avec le père de Harry Potter.** James lui donna un statut particulier vis-à-vis de Harry. Découvrez lequel au **chapitre 10 du tome 3.**

12. La S.A.L.E. est une association créée par Hermione Granger pour **rémunérer les elfes de maison**. Pour connaître la signification du sigle, rendez-vous au **chapitre 14 du tome 4**.
13. Comme le dit le professeur Dumbledore, **un amour fort laisse sa marque**... Pour plus d'explications, reportez-vous au **chapitre 17 du tome 1 ou du tome 2**.
14. La créature repoussante qui possède un dard chez les mâles et une ventouse chez les femelles porte **un très joli nom inventé par Hagrid**. Repérez lequel au **chapitre 13 du tome 4**.
15. Cette carte n'est pas une carte à jouer ni un plan... Elle permet aux farceurs comme Fred et George Weasley de **faire des farces** à longueur de journée **sans être repérés**... Voyez cela au **chapitre 10 du tome 3**.

Quiz plus difficile

1. Le contrôleur du Magicobus est **un jeune acnéique à oreilles décollées**, et apparaît dans le **chapitre 3 du tome 3**.
2. Ce mot de passe est une expression latine signifiant « **Tête de Dragon** »... Aucune idée ? Allez vous rafraîchir la mémoire à **la fin du chapitre 7 du tome 1**.
3. **Rusard en est un**... Harry l'apprend au **chapitre 9 du tome 2**.
4. La vieille Mrs Figg ne se séparerait pour rien au monde de ses quatre chats, dont les **noms** peuvent être qualifiés de parfaitement **cucul-la-praline**... **Voir le chapitre 2 du tome 1**.
5. Les sorbets qui font léviter **sont vendus entre autres chez Honeydukes**... où Harry peut enfin se rendre dans le **chapitre 10 du tome 3**.
6. Un petit conseil : **mélangez les lettres de « Tom Elvis Jedusor »**... Vous ne trouvez pas ? Le **chapitre 17 du tome 2** vous livrera la solution !
7. À un « i » près, le nom du riche promoteur immobilier que reçoivent les Dursley ressemble étrangement aux

produits qu'il vend, à savoir des **maisons**... Vous ne comprenez pas ? Cherchez mieux dans le **chapitre 1 du tome 2.**

8. Le total final de la maison des Gryffondor est **à dix points près le même que celui des Serpentard**... Vérifiez dans le **chapitre 17 du tome 1.**

9. James Potter possédait une baguette magique **de mêmes dimensions que celle de son fils**... Découvrez lesquelles au **chapitre 5 du tome 1.**

10. Le calcul est fort simple, si l'on sait que **lorsque Nicolas Flamel avait six cent soixante-cinq ans, Pernelle en avait six cent cinquante-huit** ! Si vous êtes trop fatigué pour compter vous-même, rendez-vous au **chapitre 13 du tome 1.**

11. Le prédécesseur de Rusard avait **un prénom évoquant celui d'un dieu de la mythologie latine**... Reportez-vous au **chapitre 31 du tome 4.**

12. Ce n'est pas bien difficile ! Réfléchissez un tantinet et vous déduirez que **l'une de ces espèces de dragon ne peut en aucun cas exister** ! Autrement, révisez vos cours de Soins aux créatures magiques ou relisez **les chapitres 19 du tome 4 et 14 du tome 1.**

13. Pour trouver le prix de deux paires de Multiplettes, encore faudrait-il commencer par **multiplier par deux le prix d'une paire de Multiplettes** ! Voir **la fin du chapitre 7 du tome 4.**

14. Ne vous moquez pas de moi ! Il vous suffit d'**ouvrir le tome 1 de *Harry Potter* à la toute première page** pour connaître le nom de l'entreprise de M. Dursley !

15. Celle qui recommande toujours de « ne jamais se fier à quelque chose capable d'agir et de penser tout seul si l'on ne voit pas où se trouve son cerveau » **est mère de sept enfants, tous roux**... Vous donnez votre langue au chat ? Récupérez-la au **chapitre 18 du tome 2.**

Pottermania :
On aura tout vu !

Harry Potter, c'était des livres. Uniquement des livres. Seulement voilà, ces livres ont très vite été connus de tous et Harry Potter est devenu une marque déposée : on ne lira plus « Harry Potter » ou « Gryffondor », mais « Harry Potter™ » ou « Gryffondor® »...

En l'an 2000, on nous promettait des serviettes de bain, des cartables, des figurines Harry Potter... Eh bien ! ça y est, les produits dérivés ont envahi la France... Jeux vidéos, livres autocollants ou calendriers, tout est bon pour rapporter de l'argent. Les enfants à qui sont destinés ces jouets n'ont parfois pas cinq ans, et ne sont certainement pas en âge de lire *Harry Potter*. Qu'importe : ce n'est pas pour le bonheur des petits et des grands que l'on fabrique tout cet attirail, mais pour le profit, qui est le moteur de notre monde. On vend n'importe quoi, et à des prix défiant l'imagination. Si, en bon « fan de *Harry Potter* », vous comptez vous acheter tous les produits dérivés, il vous faudra débourser des mille et des cents. Et, régulièrement, de nouveaux produits sont mis en vente.

Pourtant, *Harry Potter* n'est pas une image : c'est de la lecture ! Lecture qui nous permettait autrefois d'imaginer notre propre Harry Potter. C'est fini. Harry Potter n'aura plus qu'un visage – ou plutôt deux : celui des dessins (ceux des couvertures américaines ont été imposés à tous les pays) et celui de Daniel Radcliffe, le Harry Potter du grand écran. Il n'y aura plus un Harry Potter par lecteur – c'est-à-dire des millions. Voilà pourquoi tant de fans s'insurgent... même si d'autres, comme on a pu le constater jusque dans ces pages, raffolent des produits dérivés, qui sont autant de rappels de leur Harry bien-aimé.

Pour la promotion du tome 4 et pour combler l'attente du public, les éditions Gallimard prévoyaient déjà quelques produits dérivés : marque-pages, sacs en plastique (!), affiches et posters, et même un « Harry Potter taille réelle en carton ». Mais très vite, les produits dérivés ne se sont plus limités aux sacs...

Voici un catalogue de quelques-uns des innombrables produits dérivés Harry Potter, anglais ou français. Cet inventaire n'est pas exhaustif : il existe beaucoup d'autres produits dérivés, sans compter tous ceux qui n'ont pas encore vu le jour.

On colle Harry Potter sur nos vitres grâce aux « **livres d'autocollants** repositionnables et planches de décors ». On mange Harry Potter sous la forme de **bonbons** à l'« effigie » de notre héros international, sans oublier les **Chocogrenouilles** et les **Dragées surprises de Bertie Crochue**, hélas désensorcelés... On brode Harry Potter sur nos plus beaux pulls, grâce au **carnet de points de croix** !

Mettons Harry à nos pieds avec les paires de **chaussettes** Hedwige ou Hogwarts (Poudlard)... Collons Harry Potter un peu partout dans nos maisons avec les **post-it**... Harry nous bichonne et nous sèche : la **serviette de toilette**, le lot de deux **gants**, le **drap de douche** ou le « **linge de toilette** » à l'image du blason de Poudlard équipent notre salle de bains. Harry rafraîchit notre haleine grâce à la **brosse à dents électrique** « Harry Potter » COLGATE !

Les fournitures scolaires Harry Potter étaient nombreuses à la rentrée des classes. On comptait des **cartables** – ou plutôt de petits sacs pour l'école primaire –, des **agendas** (en « velours » avec lettres d'or « Hp » sur la couverture ou, plus classique mais joli aussi, avec des images du tome 1), des **trousses** en métal ou en plastique rouge, bleu ou violet, un **stylo plume**, des **stylos à bille**, une **gomme**, un **taille-crayon** en métal, un **double-décimètre** en plastique, un **crayon à papier** avec son petit Vif d'or en plastique en guise de gomme, des **classeurs** petits et grands, des **chemises cartonnées**, de nombreux **cahiers**, un lot de dix-huit **étiquettes** « Harry Potter » et « Vif d'or ».

Chez nos amis anglais, on retrouve aussi des cartables (collégiens et lycéens, n'espérez pas y faire entrer vos livres !), des cahiers, des trousses, mais aussi un **bloc-notes**, un « **kit de l'écolier** » Harry Potter (contenant une règle, un crayon à papier, deux gommes), un **sac à dos** « Quidditch » qui ne se distingue de la trousse que par la taille, et la charmante **ficelle** qui permet de le porter sur son dos... vide de préférence, de peur qu'il ne craque !

À rapprocher des fournitures scolaires, les fournitures de bureau : **pot à crayon** en métal orné d'un Harry volant, **papier à lettres** et **enveloppes** Harry Potter ou **papier à lettres** Nimbus 2000, « **coffret pour envoyer des messages** » composé de boîtes avec autocollants, étampe, papier et enveloppes...

On ne compte plus les vêtements Harry Potter. Citons les différents **T-shirts**, la **gamme de vêtements** La Redoute (jean, jupe, sweat-shirt, blouson, tee-shirts), les **chandails**, les **casquettes**, etc. N'oublions pas les différents **déguisements** de sorcier, comme ce « **kit du sorcier** » contenant une cape, des lunettes en plastique rafistolées, une baguette magique en plastique et des tatouages Harry Potter.

Pour dormir avec Harry, le « **linge de lit** » et la « **parure de lit** » Harry Potter : une taie d'oreiller 63 × 63 cm décorée du visage de Harry, un drap-housse 90 × 190 cm imprimé de dessins de Harry attrapant le Vif d'or, un drap plat 180 × 290 cm, une taie de traversin, une housse de couette 140 × 200 cm à l'image de la scène de l'enchantement des clés du tome 1... Le tout 100 % coton, bien entendu. De quoi faire d'excellents rêves.

En Angleterre, on trouve des « **audiobooks** », ou livres enregistrés, sous forme de cassettes audio ou de CD. Le hic, c'est que le tome 4, par exemple, occupe une bonne douzaine de disques, si bien que les audiobooks coûtent plus cher que les livres – beaucoup plus cher : de 62 € à 87 € environ (entre 407 et 570 francs) ! En France, seuls les premier et deuxième tomes ont été enregistrés par le comédien Bernard Giraudeau ; *Harry Potter à l'école des sorciers* tient dans un **coffret de six cassettes audio ou huit CD**, et *Harry Potter et la Chambre des Secrets* dans un **coffret de huit CD**.

Un carnet pour noter les dates d'anniversaire de ses amis et de toute sa famille ? Un journal intime avec des images de Poudlard ? Un carnet d'adresses pour répertorier les coordonnées de ses proches ? Ils sont tous édités par Gallimard Jeunesse et s'appellent respectivement (avec un sens étudié de l'originalité) « **livre des anniversaires *Harry Potter*** », « **journal de Poudlard *Harry Potter*** » et « **carnet d'adresses *Harry Potter*** ». Existent de même un **carnet secret** (journal intime) Nimbus 2000 avec cadenas et un simple **carnet de notes** Vif d'or.

Pour occuper nos dimanches de pluie, Harry nous veut du bien et nous propose de quoi faire des travaux manuels :

- Le **cahier de coloriage**, pour les artistes en herbe...
- Le **livre à peindre Harry Potter** (*L'école des sorciers* et *Le monde magique*) : comme un livre de coloriage, mais avec de la peinture ! Fourni avec palette, peinture de couleurs et pinceau, ce livre de dessins en noir et blanc est tout prêt à être peint.
- Le **kit** pour dessiner, colorier, crayonner et tamponner Harry Potter, constitué de feutres et de tampons encreurs à l'image de Harry et de son univers.
- La **boîte et les moules** pour créer badges et magnets Harry Potter. Pour fabriquer soi-même un Harry Potter en plâtre, c'est idéal !
- Si cela ne nous suffit pas, nous pouvons également **mouler des figurines** !
- Enfin, fabriquons et peignons nous-même une **pendule Harry Potter** ! Si, si, une pendule ! Et même pas celle de la famille Weasley !

Des boîtes en tous genres... On ne sait plus quoi inventer : grande **boîte de rangement** Harry Potter en carton avec des images des scènes du premier tome, « **pochette à rabats Hedwige** A4 pour courrier-hiboux » et **boîte de classement** pour papiers divers – tout cela à monter soi-même, n'en demandons pas trop ! J'oubliais les « **boîtes à secrets** » pour « enfermer ses formules magiques[*] », représentant Harry sur un nuage, Ron, Hermione, Hedwige, ou bien des scènes de *Harry Potter à l'école des sorciers*.

Signalons encore une **boîte à trésors** fournie avec plus de cent autocollants. Et enfin, l'objet élu le plus ridicule de l'année : une minuscule petite boîte ronde et jaune flanquée de deux ailes blanches, censée représenter le **Vif d'or**. Elle s'ouvre en deux pour ranger... une bille ou

---

[*] Commentaire du journal *Kid's Mania* numéro 15 (février 2001).

une épingle à cheveux tout au plus ! Prix de ce modeste, mais ô combien précieux morceau de plastique : 24,24 € soit 159 francs !

Différents accessoires pour mieux apprécier la lecture de *Harry Potter* : le **signet** en métal, censé imiter la cicatrice de Harry « en taille géante », sert à marquer la page de son livre. Les **serre-livres** représentant Harry, Hermione et le Choixpeau magique empêchent l'effondrement des *Harry Potter* sur les rayonnages de sa bibliothèque. Les « **book plates** » (ex-libris) sont des autocollants portant la mention : « *This book belongs to* » (« ce livre appartient à »), à compléter et à coller en première page d'un livre...

Et maintenant, les jeux. On trouve de tout, même des « **livres-puzzles** » : il s'agit de puzzles – de vingt-cinq pièces seulement – contenus dans deux livres : *Les Amis de Harry Potter* et *L'Univers de Harry Potter*... Il fallait y penser ! Ah : ce produit ne convient pas aux enfants de plus de sept ans... D'autres **puzzles** existent, moins grossiers. De trois cents pièces, ils représentent des scènes de *Harry Potter à l'école des sorciers*. Parmi les jeux de société, citons le **petit Trivial Poursuit**, inspiré, jusqu'aux questions, de *Harry Potter à l'école des sorciers*, et le **grand Trivial Poursuit**, plus grand... et bien plus cher : 74 € (485 francs) environ ! Un autre jeu célèbre, le *Uno*, existe maintenant en version Harry Potter... On trouve en Angleterre une sorte de jeu de rôle que l'on pourrait traduire par « **Mystère à Poudlard** ». Citons aussi le **jeu d'échecs Harry Potter** : mini-damier en plastique avec figurines à l'image des personnages de *Harry Potter*, censé rappeler la scène du jeu d'échecs du tome 1... Enfin, le **kit « Diagon Alley »** (Chemin de Traverse) et ses figurines permettent de reconstituer le moment où Harry fait ses achats pour le collège. Palpitant.

Diverses **figurines** en résine à l'effigie des héros, des animaux magiques (Hedwige, Touffu...) ou représentant des scènes de *Harry Potter à l'école des sorciers* (ensommeillement de Touffu, bataille contre le troll des montagnes, descente dans Gringotts, prise du Vif d'or lors du match de Quidditch...) sont en vente un peu partout. Les Anglais, eux, proposent de petites statuettes représentant Hagrid, Hermione ou Dumbledore, appelées « ***mini figurines with story scopes*** ». Ces figurines sont contenues dans des boîtes en plastique percées d'un petit trou par lequel on peut lire une histoire originale.

Quatre petits **porte-clefs** (Serdaigle, Gryffondor, Serpentard et Poufsouffle), à l'effigie de ces quatre personnages, représentent chacun des blasons de Poudlard. Plus petits, voici les quatre **pin's** Serdaigle, Gryffondor, Serpentard et Poufsouffle. Relanceront-ils une mode ?

Même les **peluches** y passent, ressemblant paraît-il à Croûtard, Norbert, Touffu, Hedwige et... Hagrid ! Elles seraient sûrement vendues 3 € si l'étiquette « Harry Potter » ne permettait de les réévaluer jusqu'à 20 ou 30 € environ (de 131 à 197 francs) !

Un **jeu « de découverte »** Harry Potter édité par Wizards of the Coast, contenant des cartes à l'effigie des personnages et des éléments de l'univers de Harry, est vendu « prêt à jouer » pour 12,20 € (80 francs). On peut compléter cet arsenal en achetant des « boosters » (paquets de onze cartes de « recharge ») au prix de 3,81 € (25 francs). La règle du jeu est assez complexe, et l'on est déçu de découvrir des éléments spécialement inventés pour le jeu, et qui ne sortent nullement des livres.

N'oublions pas les inévitables **images autocollantes Panini** à collectionner et l'album prévu à cet effet, ni les cartes tirées du film *Harry Potter à l'école des sorciers*.

À peine croyable : la **galette des rois** Harry Potter ! Celui qui tombe sur la fève (blasons de Gryffondor, Serpentard, Poufsouffle et Serdaigle, Harry, Ron,

Hermione, Hagrid, Dumbledore et Rogue) se coiffe de la couronne qui fait de lui le roi Harry.

Impensable : des **cartouches d'imprimante** Harry Potter accompagnées d'un « **cédérom créatif** » pour concevoir et décorer enveloppes, cartes de visites, de vœux, d'anniversaire, et les imprimer.

Évoquons aussi pêle-mêle :
- Un « livre-posters » et un « livre-masques ».
- Un livre-jeu : « *Le Carrousel magique de Harry Potter* ».
- Des livres de cartes postales à collectionner ou à envoyer qui représentent en images le monde de Harry (*Les Aventures, Le Collège Poudlard...*).
- Un dictionnaire électronique de la sorcellerie.
- Une tente Harry Potter.
- Des tirelires.
- Des porte-monnaie.
- Des tasses, ou plutôt des chopes en plastique (« *mugs* ») à l'effigie de Hedwige, Hermione et Harry.
- Divers bijoux et pendentifs – en plastique – pour ressembler... à Hermione ?
- Des « *viewers* » Harry, Ron et Hermione, « petites caméras pour admirer les plus belles illustrations de *Harry Potter*[*] ». (Euh... quelles illustrations ?)
- Deux minuscules cailloux en plastique gravés des mots « Harry Potter » en petites lettres, contenus dans une minuscule boîte – en plastique évidemment. Remarquable rapport qualité/prix : 7,40 € environ, soit 48,50 francs le caillou.
- Un kit constitué d'un album et de plus de deux cents autocollants *(stickers)*.
- La Coupe de Feu du tome 4... en plastique, évidemment !

---

[*] Commentaire du journal *Kid's Mania* numéro 15 (février 2001).

- Des calendriers, accompagnés d'autocollants (années 2001 et 2002 avec des images illustrant le livre, et année 2002 avec des images du film).
- Des boîtes à cookies mettant en scène Harry préparant une potion, survolant le collège Poudlard enneigé, Hagrid et nos trois héros.
- Des boules neigeuses Harry, Ron et Hermione.
- Des « boîtes magiques Norbert » (l'œuf du dragon miniature), « boîtes magiques miroir » et « boîtes magiques Gringotts ».
- Un masque du visage d'Albus Dumbledore en latex.
- Un jeu de lévitation Harry Potter : le joueur doit faire passer une bille en suspension au travers d'un parcours d'obstacles.
- Des sucettes Harry Potter : à croquer !
- Des calculatrices.
- Des albums photos...

POSTERS ET AFFICHES EN TOUT GENRE

AFFICHES DU FILM

On trouve différentes affiches du film *Harry Potter and the Philosopher's Stone (Harry Potter à l'école des sorciers)* sorti sur grand écran (voir p. 293).

Le premier poster édité par WarnerBros représente une chouette qui vole pour apporter sa lettre d'admission au collège Poudlard à Harry, sur fond étoilé.

Sur le deuxième, on peut voir le collège Poudlard de nuit, et la traversée en barques du lac par les élèves de première année.

La troisième affiche met en scène Harry Potter et Hagrid, de dos, le Poudlard Express et le collège.

La quatrième est un montage sur lequel sont disposées les photos des personnages principaux du film, ainsi que le Poudlard Express et le collège Poudlard, autour du visage de Harry Potter.

La cinquième et ultime affiche est également un agencement de plusieurs éléments du film autour du visage de Harry Potter : photos de Dumbledore, Ron, Hermione, Hagrid, d'un gobelin, d'Hedwige, d'une scène de Quidditch, du collège Poudlard.

Ces posters existent en plusieurs formats, assortis de différents sous-titres, de « *coming soon* » (« prochainement ») à « *the magic begins soon* » (« la magie commence bientôt »), en passant par « *journey beyond your imagination* » (« un voyage au-delà de votre imagination »).

Où commander ces affiches promotionnelles ? Movie Market, « la plus importante collection de photos, affiches de films et de stars », les propose pour 13,49 € (88 francs) ou 14,99 € (98 francs), selon le format. Site Internet : http://www.moviemarket.fr. Catalogue disponible en envoyant votre demande à l'adresse suivante : 116, avenue du Général-Leclerc, 75014 Paris.

Vous pouvez aussi réserver des affiches dans certains cinémas ou vous y précipiter le dernier jour de la projection, dans l'espoir de tomber sur un directeur de salle compréhensif – mais qui ne vous donnera jamais que les affiches de la version française !

Affiches promotionnelles des livres

Lors de la parution du tome 4 et des futurs tomes de *Harry Potter*, de nombreuses affiches promotionnelles ont été et seront placardées un peu partout. Tentez votre chance en vous adressant directement aux éditions Gallimard (pour *Harry Potter et la Coupe de Feu*).

Autres posters

Divers posters – six au moins – représentant le monde de Harry Potter, notamment un match de Quidditch et un poster géant du blason de Hogwarts (Poudlard), sont en vente dans les librairies et les magasins de posters en Angleterre. On en trouve aussi en France.

QUELQUES LIVRES
(enfin des produits dérivés intelligents !)

1) Livres en français

Le Livre de l'apprenti sorcier

Ce livre analyse l'origine, légendaire, folklorique ou scientifique, de tous les termes « sorciers » apparaissant sous la plume de J. K. Rowling. On apprend que l'auteur de *Harry Potter* s'est largement inspirée de légendes « réelles » et de sources mythologiques. Ce « véritable guide bleu du voyageur au pays de Harry Potter » n'omet aucun détail. Il révèle aux fans de l'apprenti sorcier la face cachée des noms, explique ce que sont réellement les goules, manticores et autres loups-garous, analyse l'astrologie, l'arithmancie, l'alchimie... Le tout accompagné de nombreuses et authentiques illustrations.

On appréciera en outre la mise en page agréable et la traduction de Mary de Prémonville, parfaitement fidèle à celle de Jean-François Ménard.

☛ Allan et Elizabeth KRONZEK, *Le Livre de l'apprenti sorcier. Un guide du monde magique de Harry Potter (The Sorcerer's Companion)*, Éditions de l'Archipel, 312 pages, 19,95 €.

Les Mondes magiques de Harry Potter

Ce livre ressemble comme deux gouttes d'eau au *Livre de l'apprenti sorcier* d'Allan et Elizabeth Kronzek. Comme lui, il analyse les termes « sorciers » sous forme de questions du style : « Qui fut l'Animagus le plus époustouflant ? », ou encore : « Pourquoi les Gobelins font-ils d'aussi bons banquiers ? »... Seul reproche que l'on pourrait adresser à ce livre très intéressant : il va souvent un peu trop loin ! Sous prétexte d'évoquer le professeur McGonagall (qui se transforme en chat) et les Animagi, l'auteur présente un exposé complet sur les chats dans l'Antiquité... Interprétant l'origine des premiers sorciers, il narre par le menu les exploits des anciens druides de la Gaule, et pour parler des géants, nous raconte *L'Odyssée* d'Homère en long et en large.

Un autre bémol : le traducteur des *Mondes magiques* a omis de traduire certains termes pour lesquels J.-F. Ménard a pourtant trouvé des équivalents qui se sont imposés. Le lecteur français, même inconditionnel, ne devine pas forcément que le Grim ou le Grindylow dont on lui parle sont en réalité le Sinistros et le Strangulot qu'il connaît.

Un livre fort instructif, donc, mais à réserver aux « fanas » curieux d'en découvrir davantage, beaucoup plus qu'aux simples lecteurs.

☞ David COLBERT, *Les Mondes magiques de Harry Potter (The Magical Worlds of Harry Potter : A Treasury of Myths, Legends, and Fascinating Facts)*, Éditions Le Pré aux Clercs, 214 pages, 15 €.

Les Animaux fantastiques
Le Quidditch à travers les âges

Les Animaux fantastiques et *Le Quidditch à travers les âges* existent en version anglaise et, depuis le 29 août 2001, sont disponibles en traduction française. Ces deux livres, évoqués dans *Harry Potter*, sont l'œuvre de J. K. Rowling. Ils sont présentés comme une copie exceptionnelle de livres appartenant à Harry Potter ou à la bibliothèque de Poudlard, et dont la lecture aurait été autorisée aux Moldus !

Le Quidditch à travers les âges, attribué à Kennilworthy Whisp, retrace l'histoire et l'évolution de ce sport sorcier, du jour où la sorcière Gertie Keddle se plaignit de brutes qui jouaient à un jeu dans les marais de Queerditch jusqu'à l'époque contemporaine. Il contient de nombreuses informations sur les équipes, les balais, les balles utilisées, etc.

Les Animaux fantastiques, attribué à Newt Scamander, présente un inventaire complet des animaux du monde des sorciers, classés de A à Z et selon leur degré de dangerosité. Il explique aussi, entre autres, pour quelle raison les Moldus ne croient plus de nos jours aux créatures magiques telles que les licornes ou les dragons, qui continuent cependant de peupler nos légendes : les sorciers d'autrefois ne cachaient pas si bien qu'aujourd'hui ces animaux à la vue des Moldus !

Curieusement, dans les livres *Harry Potter*, *Fantastic Beasts & Where to Find Them* est traduit par *Vie et habitat des animaux fantastiques* et non par *Les Animaux fantastiques*, dont il ne constitue que le sous-titre. Par ailleurs, « Newt Scamander » a été traduit dans *Harry Potter* par « Norbert Dragonneau » – nom sous lequel, précise tout de même *Les Animaux fantastiques*, Newt Scamander est mieux connu en France... Pourquoi ces discordances, qui nuisent à la cohérence de l'« univers Harry Potter » ?

☛ Kennilworthy WHISP, *Le Quidditch à travers les âges (Quidditch through the Ages)* ; Newt SCAMANDER, *Les Animaux fantastiques (Fantastic Beasts & Where to Find Them)*, Gallimard Jeunesse, 96 pages, 3,81 €. Grande-Bretagne : 2,50 £ (4,12 €). États-Unis : 4,79 $ (5,24 €).

Dans chaque pays, le produit de la vente de ces livres est entièrement reversé à l'association Comic Relief. En France, une somme minimum de 2,74 € par volume revient à cette association caritative anglaise, qui a pour but d'aider les enfants des pays en voie de développement (scolarisation, regroupement familial dans les pays en guerre, soutien psychologique et matériel des victimes de guerre, aide aux enfants handicapés victimes de mines antipersonnels, campagnes d'information sur le sida, etc.).

L'Enchantement Harry Potter

« Un psychologue averti analyse l'impact des désormais célèbres *Harry Potter* sur l'imaginaire des petits et presque grands. Un guide à l'usage des parents perdus dans une littérature nouvelle pour des enfants nouveaux » (*Psychologies*, juin 2001). Précédemment paru aux Éditions des Archives contemporaines, ce livre a bénéficié, pour sa réédition au format de poche chez Hachette, d'un salutaire toilettage : on n'y lira plus « Pouldard » au lieu de « Poudlard », etc.

Benoît Virole, son auteur, a fort bien analysé pourquoi *les enfants* aiment Harry Potter. Il évoque tour à tour « le phénomène éditorial », « l'histoire de Harry Potter », « le style hyperactif », « l'identification à Harry », « le schéma narratif efficace », « la toute-puissance de la magie » et « le mythe initiatique ». Si j'insiste sur les enfants, c'est parce que Benoît Virole ne s'est pas demandé pourquoi *les adultes*, eux aussi, lisent *Harry Potter*, et dans des proportions tout aussi considérables. Il y a quelque abus à parler d'« imaginaire de l'*enfance* », de « psychologie des *préadolescents* », comme à prétendre que « le lectorat de *Harry* est justement celui d'*enfants* appartenant à une *classe d'âge* qui se prépare à vivre les *bouleversements somatiques de la puberté* ». À croire que le lecteur type de *Harry Potter* n'est âgé que de dix à dix-huit ans, et que les adultes n'ont pas le droit, eux aussi, de rêver et d'imaginer ! On en vient à se demander si, en soutenant un raisonnement qui ne tient pas pour les innombrables lecteurs de 18 ans et plus, l'auteur ne fait pas fausse route... Pourquoi tant d'adultes aiment *Harry Potter* ? Ne cherchez pas la réponse dans *L'Enchantement Harry Potter*. En attendant, vous pouvez toujours contacter l'auteur ; il vous répondra sans doute, comme il me l'a expliqué, que « les adultes sont tous restés de grands enfants »... mais encore ?

☛ Benoît VIROLE, *L'Enchantement Harry Potter. La Psychologie de l'enfant nouveau*, Éd. des Archives contemporaines ; Hachette Littératures, coll. « Pluriel », 120 pages, 5,20 €.

Harry Potter, les raisons d'un succès

Isabelle Smadja, agrégée de philosophie, prétend détenir les « raisons du succès » de *Harry Potter*. Il faut reconnaître que personne n'a su établir comme elle les ressemblances entre notre monde et celui des sorciers. Selon elle, l'univers de Harry Potter est certes magique, mais surtout rationnel et logique. Il y règne une parfaite cohérence, jusque dans les moindres détails. Le secret de l'engouement pour l'œuvre de Rowling ne repose pas tant sur la magie que sur son « extrême humanité ».

En premier lieu, *Harry Potter* est un conte de fées moderne, dont les premiers chapitres ne sont pas sans rappeler *Cendrillon*. Comme dans un conte de fées, les personnages de *Harry Potter* sont des « types » ou des « stéréotypes ». L'audace d'Isabelle Smadja est d'apparenter notre monde réel non pas à celui des Moldus et des Dursley... mais à celui de Poudlard et des sorciers, plus proche de notre vérité. Dans *Harry Potter*, en effet, les Moldus sont à ce point caricaturaux qu'ils font apparaître Harry comme une personne tangible. Rowling use donc d'artifices pour dépeindre le monde réel. Poudlard n'est pas si différent de nos collèges moldus, à l'exception des disciplines enseignées. « Si nous acceptons d'enlever un peu de sa graisse au personnage de Dudley », c'est toute l'éducation des enfants qui est remise en cause... Ainsi, *Harry Potter* ne serait qu'un « miroir déformant », un « palimpseste » : un parchemin dont la première écriture aurait été grattée pour y écrire un nouveau texte... Il suffirait donc de le lire au second degré pour y découvrir une transposition de notre monde.

De ces nombreux parallèles entre le monde des sorciers et le nôtre, Isabelle Smadja donne force exemples, pas toujours roses : les elfes de maison seraient une évocation de l'esclavage, et le sortilège *Endoloris* une métaphore de la torture... Dans l'acharnement dont font preuve les Dursley pour refuser les « lettres de nulle part » au début du tome 1, elle voit une dénonciation du rejet des immigrés du tiers monde. L'histoire de Buck l'hippogriffe masquerait une critique de la peine de mort, des erreurs judiciaires et de la corruption. Le professeur Lockhart serait une condamnation implicite du star-système ; Rita Skeeter, de la presse à scandale ; les familles Dursley et Malefoy, d'une « société où la valeur des individus se mesure à la fortune qu'ils possèdent »...

Isabelle Smadja insiste également sur la ressemblance entre Voldemort et Adolf Hitler. Les concepts de race « pure » et de « Sang-de-Bourbe » sont du même ordre que l'idéologie nazie de supériorité de la « race aryenne », et il est troublant que les initiales de Salazar Serpentard rappellent celles des trop fameuses « SchutzStaffel » (S.S.).

Richesse, gloire et noblesse : tels seraient, en résumé, les trois grands principes rejetés par Rowling. Mais pourquoi avoir ancré l'histoire chez les sorciers ? Isabelle Smadja répond : pour « doter l'ouvrage du charme de l'exotisme », « déjouer la censure du Moi » et créer l'illusion que le lecteur découvre une histoire de sorciers, alors qu'il a devant les yeux sa propre vie ; mais aussi, pour introduire une morale implicite.

Regardé sous cet angle, *Harry Potter* possède des fonctions esthétique, psychanalytique et pédagogique. Habile mélange de légendes, de mythes, de contes et d'événements historiques, il opérerait la fusion de grands récits de l'humanité. Métaphore du monde de l'enfance, il permet au jeune lecteur, par la magie, de réaliser ses rêves. Comme Benoît Virole, Isabelle Smadja soutient donc que *Harry Potter* est essentiellement un livre destiné à la jeunesse ; les adultes, qui ne sont plus bercés d'illusions, ne croient pas à ce monde magique.

Harry Potter permet aussi aux enfants de résoudre en partie leur complexe d'Œdipe. Leurs désirs inconscients sont aussi ceux de Harry, mais dissimulés sous « l'irréalité de la sorcellerie » : « Tout est fait pour déculpabiliser l'enfant et lui permettre de se venger de sa famille en toute tranquillité », explique Smadja. Si Harry a des difficultés à faire le deuil de sa mère, plusieurs personnages pourraient, en revanche, jouer les pères de substitution : le professeur Dumbledore, Hagrid, Sirius Black, Severus Rogue, Remus Lupin ou encore Voldemort... Cet éclatement des figures paternelles pourrait inconsciemment libérer l'enfant de l'emprise parentale.

Il est cependant une morale dans *Harry Potter*. Elle est habilement amenée par J. K. Rowling, et souvent par le biais du personnage de Dumbledore, ce sage qui sait tout de même transgresser les lois quand elles sont injustes. Par ailleurs, J. K. Rowling ne manque pas de souligner l'importance qu'elle accorde au savoir et à la culture : le personnage d'Hermione prêche qu'« il faut apprendre ses leçons ». Pour J. K. Rowling, c'est à travers la souffrance et les épreuves que l'enfant peut « accéder à la maturité ». Harry doit donc en subir de diverses et variées : Détraqueurs, tâches du Tournoi des Trois Sorciers, mais aussi son éducation chez les Dursley, qui en est une à part entière...

Isabelle Smadja propose enfin une étude de la Pensine, objet symbolique permettant d'extérioriser ses sentiments, de matérialiser les pensées et de personnifier la mémoire, ainsi que du Choixpeau magique, « voix de la conscience » et instrument d'introspection.

☛ Isabelle SMADJA, *Harry Potter, les raisons d'un succès*, PUF, 138 pages, 15 €.

Rencontre avec J. K. Rowling

Un entretien avec J. K. Rowling. L'auteur de *Harry Potter* évoque sa famille, son enfance, sa scolarité, ses études et son travail d'écrivain. Interview suivie d'une brève présentation des volumes de la série par Lindsey Fraser.

☛ Lindsey FRASER, *Rencontre avec J. K. Rowling (Telling Tales : J. K. Rowling)*, Gallimard, 64 pages, 4,27 €.

J. K. Rowling, la magicienne qui créa Harry Potter

C'est à J. K. Rowling, et non au personnage de Harry, que s'est intéressé l'auteur de cette biographie étoffée. Depuis son enfance jusqu'à son « heure de gloire », en passant par ses déboires financiers, c'est toute la vie de J. K. Rowling que Sean Smith nous narre dans les moindres détails, sinon les plus superflus, au risque d'agacer le lecteur... Ce véritable hommage à l'auteur de *Harry Potter* nous livre aussi des cartes géographiques permettant de situer les lieux marquants de son existence. Illustrée de photos hautes en couleur, cette biographie est plutôt destinée à ceux qui désirent réellement connaître la personne même de J. K. Rowling et étudier son caractère. Pour une simple approche de son travail littéraire, on préférera *Rencontre avec J. K. Rowling*.

☛ Sean SMITH, *J. K. Rowling, la magicienne qui créa Harry Potter (J. K. Rowling. A Biography : The Genius Behind Harry Potter)*, éditions Favre, 286 pages, 19,40 €.

2) LIVRES EN ANGLAIS

We Love Harry Potter – We'll Tell You Why Harry Potter, You're The Best !

Sharon Moore, l'auteur de *We Love Harry Potter – We'll Tell You Why* (« Nous adorons Harry Potter – Nous allons vous dire pourquoi »), a demandé à de nombreux enfants d'expliquer pour quelle raison ils aiment *Harry Potter*. Elle a consigné leurs réponses dans ce livre. Certains lecteurs ont pu en déplorer le peu de consistance : les fans n'expliciteraient pas assez leurs pensées et resteraient trop superficiels...

Le livre contient en outre des renseignements sur J. K. Rowling, des lettres à Harry, un quiz, des jeux, des sondages sur les personnages préférés et détestés des enfants, leur point de vue sur les volumes parus, sur le Quidditch, sur la manière dont on devient sorcier, leurs commentaires sur les pratiques alimentaires des personnages, une enquête sur la façon dont ils imaginent les parents de Harry, et ce qu'ils aimeraient trouver dans les futurs volumes de *Harry Potter*... Mais ce n'est pas tout : l'auteur et les enfants expliquent pourquoi les parents, les grands-parents, les professeurs et les libraires aiment eux aussi *Harry Potter*. Une excellente idée !

Face au succès de son livre, et devant l'abondance des lettres de fans reçues du monde entier, l'auteur a récidivé en publiant un deuxième livre reposant sur le même principe, intitulé *Harry Potter, You're the Best ! – A Tribute From Fans The World Over* (« Harry Potter, tu es le meilleur ! –

Un hommage de fans du monde entier »), enrichi de dessins amusants réalisés par les fans eux-mêmes.

☞ Sharon MOORE, *We Love Harry Potter*, St. Martin's Press, 118 pages. États-Unis : 5,99 $ (6,11 €). Grande-Bretagne : 4,99 £ (7,81 €).
☞ Sharon MOORE, *Harry Potter, You're the Best !*, éd. Sh. Moore, 160 pages. États-Unis : 6,99 $ (7,13 €). Grande-Bretagne : 4,99 £ (7,81 €).

Exploring Harry Potter

Une véritable encyclopédie de presque cinq cents pages qui « explore » de fond en comble tout l'univers de *Harry Potter*. Pottermania, J. K. Rowling, analyse des personnages, lieux, cadre scolaire, nourriture, sports, géographie, origines mythologiques et références bibliques, histoire de la sorcellerie, codes moraux et sociaux, éditions étrangères... Autant de rubriques susceptibles d'intéresser tous types de lecteurs. Le livre propose également une étude des livres chapitre par chapitre et propose différentes questions à l'usage des professeurs pour inviter leurs élèves à la réflexion.

☞ Elizabeth D. SCHAFER, *Exploring Harry Potter*, Ebury Press, 482 pages. Grande-Bretagne : 12,99 £ (20,35 €).

My Year with Harry Potter – How I Discovered My Own Magical World

« Ben Buchanan, qui habitait au 814 Grinnell Drive, avait toujours affirmé avec la plus grande fierté qu'il avait une vie mystique, merci pour lui. » Ce jeune de onze ans expose comment il est tombé en admiration devant *Harry Potter* comme d'autres tomberaient en religion. Depuis ce jour, son imagination a triplé et, grâce à l'apprenti sorcier, il a vaincu sa dyslexie. Une année passée avec Harry Potter lui a permis de créer des jeux

POTTERMANIA : ON AURA TOUT VU !

de société, de mouler des figurines et d'inventer toutes sortes de gadgets en rapport avec son héros. Le livre de Ben Buchanan comporte également de nombreuses photographies témoignant de son imagination.

☛ Ben BUCHANAN, *My Year with Harry Potter – How I Discovered My Own Magical World*, Lantern Books, 112 pages. Grande-Bretagne : 8,99 £ (14,08 €).

So You Think You Know Harry Potter ?

« Alors comme ça, vous croyez connaître Harry Potter ? », demande insolemment ce livre à tous les fans de l'apprenti sorcier. Pour chacun des quatre tomes parus, il propose 300 questions classées par catégories : facile, moyen et difficile. Ce sont donc pas moins de 1 200 questions qui vous permettront de tester ce que vous avez retenu de votre lecture !

☛ *So You Think You Know Harry Potter ?*, Hodder Children's Books, 156 pages. Grande-Bretagne : 3,99 £ (6,25 €).

Barry Trotter and the Unauthorised Parody

Cette désopilante parodie de *Harry Potter* est l'œuvre d'un journaliste américain fan de l'œuvre de J. K. Rowling. Barry Trotter (ça ne vous rappelle pas quelque chose ?), vingt-deux ans, arbore une marque en forme de dollar sur le front. C'est un très mauvais élève, scolarisé à l'école de sorcellerie Hogwash en compagnie de ses deux meilleurs amis, Lon Measly et Ermine Cringer. Tous trois luttent contre un certain Lord Valumart, grand producteur de cinéma qui s'acharne à vouloir tourner un film sur la vie de Barry. On l'aura compris : *Barry Trotter* se veut une dénonciation du phénomène marketing qui s'est emparé de *Harry Potter*, doublé d'une charge contre les studios WarnerBros. Ce livre, dont le titre signifie littéralement « *Barry Trotter et la parodie non autorisée* », n'a pas (encore ?) été traduit en français.

☞ Michael GERBER, *Barry Trotter and the Unauthorised Parody*, Fantastic Books, 180 pages. États-Unis : 11 $.

3) AUTRES LIVRES

Il existe bien d'autres livres anglais ou américains consacrés à *Harry Potter* ou J. K. Rowling. En voici quelques-uns :

- Bill ADLER, *Kids' Letters to Harry Potter : An Unauthorized Collection*, Carroll & Graf, 160 pages.
- Bill ADLER, *Kids' Letters to Harry Potter : From Around The World*, Carroll & Graf, 208 pages.
- Phil ARMS, *Pokemon & Harry Potter : A Fatal Attraction*, Hearthstone Pub, 152 pages.
- Andrew BLAKE, *Irresistible Rise of Harry Potter : Kid Literature in a Globalised World*, WW Norton & Co, 128 pages.
- Francis BRIDGER, *A Charmed Life : The Spirituality of Potterworld*, Image Books, 144 pages.
- William COMPSON, *J. K. Rowling*, Rosen Publishing Group.
- Stephen DOLLINS, *Under the Spell of Harry Potter*, Global Distributing Services, 112 pages.
- Julia ECCLESHARE, *A Guide to the Harry Potter Novels*, Continuum, 112 pages.
- Ann GAINES, *J. K. Rowling*, Mitchell Lane Publishers, 32 pages.
- Elizabeth E. HEILMAN, *Harry Potter's World : Multidisciplinary Critical Perspectives*, Routledge, 304 pages.
- Roger HIGHFIELD, *The Science of Harry Potter : How Magic Really Works*, Viking Press, 256 pages.
- John HOUGHTON, *A Closer Look at Harry Potter*, Kingsway, 96 pages.
- Connie Ann KIRK, *J. K. Rowling : A Biography*, Greenwood Press.

- David B. Mouwse, *Harry Potter Muggles'Guide to Magic*, David B. Mouwse, 80 pages.
- Stefan Neilson, Joe Hutton & Nora Hutton, *Character Education : The Legacy of the Harry Potter Novels. A Critical Review and Guide to Character Education for Parents and Educators*, Aeon Communications, 128 pages.
- Philip Nel, *J. K. Rowling's Harry Potter Novels : A Reader's Guide*, Continuum Pub Group.
- Marc Shapiro, *J. K. Rowling : The Wizard Behind Harry Potter*, Griffin Trade Paperback, 108 pages.
- S. Ward, *Meet J. K. Rowling (About the Author)*, Powerkids Press, 24 pages.
- Lana A. Whited, *The Ivory Tower and Harry Potter : Perspectives on a Literary Phenomenon*, University of Missouri Press, 408 pages.
- *Wizards, Hobbits and Harry Potter : What Your Family Needs to Know*, Family Life Publishing.

LE FILM

Comment parler des produits dérivés sans évoquer le film *Harry Potter à l'école des sorciers* (*Harry Potter and the Philosopher's Stone* pour les Anglais, ou *Harry Potter and the Sorcerer's Stone* pour les Américains) ? Adapté du tome 1 des aventures de Harry et réalisé par le cinéaste américain Chris Columbus (*Maman j'ai raté l'avion*, *Mrs Doubtfire*...), il a été produit par les studios Warner Bros ; mais le casting est anglais. Des milliers d'enfants britanniques ont envoyé leur candidature pour décrocher l'un des rôles principaux, et c'est finalement Daniel Radcliffe, onze ans, qui a été choisi pour incarner Harry Potter.

Avant sa sortie, une gigantesque opération de promotion s'est mise en place, avec produits dérivés à la pelle.

LE FILM EN CHIFFRES

- Le film est sorti le **16 novembre 2001** en version originale et le **5 décembre 2001** en France. Moins chanceux sont les habitants de l'Inde, qui ont dû patienter jusqu'en avril ou mai 2002...
- Il dure **2 heures et 32 minutes**.
- Le budget du tournage s'élève à **125 millions de dollars**, soit environ 143 millions d'euros (939 millions de francs).
- L'avant-première mondiale a eu lieu le **4 novembre 2001** à Londres, et le **2 décembre 2001** en France.
- **100 millions de dollars**, soit environ 115 millions d'euros (755 millions de francs) ont été déboursés pour la promotion pharaonique du film.
- **16 000, 40 000 ou 70 000 enfants** selon les sources (ce qui fait tout de même une légère différence !) ont postulé pour décrocher le rôle de Harry Potter.
- **2 000 ou 300 d'entre eux,** selon les sources (là encore, l'écart est considérable !) ont été auditionnés.
- Si certains parlent de **4 mois de tournage**, d'autres évoquent **6 mois** nécessaires pour les seules scènes de Quidditch... Selon l'acteur Rupert Grint, le tournage aurait duré **10 mois**. Emma Watson penche plutôt pour **7 ou 8 mois**, ce qui semble plus cohérent. Le film aurait été réalisé **d'octobre 2000 à avril 2001**.
- Alors que *Harry Potter and the Philosopher's Stone* serait sorti aux États-Unis sur **35 000 écrans**, *Harry Potter à l'école des sorciers* a été diffusé dans **8 200 salles** françaises « seulement ».
- Les effets spéciaux ont exigé environ **600 plans** de tournage.
- Pour le premier week-end d'exploitation du film, on parle de **90,3 millions** ou **93,5 millions de dollars** de recettes, selon les sources.
- Le film *Harry Potter à l'école des sorciers* aurait rapporté en tout et pour tout **926,1 millions de dollars**, ce qui lui donne le statut du deuxième film le plus lucratif de l'histoire du cinéma, après *Titanic* (1,8 milliard de dollars de recette), dépassant les 922,8 millions de dollars de *Star Wars Épisode 1 – La Menace fantôme*.
- En France, avec plus de **9,3 millions d'entrées**, le film finit l'année 2001 en beauté en se classant numéro un. Il sera pourtant vite détrôné par *Astérix et Obélix – Mission Cléopâtre*.
- La VHS de *Harry Potter à l'école des sorciers* et le DVD – avec des scènes inédites au cinéma et des bonus – auraient battu des records de location. Sortis le 28 mai 2002, ils auraient par ailleurs été vendus en France à 1,25 million d'exemplaires dès la première journée, coulant ainsi le record détenu jusqu'alors par *Titanic*, avec 1,1 million d'exemplaires.

Les fans, impatients, compensaient leur attente grâce aux cinq affiches qu'ils pouvaient acheter, aux trois différentes bandes-annonces téléchargeables sur Internet et aux nombreuses photos (des acteurs, des décors) omniprésentes dans les magazines. Ils commentaient : « Ron est trop petit comparé à Harry ! », « McGonagall est trop vieille ! », « Hermione est trop jolie et elle n'a pas des dents de lapin comme dans les livres ! », « Dumbledore ressemble à Merlin l'enchanteur ! » ou encore : « Harry n'a pas les cheveux en bataille ! » Pour tous, une seule grande préoccupation : le film serait-il fidèle au livre ? Une chose était sûre : les millions de fans de *Harry Potter* se précipiteraient dans les salles, au moins « pour voir ». Le succès était donc garanti.

Comme les autres, je me suis précipité. Plusieurs fois. Première projection, je critique, je juge, je compare avec le livre, je suis déçu : forcément. Deuxième projection, je commence à apprécier. Sans avoir encore retrouvé la magie des livres. Dumbledore met d'abord un temps fou à éteindre les néons à l'aide de son éteignoir, puis toute la suite s'enchaîne… à une vitesse vertigineuse ! Difficile de savourer à loisir comme dans le livre, voilà que Harry est déjà à Poudlard ! On essaie de nous montrer un peu de tout. Il faut caser tous les personnages, le Chemin de Traverse, les cours, le Quidditch, Norbert (le pauvre dragon est envoyé en Roumanie quelques jours après sa naissance, par l'opération du Saint-Esprit !), tout cela en deux heures et trente-deux minutes… Les événements sont survolés, les personnages ébauchés : on n'y pénètre pas. Il faut contenter tous les spectateurs. Et puis, le film est infantilisé ; le côté « adulte » du livre est perdu. Pourquoi avoir inventé des Dragées surprises goût « crotte de nez » ? Certes, l'effet est immédiat : les petits éclatent de rire… mais il n'a jamais été question de cela dans aucun des quatre tomes ! (On observera que les Dragées goût « crotte de nez » sont une exclusivité de la version française du film, les versions québécoise et anglaise préférant respectivement les goûts « poubelle » et « cire d'oreille ». Les goûts et les couleurs...)

En somme, comme le déclarait *Télérama* le 5 décembre 2001, « l'adaptation de l'univers fantastique et malicieux de J. K. Rowling est fidèle mais un peu lisse ». Il faut en effet reconnaître que l'adaptation est respectueuse, aux détails près bien sûr. Le non-lecteur de *Harry Potter* jugera à bon droit que c'est un très bon film, bien réalisé. Il ne fait pourtant pas le poids en comparaison de la qualité et de l'esprit du livre.

Dans la mesure du possible, il demeure préférable de voir le film en version originale : les voix françaises sont nettement inférieures aux anglaises, surtout celles de Harry (doublé par Kelian Blanc) et d'Hermione (post-synchronisée par Manon Jeanneret), exception faite de la voix française de Ron (Olivier Martret). Pour ce qui me concerne, j'ai préféré Alan Rickman (Rogue), qui a su conserver la noirceur de son personnage, et Rupert Grint (Ron), très amusant. Les autres fanatiques de *Harry Potter* ont sur cette question des avis très partagés. Voyez ci-contre, en vrac, leurs impressions.

De quoi débattre entre admirateurs de l'apprenti sorcier !

Un tout dernier point : ces demoiselles trouvent Sean Biggerstaff (Olivier Dubois) « super craquant » !

En conclusion, espérons que l'on se souviendra quand même que *Harry Potter* est avant tout un roman. Il faut souhaiter que le film, qui a fait un tabac, ne prendra pas le dessus sur l'œuvre de J. K. Rowling.

POUR

- Un excellent film, « trop génial », « vraiment bien », « extraordinaire » !
- L'univers magique est habilement retranscrit, le spectateur est envoûté, le film est fidèle au roman.
- Les effets spéciaux sont spectaculaires.
- La scène du match de Quidditch est fort bien rendue : une merveille !
- Les interprètes de Rogue, Ron, Malefoy, Harry et des Dursley jouent « vachement bien ».
- Ron et Hagrid sont très drôles.
- Le caractère d'Hermione est bien celui de l'Hermione du livre.

CONTRE

- Un film « un peu plat », « pas super », trop court.
- On ne retrouve pas la magie des livres. On n'a pas, comme dans les livres, le sentiment que le monde des sorciers existe réellement.
- Les événements s'enchaînent trop rapidement.
- L'originalité du roman n'est pas préservée ; trop de place est donnée à l'intrigue.
- Les sentiments ne sont pas assez dévoilés, et les personnages sont superficiels.
- Aucune scène comique, trop peu de scènes de cours à Poudlard. Un nombre considérable de scènes importantes du roman sont ignorées.
- Rogue apparaît trop peu pour que le spectateur le croie méchant.
- Des scènes larmoyantes et des répliques « à l'américaine ».
- Les acteurs jouent faux. Daniel Radcliffe (Harry Potter) n'est « pas génial », il interprète mal son personnage et n'a pas le caractère du Harry des romans.
- Emma Watson est ravissante, alors qu'Hermione est laide !
- La scène du match de Quidditch est exagérément brutale.
- On ne connaît pas le nom de la chouette de Harry Potter.
- Les voix françaises de Harry et d'Hermione sont déplorables.

> **DISTRIBUTION DES RÔLES PRINCIPAUX**
> de *Harry Potter et la Chambre des Secrets*
>
> **Harry Potter** .... Daniel Radcliffe
> **Hermione Granger** .... Emma Watson
> **Ron Weasley** .... Rupert Grint
> **Fred Weasley** .... James Phelps
> **George Weasley** .... Oliver Phelps
> **Percy Weasley** .... Chris Rankin
> **Molly Weasley** .... Julie Walters
> **Drago Malefoy** .... Tom Felton
> **Vincent Crabbe** .... Jamie Waylett
> **Gregory Goyle** .... Joshua Herdman
> **Neville Londubat** .... Matt Lewis
> **Seamus Finnigan** .... Devon Murray
> **Olivier Dubois** .... Sean Biggerstaff
> **Lee Jordan** .... Luke Youngblood
> **Dudley Dursley** .... Harry Melling
> **Vernon Dursley** .... Richard Griffiths
> **Pétunia Dursley** .... Fiona Shaw
> **Pr. Albus Dumbledore** .... Richard Harris
> **Pr. Quirrell** .... Ian Hart
> **Pr. Minerva McGonagall** .... Maggie Smith
> **Pr. Severus Rogue** .... Alan Rickman
> **Pr. Bibine** .... Zoë Wanamaker
> **Pr. Flitwick** .... Warwick Davis*
> **Rubeus Hagrid** .... Robbie Coltrane
> **Argus Rusard** .... David Bradley
> **Nick Quasi-Sans-Tête** .... John Cleese
> **Mr Ollivanders** .... John Hurt
> **Lily Potter** .... Geraldine Somerville
> **James Potter** .... Adrian Rawlins
> **Hedwige** .... Ook la chouette
>
> **Voldemort** est une créature entièrement conçue en images de synthèse.

* Warwick Davis joue aussi le rôle d'un Gobelin.

DISTRIBUTION DES AUTRES RÔLES	
Christian Coulson	Tom Jedusor
Shirley Henderson	Mimi Geignarde
Jason Isaacs	Lucius Malefoy
Gemma Jones	Mme Pomfresh
Sally Mortemore	Mme Pince
Mark Williams	Mr Weasley
Bonnie Wright	Ginny Weasley
High Mitchell	Colin Crivey
Miriam Margolyes	Pr Chourave

ET LA SUITE ?

Le film adapté du second tome, *Harry Potter et la Chambre des Secrets*, sortira le 15 novembre 2002 aux États-Unis et le 4 décembre 2002 en France. La réalisation a été de nouveau confiée à Chris Columbus. La distribution demeure celle du premier film, augmentée de quelques rôles : ainsi, l'interprète du professeur Gilderoy Lockhart est le grand acteur et réalisateur anglais **Kenneth Branagh** (*Henri V, Beaucoup de bruit pour rien, Peter's Friends, Frankenstein, Hamlet, Les Mystères de l'Ouest...*).

À l'heure où nous écrivons, une première affiche a déjà été rendue publique. Dans une atmosphère lugubre, on y voit Dobby, l'elfe de maison – une créature en images de synthèse –, placé sous l'inscription : « *Dobby has come to warn you, Sir* » (« Dobby est venu vous avertir, Monsieur »). On peut d'ores et déjà supposer que d'autres affiches seront élaborées. Par ailleurs, cinq « bannières » (grandes affiches rectangulaires) seront placardées dans les cinémas. On peut y voir Harry, Ron, Hermione, Hagrid ou Dumbledore.

Le jeu vidéo adapté du second film est attendu pour le 14 novembre 2002 sur au moins cinq consoles. Deux bandes-annonces sont également visibles sur Internet.

L'adaptation du tome 3 ne sera pas confiée à Chris Columbus. Steven Spielberg, qui ne cache pas l'intérêt qu'il porte à l'œuvre, s'est laissé pressentir pour reprendre le flambeau. Il figurait d'ailleurs en tête de liste des réalisateurs susceptibles d'adapter *Harry Potter à l'école des sorciers*, mais, partisan d'« américaniser » Poudlard (diable!), il s'était vu souffler la vedette par Columbus, qui promettait à J. K. Rowling un style et une distribution purement « british ». Une nouvelle fois, Spielberg s'est fait couper l'herbe sous le pied : le réalisateur du troisième film, *Harry Potter et le prisonnier d'Azkaban*, sera un réalisateur mexicain, Alfonso Cuarón, auquel on doit déjà *A Little Princess* (*La Petite Princesse*), *Great Expectations* (*De grandes espérances*) et *Y tu mamá también* (*Et ta mère aussi*).

La sortie du troisième film est déjà prévue pour l'été 2004 (version originale). Le tournage commence début 2003. Daniel Radcliffe serait déjà confirmé dans le rôle de Harry.

PRODUITS DÉRIVÉS... DÉRIVÉS

Produit dérivé des livres de J. K. Rowling, le film de Chris Columbus a lui aussi engendré ses propres produits dérivés. Ainsi, le CD des musiques du film, composées par John Williams (le célèbre compositeur des B.O. de *Star Wars*, *Indiana Jones* et *E.T.*), est disponible pour 18,29 € (120 francs). Il comprend dix-neuf titres, dont le fameux « Hedwig's Theme » (thème d'Hedwige). Il est accompagné d'un cédérom des bandes-annonces en anglais, français, allemand, italien, coréen et thaï !
Des photos du film sont en vente chez Movie Market (voir p. 280), ainsi que des autographes des acteurs, pour la somme ridicule de... 80 à 128 € (525 à 840 francs environ) !
On trouve aussi figurines, calendriers, autocollants, livres de posters, tapis de souris et moult autres produits tirés directement du film.

LES JEUX VIDÉO

Les parents croyaient y avoir trouvé leur compte : avec *Harry Potter*, au moins, les enfants ne sont pas scotchés devant leur console de jeux ! Il a fallu déchanter : nous avons désormais le privilège de pouvoir contrôler un petit Harry Potter sautillant sur le toit du collège Poudlard pour attraper des Dragées surprises de Bertie Crochue !

Mais laissons la parole au fabricant : « Electronic Arts a annoncé le développement de *Harry Potter à l'école des sorciers* sur Game Boy Advance. Ce jeu d'action/ réflexion sera en 2D avec une perspective isométrique. Le joueur incarnera le petit sorcier et devra relever de nombreux défis tels que réaliser des potions magiques ou survoler la Forêt interdite sur son balai. Durant cette aventure, notre héros rencontrera plusieurs personnages tirés des romans[*] […]. »

Le jeu est sorti en automne 2001 sur sept consoles, dont la Game Boy, la Playstation et, bien entendu, sur ordinateur… Tout un programme ! On concevait mal, après cela, comment « faire pitié » davantage, pour parler branché… C'est pourtant chose faite, avec le jeu pour PC *Lego Creator Harry Potter*. Il eût été trop simple de concevoir de véritables Lego en plastique : on a préféré œuvrer dans le virtuel ! Imaginez un Harry Potter doté d'une tête carrée jaune, d'un crâne plat, portant de grosses lunettes rondes, deux gros cercles entourant deux gros yeux noirs, pourvu de jambes rectangulaires courant maladroitement et deux crochets

---

[*] Source : dépêche Yahoo ! France.

emboîtables en guise de mains... Voilà ce qu'on a fait de notre petit Harry !

MÉFIEZ-VOUS DES IMITATIONS !

« Surfant » sur la vague Harry Potter, de nombreux auteurs, attirés sns doute par la perspective du profit, ont voulu faire « aussi bien » que J. K. Rowling, sinon en qualité, du moins en quantité. Leurs œuvres côtoient *Harry Potter* sur les rayonnages, et bénéficient d'opérations publicitaires et d'une « couverture » médiatique comparable – sans que l'on puisse parler de « produits dérivés ». Le succès n'est pas forcément au rendez-vous... Citons notamment le fameux *Peggy Sue et les fantômes*⊛, ou encore *Kévin et les magiciens*✶.

Les éditions Gallimard ont parfois profité du succès de *Harry Potter* pour présenter des sagas comme *À la croisée des mondes*✶, elle aussi très souvent rapprochée de *Harry Potter*. On a également pu comparer *Harry Potter* à la trilogie du *Seigneur des Anneaux*★, le chef-d'œuvre (1955) de l'écrivain britannique John Ronald Reuel Tolkien, qui a pu retrouver dans son sillage une nouvelle jeunesse. Il est vrai que *Le Seigneur des Anneaux* met également en scène un univers magique. Beaucoup de fans de *Harry Potter* ont eu la curiosité de lire *Le Seigneur des Anneaux*, et inversement. N'oublions pas aussi que

---

⊛ *Peggy Sue et les fantômes*, de Serge Brussolo, éditions Plon.
✶ *Kévin et les magiciens*, de John Bellairs, éditions du Rocher jeunesse.
✶ *À la croisée des mondes*, de Philip Pullman, éditions Gallimard Jeunesse.
★ *Le Seigneur des Anneaux*, de John Tolkien (différents éditeurs).

l'adaptation cinématographique du premier tome de *Harry Potter* est sortie presque en même temps que celle du premier volume du *Seigneur des Anneaux*, suscitant une âpre concurrence entre les deux films !

Enfin, ne négligeons pas le livre dont une dizaine d'éditeurs se sont disputé les droits, et dont l'adaptation cinématographique serait déjà envisagée : *Artemis Fowl* *, traduit par Jean-François Ménard *himself* !

---

* *Artemis Fowl*, d'Eoin Colfer, éditions Gallimard Jeunesse.

H@rry
Potter.com

Harry Potter ne cesse d'envahir les magazines. À chaque parution d'un tome nouveau, c'est l'inflation. Sans parler du film : Harry a monopolisé la couverture des journaux !

En attendant, l'Internet ne chôme pas. En un an, des dizaines de sites ont été créés. Début 2001, lorsqu'on lançait une recherche avec le mot-clé « Harry Potter » sur un annuaire de recherche tel que Yahoo ! France, trois sites s'affichaient. Un an plus tard, une trentaine de résultats apparaissaient, et ce chiffre ne fait plus qu'augmenter.

Si les sites britanniques ou américains sont encore plus nombreux que les francophones, ces derniers abondent également. Alors, comment repérer un bon site du premier coup ? Comme partout sur la Toile, vous devrez peut-être chercher longtemps, car les sites vraiment valables sont rares.

Une dernière chose : dans la galaxie de sites consacrés à *Harry Potter* (comme sur les sites consacrés à des sujets d'actualité), le plagiat est chose courante. Ne vous étonnez donc pas de voir plusieurs fois la même rubrique sur deux sites différents. L'ennui, c'est que certains sites sont uniquement constitués de pages « recyclées » : leurs concepteurs (« webmasters » dans le jargon de l'Internet)

copient, le cœur léger, des rubriques entières sur d'autres sites, sans permission. C'est plus facile et plus rapide, mais c'est aussi la preuve d'un manque total de créativité. On comprend la colère des honnêtes propriétaires de sites originaux, qui, eux, ont passé des heures à créer leurs rubriques et qui se les voient calquées en deux clics de souris...
Voici quelques-uns de ces sites authentiques et intègres, qui valent le déplacement.

EN FRANÇAIS :

Harry Potter
http ://www.ifrance.com/potter/harry.htm
(par l'auteur de ce livre)

Le site Harry Potter des éditions Gallimard
http ://www.harrypotter.gallimard-jeunesse.fr/Pages/Menu.html

La Gazette du sorcier
http ://www.aidepc.net/harrypotter/

Harry et compagnie
http ://members. tripod. com/harryetcompagnie/

Univers Potter
http ://kedfre. free. fr/

Harry Potter pour les fans québécois
http ://membres. lycos. fr/harrypotterqc/

Lumos
http ://www.LumosLeMag.fr.st
(analyse et critique des sites sur Harry Potter)

Harry Potter – Le Film : le site officiel
http :// harrypotter. warnerbros. fr
(site original : http ://www.harrypotter.com)

Le repaire de Harry Potter
http ://www.h-potter.com
(en français et en anglais)

H@RRY POTTER.COM

EN ANGLAIS :

Le site Harry Potter des éditions Bloomsbury
http ://www.bloomsburymagazine.com/harrypotter/

⚡

Si vous souhaitez vous inscrire à une liste de diffusion sur *Harry Potter* pour discuter entre fans, c'est aujourd'hui chose possible. Envoyez simplement un e-mail vide – ou plutôt un hibou, comme on dit maintenant sur les sites consacrés à Harry – à l'adresse suivante :

potterharry-subscribe@yahoogroupes.fr

⚡

Nous n'oublierons pas les fameuses écoles de sorcellerie de Poudlard virtuelles. Le principe est simple : vous remplissez un formulaire ou envoyez un e-mail et, quelques jours plus tard, vous êtes inscrit dans l'une des quatre maisons de Poudlard ! Vous pouvez alors participer aux « chats », jouer au Quidditch, tenter de remporter le Tournoi des Trois Sorciers ou trouver la Chambre des Secrets et faire vos achats scolaires sur le Chemin de Traverse. Mais attention, en bon élève que vous êtes, n'oubliez pas vos cours ! Vous pouvez aussi postuler comme professeur ou encore comme préfet... Pensez enfin à écrire des articles pour *La Gazette du sorcier* ou à répondre aux quiz pour faire gagner des points à votre maison... Et tout cela sur un site Internet !

On trouve aussi des écoles virtuelles de Beauxbâtons et de Durmstrang, et même des collèges espagnols, anglais, allemands, créés par les webmasters eux-mêmes, s'inspirant de l'école Poudlard !

Les écoles interactives sont très nombreuses sur le web, mais rarement satisfaisantes. Nombre de leurs « directeurs » les abandonnent rapidement, submergés par le travail requis.

Pour terminer, il est important de rappeler que l'Internet n'est pas une source toujours sûre et qu'il bruisse de rumeurs plus ou moins fantaisistes. Ainsi, on a pu apprendre qu'un prétendu « extrait du tome 5 » des aventures de Harry circulait sur de nombreux sites... Il ne s'agirait en réalité que d'une « fan-fiction », c'est-à-dire une histoire imaginée par des fans de l'apprenti sorcier. De nombreux internautes s'y sont pourtant laissé prendre !

Que nous réserves-tu, Harry ?...

De quoi seront faits les prochains tomes de *Harry Potter* ? À quelles manigances de Vous-Savez-Qui s'attendre dans *Harry Potter et l'Ordre du Phénix*, titre annoncé du cinquième volume ? Faisons confiance à J. K. Rowling : jusqu'ici, l'imagination ne lui a pas fait défaut. Elle ne manque pas non plus à ses lecteurs !

Johanna, 14 ans

Je pense que les prochains romans parleront de Voldemort, de la manière de le détruire... J'aimerais bien voir Sirius Black innocenté, Harry sortant avec une autre fille que Cho Chang, et Hermione et Ron tombant amoureux l'un de l'autre. Je pense que cela arrivera : ne dit-on pas que lorsqu'on se dispute, c'est la preuve que l'on s'aime bien, et que les contraires s'attirent ?

Christine, 42 ans

Je pense que les prochains tomes apporteront des indications sur la relation entre Voldemort et Harry. On y verra l'importance du rôle du professeur Rogue. Personnellement, j'aimerais voir Harry grandir et changer,

Voldemort détrôné, Sirius Black innocenté revenant sur le devant de la scène.

Clara, 11 ans

Je ne sais pas de quoi parleront les prochains tomes, mais j'aimerais que Harry se trouve une petite copine !

Pierre, 13 ans

Je pense que, dans le septième tome, Harry vaincra définitivement Vous-Savez-Qui. Tout va se finir en « *happy end* »... À moins que Voldemort et Harry Potter meurent simultanément dans un affrontement, transpercés par leurs épées respectives, ou plutôt lors d'un duel de magie... ! Mais j'aimerais autant me laisser surprendre : je serais peut-être déçu si la réalité ne correspondait pas à mes souhaits !

Mathilde, 16 ans

Je sais déjà que le tome 5 s'intitulera *Harry Potter et l'Ordre du Phénix*, aussi je suppose que cet « Ordre » se battra contre Voldemort, qui aura retrouvé sa puissance... et réussira à le vaincre, mais pas avant la fin du septième volume, à mon avis. J'ai l'impression que, excepté « professeur » et « employé du ministère de la Magie », il existe peu de métiers dans le monde des sorciers ; c'est pourquoi, j'aimerais bien savoir quelle profession envisage d'exercer Harry Potter.

Micheline, 61 ans

Je n'ai aucune idée quant au sujet des prochains tomes, parce que je n'ai pas beaucoup d'imagination. J'attends de voir l'évolution physique, psychologique et sentimentale des personnages plutôt que la tournure des événements.

Claire, 14 ans

J'aimerais que J. K. Rowling ne change rien à sa façon d'écrire, et qu'elle traite toujours des mêmes sujets dans les prochains tomes : le Quidditch, l'amitié, la haine, et surtout... le monde de la magie.

Sylvain, 18 ans.

Je pense qu'une alliance composée notamment du professeur McGonagall, de Sirius Black, des Potter et de tous ceux que Dumbledore cherche à réunir dans le dernier chapitre de *Harry Potter et la Coupe de Feu*, et qui s'opposait à Voldemort du temps où il était au pouvoir, pourrait se recréer et se liguer contre Voldemort dans le tome 5.

Je suppose que Rogue et Sirius vont se rapprocher, que Dumbledore mourra et sera remplacé par le professeur Lupin dans ses fonctions de directeur de Poudlard. Dans les derniers volumes, Drago Malefoy changera sûrement de caractère et de comportement. Enfin, Harry aura de plus grands pouvoirs et apprendra à mieux les maîtriser.

Célia, 15 ans

J'aimerais que Sirius soit disculpé, qu'il aille habiter pendant un moment chez les Dursley et qu'il devienne le professeur de défense contre les forces du Mal.

Sandrine, 39 ans

Voldemort ayant retrouvé sa forme physique, je pense qu'il voudra vérifier s'il est toujours le plus fort des sorciers, et se mesurer à Harry Potter... Les prochains tomes nous réservent encore bien des surprises !

Kristina, 11 ans

Dans les prochains tomes, je pense que des personnes vont mourir à cause de Voldemort. Le ministère de la Magie et Dumbledore auront beaucoup de travail ! Je crois que l'on va découvrir encore de nombreux mystères sur Voldemort et apprendre pourquoi il a tué les Potter. Drago Malefoy va peut-être devenir l'ami de Harry.

Annick, 22 ans

Dans les prochains tomes, je voudrais que Sirius Black soit reconnu innocent pour que Harry aille chez lui pendant les vacances ; que Rogue participe au combat contre Voldemort et qu'il morde la poussière ; que Ron, Hermione et Harry terminent leurs études et restent amis.

Simon, 12 ans

J'aimerais encore plus d'action dans les prochains tomes !

Charlotte, 14 ans

J'aimerais que Harry arrête Voldemort. De même, j'apprécierais de voir tous les Mangemorts emprisonnés, et Black innocenté, pour que Harry puisse habiter avec lui.

Josette, 73 ans

Dans le tome 5, Voldemort va enfin apparaître nettement, en tout cas c'est ce que je souhaite. Une bataille terrible va l'opposer à Harry. Je voudrais découvrir une nouvelle intrigue fantastique avec retournements de situation, mais à l'issue de laquelle Harry serait largement vainqueur. Et puis, j'espère que je retrouverai Poudlard, les enfants, toute cette vie au collège que j'aime bien.

Audrey, 13 ans

J'aimerais bien que les Moldus et les sorciers s'acceptent les uns les autres dans les prochains tomes, que Harry réussisse à vaincre Voldemort, qu'il habite chez son parrain Sirius Black et enfin que Cho lui dise qu'elle l'aime !

Thomas, 21 ans

La suite du tome 4 va révéler Voldemort. Il accédera au pouvoir et je parie qu'il réussira dans ses projets. Poudlard deviendra alors le dernier lieu où Harry sera en sécurité, même pendant les vacances d'été ! Et ce n'est qu'au volume 7 que le Seigneur des Ténèbres sera définitivement éliminé.

Marie, 10 ans

Je pense que Voldemort va encore essayer de tuer Harry... Mais je suis sûre qu'il ne mourra pas puisque c'est le héros ! Je ne pense pas non plus que Ron ou Hermione mourront... Je préférerais que Voldemort tue Drago Malefoy : celui-ci aurait bu du Polynectar pour prendre l'apparence de Harry pour lui faire une mauvaise farce et Voldemort se tromperait en tuant le faux Harry, donc Malefoy ! Bien sûr, c'est inimaginable...

Christine, 41 ans

Si seulement je savais ce qui arrivera dans les prochains tomes... Peut-être une histoire d'amour pour Harry Potter ?... Et la vérité sur ses origines, ses pouvoirs, sa relation avec Vous-Savez-Qui... ?

Brian, 12 ans

Les prochains tomes parleront de Voldemort et de la jeunesse de Rogue. Sirius et Harry seront réunis pendant l'été.

Rebecca, 14 ans

Comme tout le monde, j'aimerais voir Voldemort éliminé. J'apprécierais aussi que Sirius Black soit innocenté.

Guillaine, 19 ans

Les prochains tomes se pencheront sur Voldemort et sur sa relation avec Harry... On ne peut jamais savoir ce qui va se passer avec J. K. Rowling ! J'aimerais quand même que l'on en sache un peu plus sur les Potter et Voldemort ; sur ce qu'ils faisaient avant leur mort. Et puis, à quatorze ans, Harry pourrait penser à tomber amoureux... avec la fille cachée de Voldemort, peut-être ! Je plaisante...

Clémentine, 15 ans

Selon moi, les tomes à paraître mettront en scène Rogue, les parents de Harry, l'Ordre du Phénix... Je pense que Drago Malefoy deviendra bon et ira du côté de Harry. Beaucoup de rumeurs sur le tome 5 circulent, mais je n'en crois presque aucune. J'aimerais voir Harry avec Ginny, plutôt qu'avec Cho Chang ! J'aimerais qu'il aille chez Sirius, innocenté ; que tous les gentils élèves obtiennent leur BUSE et leur ASPIC[✝] !

[✝] Diplômes de sorcellerie. Voir p. 180 et 183.

Mathias, 13 ans

Dans les prochains tomes, je pense qu'une guerre mondiale opposera Voldemort et ses partisans à Harry et ses proches. Harry sera sûrement sélectionné dans une grande équipe de Quidditch !

Patricia, 48 ans

Harry va grandir. Le lecteur découvrira sa véritable personnalité, son passé, sa famille... Peut-être aussi Harry s'intéressera-t-il aux filles ? Il se peut qu'il trouve une amoureuse... et pas que lui : depuis le début, j'imagine assez bien Ron et Hermione amoureux l'un de l'autre. Je n'ai jamais bien vu Hermione avec Harry, mais plutôt avec Ron...

J'espère que le destin de Harry le portera à la tête du collège Poudlard, et éventuellement qu'il fondera d'autres écoles. Nous découvrirons bien entendu une nouvelle énigme dans le tome 5, une aventure singulière qui reposera sur Voldemort, une fois de plus.

Charlotte, 11 ans

J'aimerais que Cho Chang et Harry Potter sortent ensemble et que la bande des amis de Harry s'agrandisse !

Juliette, 13 ans

Je pense que Harry va en apprendre un peu plus sur sa famille dans les tomes à paraître. J'aimerais vraiment en savoir davantage.

Nicolas, 21 ans

Dans les prochains tomes, j'aimerais voir Rogue lutter pour le bien de Harry, et la famille Malefoy maltraitée par Voldemort !

Sonia, 15 ans

Les prochains tomes vont sûrement parler de la renaissance du Seigneur des Ténèbres. Je n'aimerais y voir qu'une seule chose se produire : la disparition de Voldemort !

Benjamin, 6 ans

Je n'ai lu que le premier tome de *Harry Potter*. Je pense que les autres raconteront l'histoire d'amour entre Harry et Hermione !

Catherine, 54 ans

Dumbledore quittera peut-être le collège Poudlard et Harry deviendra préfet, avant de le remplacer ! Le professeur McGonagall mourra, Ron épousera Hermione... Harry, quant à lui, trop occupé à son poste de directeur, n'aura pas le temps de se marier... Les elfes de maison seront ses conseillers. Pourquoi pas ?

Anne-Coralie, 16 ans

Je pense que les prochains tomes parleront du phénix Fumseck dont les plumes ont servi à la fabrication des baguettes magiques de Harry et de Voldemort. J'aimerais bien voir Sirius réhabilité, pour que Harry puisse vivre chez lui, et aussi que Ron se rende compte qu'il est amoureux d'Hermione !

Aude, 20 ans

Dans les tomes à paraître seront sans doute présentés le combat mené par Voldemort pour éliminer Harry, quelques idylles et peut-être aussi la vie de Harry ailleurs que chez les Dursley. J'aimerais tant savoir ce qui se passe dans le collège où part Dudley ! J'espère qu'il y est en position faible, cette fois... Je sais, ce n'est pas gentil !

Nelson, 13 ans

À mon avis, le tome 5 racontera la grande préparation pour le combat contre Voldemort : tous les peuples doivent s'entraider pour la bataille finale ! Il y aura sans doute des révélations et des quêtes. Et ensuite... je ne suis pas devin, mais j'aimerais que Harry aille habiter avec Sirius Black !

Laurane, 13 ans

J'aimerais simplement que tout se termine bien. Que Harry et Cho Chang soient ensemble, par exemple !

Céline, 30 ans

Je pense que Ron et Hermione ont des sentiments l'un pour l'autre... Ils en prendront sûrement conscience dans les prochains tomes ! De son côté, Ginny Weasley deviendra une belle jeune fille que Harry remarquera. Quant à Voldemort, je ne sais pas ce qu'il projette, mais j'en tremble déjà...

Louise, 15 ans

Les prochains tomes mettront en scène l'éternel combat entre les forces du Bien et du Mal, donc entre Harry Potter et Voldemort. Cependant, je ne peux pas vraiment imaginer ce qui se passera. J'aimerais sans doute trouver quelques histoires d'amour, entre Hermione et Viktor Krum, entre Ron et Fleur Delacour...

Joël, 21 ans

Je ne sais pas pourquoi, mon intuition me dit que les prochains tomes traiteront de Quidditch, de sorciers, de Voldemort, de Hagrid... ! Cependant, j'aimerais que Harry mûrisse et qu'il ait des relations amoureuses plus sérieuses... sans que ses histoires soient uniquement destinées au public adulte !

Nous n'avons qu'un espoir : que l'ampleur du « phénomène *Harry Potter* », et son adaptation cinématographique, n'aient en rien altéré la qualité des prochains tomes. Espérons que J. K. Rowling trouvera la ressource d'écrire des aventures encore plus palpitantes que les premières, jusqu'aux dix-huit ans de Harry... Et n'oublions pas qu'elle aurait dit : « Vous êtes tous un peu trop certains que Harry restera vivant à la fin du septième livre ! »

Conclusion

Écrire un livre... Disséquer en long et en large les quatre tomes de *Harry Potter*, dans l'espoir d'y découvrir encore l'infime détail qui m'aurait échappé... Je n'imaginais pas que ce travail scrupuleux me donnerait tant de plaisir ! J'ai été amené à enquêter auprès de nombreux lecteurs, pour connaître leurs impressions et m'amuser à comparer leurs réponses. Qu'ils soient ici remerciés de leur participation.

J'avais, en ébauchant ce livre, un objectif principal : faire prendre conscience que *Harry Potter* est un roman pour tous, quel que soit l'âge auquel on le découvre. L'ai-je atteint ? La réponse vous appartient. Comme il appartient aux lecteurs futurs de *Harry Potter* de répondre à cette autre énigme : immense succès de la littérature moderne, quelle place *Harry Potter* occupera-t-il dans celle de demain ? Le petit sorcier n'aura-t-il fait que passer, ou rejoindra-t-il les grands classiques que l'on étudie en classe ?

Si *Harry Potter* devait devenir une référence pour les générations futures, puissent-elles toujours l'aborder de leur plein gré, et le lire avec le même plaisir sans réserve, plutôt qu'avec « l'enthousiasme réticent » que tant de jeunes éprouvent aujourd'hui devant Molière ou Corneille. Est-ce trop rêver ?

Découvrez
tout un univers de Magie
dans les pages de

MegaScoop N°10
Spécial Magie

avec tout sur le phénomène

Harry Potter

mais aussi

Mystic

Charmed

The Magic of Aria

Leave it to Chance

Arcanum

En vente en kiosques
3,00 €
à partir du 22 novembre 2002

Une production
SEMIC
G·R·O·U·P·E

*Cet ouvrage a été composé
par Atlant'Communication
aux Sables-d'Olonne (Vendée)*

*Impression réalisée sur les presses
de l'imprimerie France-Quercy
à Cahors (Lot)
en octobre 2002
pour le compte des Éditions de l'Archipel
département éditorial
de la S.A.R.L. Écriture-Communication.*

Imprimé en France
N° d'édition : 534 – N° d'impression : 22562/
Dépôt légal : novembre 2002